Edith Braun, Lebacher Mundart, Wörterbuch – Geschichten – Brauchtum

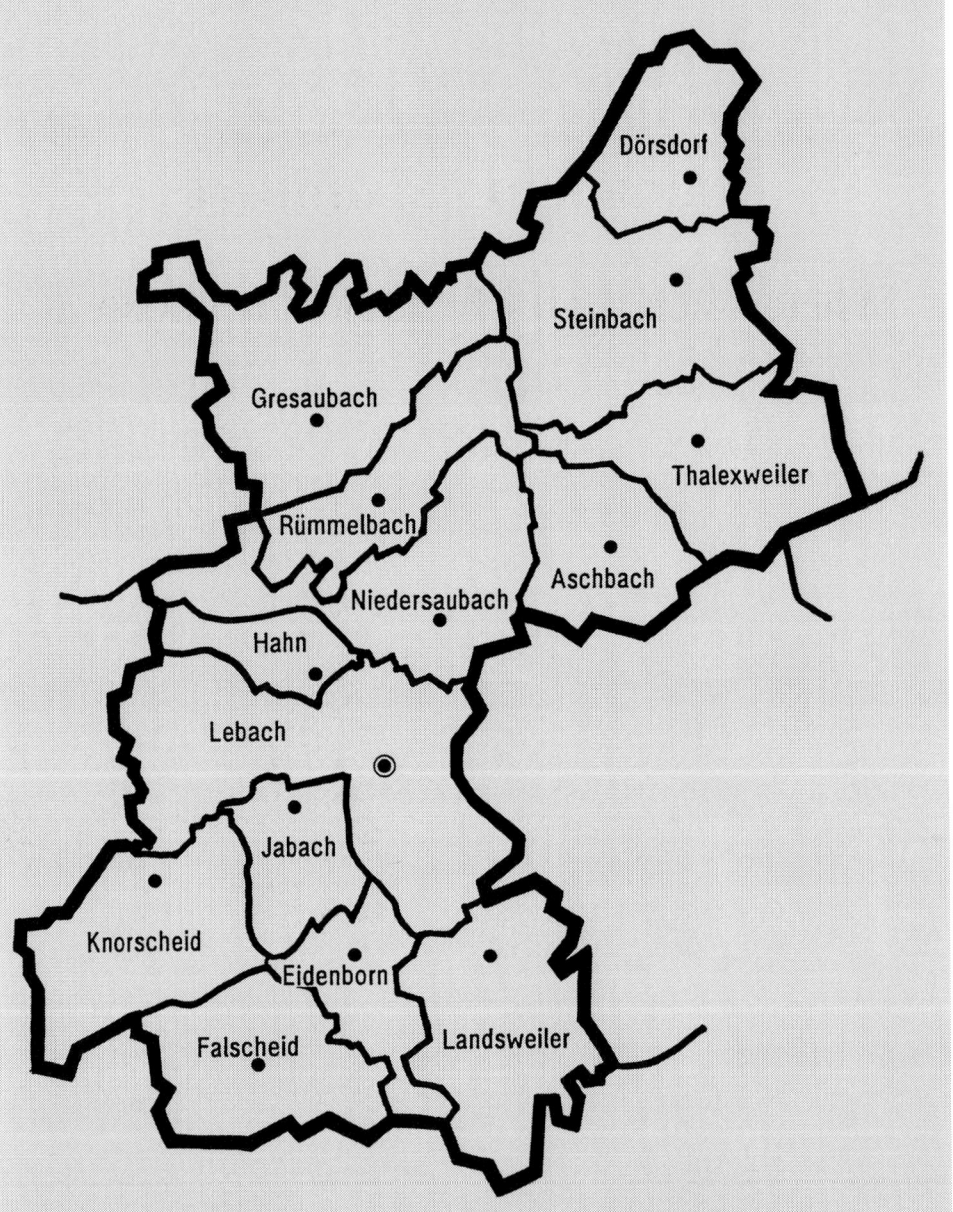

Dörsdorf

Steinbach

Gresaubach

Thalexweiler

Rümmelbach

Aschbach

Niedersaubach

Hahn

Lebach

Jabach

Knorscheid

Eidenborn

Landsweiler

Falscheid

Gemeindegrenzen 1935

Edith Braun

Lebacher Mundart

Wörterbuch – Geschichten – Brauchtum

Mitarbeiter:

Klaus Altmeyer   Elisabeth Kuhn
Maria Brück   Hedi Roth
Richard Folz   Amanda Scherschlicht
Egon Groß   Anna Schorr
Maria Haubert   Ernst Schmitt
Hilde Heinrich   Ursula Thewes
Josef Heinrich

SDV
Saarbrücker Druckerei und Verlag

Alle Rechte vorbehalten
SDV Saarbrücker Druckerei und Verlag, 1994
Herstellung SDV Saarbrücker Druckerei und Verlag GmbH Saarbrücken
Satz und Gestaltung Dr. Edith Braun, Saarbrücken
Fotomaterial Archiv Egon Groß, Lebach. Privat
Umschlagbild: Margret Kuhn, Lebach
Printed in Germany
ISBN 3–925036–89–X

Vorwort des Herausgebers

Um die Mundart hat sich der Saarländische Rundfunk sehr verdient gemacht. Anläßlich einer Live-Sendung vor etlichen Jahren kam es zu einer Begegnung zwischen DR. EDITH BRAUN und dem Herausgeber, und es entwickelte sich das Vorhaben, die Mundart der Lebacher Bevölkerung aufzuzeichnen.

Über zwei Jahre arbeitete ein Seminar unter Leitung von Edith Braun, sammelte Wörter, Sprüche, Geschichten und Sagen als Denkmäler der Mundart und Volksüberlieferung.

Mit großer Sorgfalt und Disziplin wurde gearbeitet mit dem Ziel, wie Mundart die Persönlichkeit und die Welt, in der sie lebt, prägt.

So entstand eine Arbeit von wissenschaftlichem Wert.
Und das ist das Besondere an dem Mundart-Projekt der Volkshochschule Lebach.

Ein Verdienst von Dr. Edith Braun, der ganz herzlich zu danken ist für das unermüdlich-uneigennützige Bemühen.

Ebenso uneigennützig und mit großer Heimatliebe haben die Seminarteilnehmer gearbeitet. Herzlichen Dank – sie waren eine Basis für dieses schöne Ergebnis.
Den langjährigen Mitarbeitern der Regionalgeschichte
KLAUS ALTMEYER und EGON GROß
gebührt Dank und Anerkennung für die vielfältige Mühe bei der Gestaltung dieses Buches.

Für die Zuwendungen zur Finanzierung dieses wertvollen Werkes danke ich

der KREISSPARKASSE SAARLOUIS-LEBACH
der LEBACHER VOLKSBANK
der SAAR TOTO GmbH
dem LANDKREIS SAARLOUIS
und DER STADT LEBACH.

Dem ARBEITSAMT SAARLOUIS sei herzlich gedankt für die Subventionierung der Forschungs- und Schreibkräfte durch AB-Maßnahmen.

Lebach, 11. Oktober 1994

KARL KUHN
Leiter der VHS Lebach

Einleitung

Das vorliegende Buch ist als Gemeinschaftsarbeit in einem Mundartseminar der Volkshochschule Lebach entstanden. Dabei handelt es sich um ein Pilotprojekt, denn meines Wissens wurde ein wissenschaftlich fundiertes Mundartbuch bislang an keiner Volkshochschule erarbeitet. Ich freue mich, daß der Leiter der Lebacher VHS, Herr Karl Kuhn, hier neue Wege gegangen ist.

Außer den Lebachern gehörten auch Teilnehmer aus Eidenborn, Gresaubach und Thalexweiler der Gruppe an. Ihre Mundarten stimmen nicht immer mit der Lebacher Mundart überein; soweit wie möglich werden die Abweichungen notiert; so z.B. heißt der Eimer in Lebach *Äämer*, in Thalexweiler *Eemer*.

Um ein Wörterbuch machen zu können, braucht man als erstes eine große Sammlung von Wörtern. Wir begannen unsere Arbeit damit, daß die Teilnehmer Wörter ihrer Mundart auf einzelne Zettel notierten (möglichst mit Geschlecht und Zahl). Bei unsern Treffs (alle zwei Wochen jeweils neunzig Minuten, Ferienzeit ausgenommen) wurden diese Wörter vorgelesen und auf Kassette aufgezeichnet. Die Arbeit in der Gruppe erwies sich als außerordentlich fruchtbar, denn im lebhaften Gespräch tauchten viele verschütteten Wörter auf. Schon bald kamen zu den Einzelwörtern auch Wendungen und Sprüche, wobei sich besonders Elisabeth Kuhn als sprudelnde Quelle erwies. Überhaupt kam es unserer Arbeit sehr zugute, daß die Interessen der Teilnehmer auf den verschiedensten Gebieten lagen, denn dadurch kamen Wörter und Wendungen aus vielen Lebensbereichen zusammen. Dieses Material wurde später in Zusammenarbeit mit den Teilnehmern von mir verschriftet.

Es ergab sich wie von selbst, daß zu einem späteren Zeitpunkt die Teilnehmer mit der Niederschrift von Erzählungen begannen. Diese Erzähltexte, die nur zu einem Teil in dem vorliegenden Buch veröffentlicht werden konnten, waren äußerst ergiebig im Hinblick auf die Wortsammlung; leider reichte die Zeit nicht, um <u>alle</u> Wörter daraus auszuziehen und in das Wörterbuch aufzunehmen.

Daß dies nicht die einzigen Lücken in dem Wörterbuch sind, liegt in der Natur der Sache – ein solches Buch bleibt immer ergänzungsbedürftig.

Aus einer Wortsammlung kann nur dann ein Wörterbuch entstehen, wenn eine geregelte Schreibweise für diese Wörter festgelegt worden ist. Andernfalls wäre eine Alphabetisierung und damit eine sinnvolle Benutzung eines solchen Buches nicht möglich. Auch in der Lebacher Gruppe wurde bald die Frage laut: Wie aber soll man die Mundart schreiben? Denn eine Sprache sprechen können bedeutet nicht, daß man sie auch schreiben kann. Der Mensch lernt als Kind nach und nach seine Sprache sprechen. In der Schule lernen wir, die deutsche Schriftsprache (Standardsprache) zu schreiben, und dazu braucht es mehrere Jahre.

Mundarten – und das kann nicht deutlich genug gesagt werden – sind Sprachen mit eigenem Lautsystem, mit eigener Grammatik und eigenem Wortschatz. Auch die Teilnehmer der Lebacher Mundart-Werkstatt stellten bald fest, daß ihre Mundart nicht nach den Regeln der deutschen Schriftsprache geschrieben werden kann. Bevor wir jedoch eine Schreibweise festlegen konnten, mußten wir erst herausfinden, welches Lautinventar die Lebacher Mundart besitzt. Wir stellten schon während unserer Sammeltätigkeit fest, daß ihr manche Laute, bzw. Lautfolgen unbekannt sind, die in der deutschen Standardsprache vorkommen. Andererseits gibt es in der Lebacher Mundart einige Laute (besonders Zwielaute), die in der deutschen Standardsprache nicht vorkommen. Von der Gruppe wurden Vorschläge zu ihrer Schreibung gemacht, geprüft, verworfen oder angenommen. Schließlich einigten wir uns auf die Schreibweise, die nun dem Lebacher Wörterbuch (S. 83 ff.) zugrunde liegt Es wurde versucht, diese Schreibweise nach Möglichkeit auch auf die Erzähltexte anzuwenden.

Wie in dem soeben erschienenen Wörterbuch der Hostenbacher Mundart, handelt es sich in dem Lebacher Wörterbuch um eine konsequente Schreibung, die leserfreundlich ist, weil sie sich an die hochdeutsche Schreibung anlehnt; sie läßt jedoch die Besonderheiten der Lebacher Laute erkennen. Schließlich wird bei allen Zugeständnissen an die hochdeutsche Schreibung doch deutlich, daß es sich um eine Mundartschreibung handelt.

Leserfreundlich ist die hier verwendete Schreibweise insofern, als die Buchstaben des deutschen Alphabets verwendet werden für diejenigen Laute, die es auch im Deutschen gibt; ferner passen wir uns der deutschen Orthographie an. Bsp.: *wenn* (wenn) schreiben wir mit dem Buchstaben e, aber *Wänn* (Wände) mit ä. Sonderzeichen werden nur dort gebraucht, wo es keinen entsprechenden Buchstaben für den mundartlichen Laut gibt; die hier verwendeten Zeichen sind aus dem Französischen bekannt (accent grave, accent aigu und accent circonflexe).

Daß bei unsern Zugeständnissen an die deutsche Rechtschreibung keine völlig lautgerechte Schreibung erreicht werden kann, liegt auf der Hand.

Abschließend läßt sich sagen, daß die hier ausgearbeitete Schreibweise, die so schriftdeutsch wie möglich und so mundartlich wie nötig ist, sich ohne allzu große Mühe lesen läßt. Um sie schreiben zu lernen, braucht es allerdings einige Einarbeitung.

Da ich selbst die Lebacher Mundart nicht sprechen kann, war ich stets auf die Mithilfe der muttersprachlichen Seminarteilnehmer angewiesen. Ihnen allen ein herzliches Dankeschön. Mein besonderer Dank gilt Klaus Altmeyer und Egon Groß für ihre Hilfe bei der Buchgestaltung sowie Amanda Scherschlicht und Ursula Thewes, die ganze Tage mit mir in Klausur verbrachten, um mir beim Korrekturlesen und der Fertigstellung des Buches zu helfen.

Fur die Durchsicht der Seiten 83 - 173 bin ich Herrn Professor Dr. Max Mangold, Universität des Saarlandes, zu sehr großem Dank verpflichtet.

Dr. Edith Braun

Lebacher Mundart

Geschichten

und

Brauchtum

Richard Folz
Én der Leebacher Mundaart-Werkschdatt

Ob ém Dorref, ob én der Schdatt,
de mäischden schwätzen häit noch Platt.
Et schwätzt sich läicht, doch wemmert schräift,
dann móß mer lóuen, wo mer bläift.

Uus Schbròòch, wie Gerwersch Pitt se schwätzt,
so uurich ónn so klòòr,
dat hann micr uus als Zicl gcsctzt,
sónscht éß et némmeh wòhr.

Daß schbääder noch, én hónnert Jòhr
uus Kénnes-Kénnes-Kénner
noch schwätzen, wie et fréiher wòòr,
sétzen mier jetz héi óm Hénner.

Dò hann mier uus dann draangehall
ónn machen e Versóuch,
däär hott uus dann so gutt gefall,
jetz hammer schón e Bóuch.

Vaan Aaeberhòòr bés Zabbenbräät
dò schdett ball alles drén,
ónn wann dcr Kallcschdään sich dräht,
dat móscht jò aach erén.

Ón manch Geschicht òus alder Zäit
die kénnen Dier drén fénnen,
so wòòr säi Lääwen näisch, Dier Läit,
vaan vòòren aan bés hénnen.

Ónn jeeder, wo dat Bóuch lòò kaaeft,
– äich wéll nét iwwerträiwen –
kémmt iwwermòòr schón aangeschlaaeft,
mier sóllen noch änt schräiwen.

Hedi Roth
De Leebacher Schbròòch

Mier hann vill schón gehoort iwwer uus Leebacher Platt,
Ónn wie mier so schwätzen, héi, in uuser Schdatt.
Ónn äich sóll jetzt, bevòòr mer gehn hääm,
Vón uusem Platt òuch e Koschtproob genn.

Fréiher, dòò hat mer jò näischt anneres kannt,
Dò éß Platt geschwätzt word ém ganze Land
Ob räich odder aarem, die Alde wie de Kénner.
Wäär dò hoochdäitsch geschwätzt hat, dat wòòr e Freemer – odder e Schbénner.
Mer hat alles so richdich scheen braaet gesaat,
Ónn wemmer hat misen hoochdäitsch schwätzen, wat hott mer dann en Huddel gehaat!
Dix, wemmer so geschbillt hann, dann hammer iwwerlaat
Ónn: "Kómm, hòut schwätze mer mò fäin", hammer dann gesaat.

Wie dat sich dann aangehoort hat, wéll äi òuch jetzt saan,
Also – dat hat sich dann óngefähr sóu gehoort aan:
"Kind, bréng mier maal dapper die Bulle!" Odder: "In uusem Gaarten éß däär beschte
Boddem, däänen wo es nómmen gibt."
Wemmer é Feeringe wòòr bäi de Tanden ém Raich,
Ónn mer éß häämkómm ónn hat 'ich' gesaat schdatt 'äich',
Dann hann die gegrinst iwwert ganz Gesicht
Ónn hann geròuf: "Jêmmen, däär Affe lòò schbricht!"
Hòutsedaachs éß et émgekehrt.
Wenn hòut e Kénd Platt schwätzt, haaescht et: "Schwätz nét esóu verkehrt!
Saaet mer 'saaet mer'?
'Sagt man', saaet mer, sóu saaet mer 'saaet mer'."

Die meescht Läit schwätzen hòut jò hoochdäitsch mét Schdriemen,
Wäil die uus gutt alt Leebacher Platt némmeh mienen.
Et wäär nét fäin, saan se, ò vill se braaet.
Däär hat kään Ahnung, däär wo so ebbes saaet.
Mier schwätzen ein moselfränkisches Platt,
Ónn äich móß saan, äich fénnen et 'appart'.

Se éß aach nét läicht, uus Leebacher Schbròòch,
Dò móß mer sich aanschdrengen, noch ónn noch.
Fròò nuur mò die, wo zóugezòò sénn òus der Welt,
Dò hat sich doch mancher de Zóng schó verbellt.
Äich kennen er, die schduddiere schón dräißich Jòhr lang draan
Ó kénnen hòut noch nét richdich 'Kóuchen' saan.

So Wêrder hann mier, et éß e wahrer Schdaat,
Ónn: "Lóu mò lòò, lòò läit ebbes", éß schón e 'klassisches Zitat'.
Schbezjaalòusdréck hann mier, die fénnt mer ém Lexikoon nét,
Dò kann mer blaaedern vón A bés Zet.

Wenn ääner nét se bròuchen éß, saaet mer: Er hat de Nòuben.
Mer saaet aach vón so ääm: Et éß en alder Schòuden.
Schduusennarr kammer zóu dääm aach saan,
Ónn de Módder saaet: "Jetz lóuen emòò dääne Masick lòò aan!"

Hat ääner e Fraau, die wo gäär zänkt ò gäär schdräit,
Dò kammer heeren: "Däär aarm Däiwel éß médder gehéit."
Wenn mier e gutt Schdéck Flaaesch läien hann óff de Tellern,
Laaift uus nét et Wasser ém Mund zesammen, uus kómmen de Sellern.
Hat ääner ebbes Guddes gekocht, haaescht et: "Dat lòò móscht de mò kòòren."
Ónn vón ääm, wo et hénner de Ohren hat,
Saaet mer: "Er éß nét hénne wic vòòren."

Gifft er ääner gäär aan, haaescht et: "Er dutt gäär schdrónzen."
Ónn zóu schlambije Frääiläit saaet mer é Leebach 'Schlónzen'.
Maschdich ò gammer éß e Fraau, so én annerhalwen Zenner erêm,
Ó wat noch maschdijer éß, dat éß dann e Flumm.
Wenn ääner nét graad scheen éß ónn éß e béßje schròh,
Kammer heeren: "Òh, däär wuscht Waasem elòò!"

Weschben hann mier jò é Leebach nét.
Én der Kwetschenzäit, ò wenn Schmeer gekocht wérd,
Kammer heere bäi Schdäämetze, Bòusen ò Kaaesersch:
"Paß óff, mäi Knechtche, lòò fléit e Waaesersch!"

Bäi uus micht mer kää Besuuch, daß de Nòòbern sich fraaien,
Mer micht aach kää Vissitt, bäi uus gett mer maaien.
Wêrder, wie Liebling ónn Schatz wòòre fréiher nét gebräichlich,
Wenn e Bóu e Maaedche gäär hott, hadder gesaat: "Dòu béscht mäi Gehäichnis."
Wenn ääner sich dómmelt, meh laaift wie gett,
Saaet mer: "Mach langsamm, ò veraaeber dich nét!"
Wenn e Fraau sich nét fäin micht ónn laaift sóu én de Schdatt,
Saan se: "Lóu mòò, wie ätt lòò säich nommòòl gemóudelt hat!"

Als Kénd, dò wòòr äich aaerich pénderlich ónn dórr,
Äich wòòr wéschbelich ò wuselich ónn émmer óff der Schnurr,
Dò hat mäi Vadder gesaat – daß Dier t wéssen:
"Dat lòò, dat kénnt de Gaiß zwéschen de Horre késsen.
Dat éß jò so schbénzich, dat éß némmeh tòòr se lachen,
Dat hat noch nét esóu vill Gesicht, fòòr et Kräiz se machen."

Onn dann, uus Leebacher Schässjer, ma, die sénn doch bekannt
Wäit ónn braaet, róff ónn erónner ém Land.
Mier wòòre mòòl nòò Saarbréggen, äich wòòr dòòmòòls noch klään,
Dòò sénn mier én sóu e grooß Bäggeräi réngeween
Ónn hann gesaat: "Ich möchte gäär zwei Schäßjer hann."
Dier hädde mòòl misen séihn, wie dòò däär Mann
Geschmónzelt hat fòòr säich, so ganz hääwes
Ónn gesaat hat: "Béscht duu vun Leebach, Gläänes?"

Sóu orginnell Wêrder hann mier héi,
Ónn óffzehlen kénnt äich bés mòòrje fréih.
Jetzt saan doch mòòl selwer, móß dann dòò nét jeeder geschdehn:
Die Leebacher Schbròòch éß aaerich scheen!
Villäicht éß se manchmòòl e béßjen defdich ónn grobb,
Doch äänt móß mer er losen: Se tréfft de Naal óff de Kopp.

Et wäär doch wérklich gräilich schaad,
Wenn Orginnelles vón däär Aart
Verlòòr gäängt so ém Laauf der Zäit;
Mier schwätze jò aach schón némmeh wie derhääm uus alt Läit.
Mét der Juuchend éß et émgekehrt wie ze uuser Zäit,
Wenn die hòut sólle Platt schwätzen, dann sénn die gehéit.
Móß dann dat ónbedéngt sénn, entweeder dit odder dat?
Mer móß hoochdäitsch kénnen ... ónn Leebacher Platt.

Hedi Roth
Dòòmòòls é Leebach

Äich verzehlen òuch hòut òòwend, wie et wòòr
Bäi uus é Leebach so zóu uuser Juuchendzäit.
t wòòr alles annerschder geween, t éß wirklich wòhr.
Vòòr fóffzich Jòhren, wie mier jóng noch sénn geween.
Wat wòòr et dòòmòòls doch é Leebach noch so scheen!

Kòum éß de eerschde Sónn ém Fréihjòhr dòògeween,
Sémmier mét Sack ónn Pack schón médden óff der Schdròòß.
Dòò kónnschde schbillen - Audos haschde kòum geséihn,
Mét Kléggern, Nibbes, Dilldopp, Raaef ónn Hipphòusschdään.
Wat wòòr et dòòmòòls doch é Leebach noch so scheen!

Ém Summer sémmer én de Teel gang fòòr se baaden.
Mer hott kää Baadeaanzuuch laaeder Gotts gehaat,
En alder Énnerrock bés rónner óff de Waaden,
Zwéschen de Bään, dò wòòrer zóugeschdoch geween.
Wat wòòr et dòòmòòls doch é Leebach noch so scheen!

Ó wenn der Herbscht kómm éß, hammer gehóut et Véih;
Én alle Wiesen hann de Fläggercher gebrannt,
Mer hodden Huddel mét de Gaißen ónn de Kéih,
Ónn an der Bach, dò hodde mer uus Leetsche schdehn.
Wat wòòr et dòòmòòls doch é Leebach noch so scheen!

Ónn aach der Wénder wòòr zóu uuser Zäit vill scheener,
Soogaar der Schnee éß némmeh, wat er fréiher wòòr,
Hòut éß er schwarz ónn Matsch, eh sich êmséihn hat ääner;
Bés Ooschdern éß er fréiher läieblief geween.
Wat wòòr et dòòmòòls doch é Leebach noch so scheen!

Ónn an der Faasent kónnden danze mier ónn schbréngen,
Wat wòòre mer so fäin doch óffem Masgeball!
Nét soo wie hòutsedaachs - näischt vòòren ónn näischt hénnen,
Vón wee'en! 'Königin der Nacht' éß mer geween.
Wat wòòr et dòòmòòls doch é Leebach noch so scheen!

Ónn aach de Musick hòutsedaachs gifft émmer schlémmer,
Soo lòut ónn waggenhart - dat éß doch némmeh scheen!
Nét wie zóu uuser Zäit - en Walser - oh, Dier Kénner!
Ém sibden Himmel éß mer dòòbäi doch geween.
Wat wòòr et dòòmòòls doch é Leebach noch so scheen!

Ém Summer hammer dix gehuckt óff Trebbeschdäänen
Ónn hann 'gesungen in die laue Sommernacht',
De Mòulgäi hat geschluxt, dò sénn der kómm de Träänen,
Dat wòòr vill scheener als wie Fernsehen geween.
Wat wòòr et dòòmòòls doch é Leebach noch so scheen!

Mer móß jò doch mòò saan: Mier wòòre nét verwehnt,
Dat wòòr zóu uuser Zäit doch laaeder Gotts nét drén.
Wenn wat gefählt hat, Gott, dò hat mer sich 't gelehnt,
Biebelchessópp wòòr Natzjonnaalgefrääß geween.
Der kénne schwätzen, wat der willen, 't wòòr doch scheen!

Ernst Schmitt
É Leebach éß Maart

Et éß se vermóuden, daß schón ém dräizehnde Jòhrhónnert é Leebach Maart abgehall genn éß. Én er Urkund vóm achden Sebdember sechzehnhónnertvirzehn haaescht et, daß én jeedem Jòhr am zwaedden Dénschdaach ém Sebdember Jòhrmaart gehall gifft.

Bés vòòr näinzehnhónnert sénn Véihmaart ónn Kròòmmaart sesammen óff der Wies (Lonkesbréck, Kehlborrerwies, Schdäänwies) abgehall word. Vón dòò aan sénn se getrennt word. Der Véihmaart éß óff der Wies blief, Schdänn ónn Baggaasch hat mer médden ént Dorref geholl.

Óm de eerschde Weltkréich erêm hann se fòòr de Véihmaart en extra Maartplätz aangelaat ónn hann en óff de Klopp gemach. Zóu däär Zäit wòòren óff em Moonaatsmaart iwwer zwaaihónnert Paaer, wäit iwwer fennefhónnert Kéih ónn Oxen dòò. Grooß- ónn Kläänvéih wòòr dort faael, de Schdänn hann et Dorref eróff ónn erónner geschdann.

Sóu wòòret aach én uuser Juuchend. Dòò wòòr noch jeede Méttwóch Schwäins- ónn Fergelsmaart, ónn am letschde Méttwóch ém Mòònd wòòr ach noch Kròòmmaart, Moonaatsmaart. Am zwaedden Dénschdaach ém Sebdember wòòr dann der heekscht Fäierdaach vón Leebach, der Marriea-Geburtsmaart, der Jòhrmaart. Vón dääm sóll héi e béßje verzehlt genn.

Schón määndes éß et Grooßvéih, Paaer ónn vòòr allem Réndvéih, mét der Äisebahn aankómm. Dat Véih éß iwwer Naat bäim Schétzlies, Maschinnenschdrässer ónn bäi de Bòuern é Loschie gang. De greeßer Bóuwen hann sich als Träiwer nétzlich gemach ónn sich e paaer Groschen verdéint.

Nòòméddes sénn de Schdännläit éngetróff – mét der Äisebahn, mérrem Paaerdsgeschbann ónn manche ach schón méddem Audo. Dòò hat sich manch Gòudi abgeschbillt. Däär Ballaawer ónn de Schdräideräien êm de Schdännplätzer! Mier hann Mòulaffen faaelgehall, wie sich de Schdännläit verkatzbalcht hann. Manchmòòl éß et én Schlääeräi òusgeaart. Wòòr et gutt òusgang, hat der Schdruwwel säin haarmoonisch Enn én der Wértschaft gefónn; dann hat kääner vón dääne Schdräithähn dat Plätz kritt, óm dat se sich geschdriet horren.

Däär ään orrer anner hott ómm Schdand de Naat verbraat, hat dòò geschlòòf. E Leebacher Unnikumm, der alt Keenich, hott en iwwele Schbaß geliwwert. Er hatt säin Sach médden óff e Schdand gemach ónn nääwendraan geschrief: "Jeder Stand hat seine Beschwerden".

Ach de Leebacher Geschäftsläit ónn Handwerger hann Schdänn óffgeschlaa. Dat ään orrer anner Daael dervón – e Bóck, Kweerhólz orrer e Schdéck vóm Dach – wòòr némmeh dòò. Käa Wónner, de Schdanddaaeler hodden e ganz Jòhr irjendwo gelää.

Am nääkschden Daach, am Dénschdaach, óm en Òuerer sex, harret Ròuhwergen, et Fuhrwergen, aangefänkt. De Schdänn sénn e béßjen héi ónn e Schdéckchen dòò geréckt genn, de Schdännläit hann gewórschdelt, ach noch gezänkt. Dann éß de Waar ómm Schdand òusgelaad word.

Gee'en siwwen hann se et Véih óff et Maartplätz getrief, kräiz ónn kweer éß et zóugang. Schdruwwel, Óffreeóng ónn Geschraai hann zóum Véihóffmarsch geheert wie der Geschdank zóur Méscht. Ómm Maartplätz éß et Groobßvéih aan de Réngen vón der Rónnerêmmòuer aangebónn word. Schwäin, Fergel, Säi, Ewwerden, Hiehner, Péllen, Enden ónn Gäns wòòren ómm ganze Plätz verdaaelt. Jetzt éß gehandelt, gebòòt, gefaaelscht genn, Präisen hann gewexelt. Au, au, au, au, au, wenn se nét äänich word sénn, dann harret oft Òusdréck geräänt! Mier Krobberden hann de Ohren geschbétzt ónn gelòuschdert.

Däärwäil wòòr ach der Kròòmmaart ém vóllen Träiwen. E Minschengewimmel Dorref eróff ónn Dorref erónner. Faael wòòr, wat de Läit vóm Land gebròucht horren. Ääner horre Kómmet kaaeft ónn horret aan de Schéller gehänkt, en annerer horre paaer Infandrieschdiwweln am Hals bambeln; däär lòò harren Senswurf ómm Bóggel, nääwendraan däär hat sich e Grómberkorref aangeschafft.
Däär lòò hat dat lòò kannt: "Däich hann äich schón eewich némmeh geséihn."
Mét Hänn ónn Féiß hann se gedarrarraddatscht, gejuuzt, sich gefraaet. Madamm hat e Kiddelschérz, sie e Fatzen Schdófft, et Maaeden e faaewich Halsdóuch kaaeft.

Der Billich Joggobb ließt de Batschel surren, schraait ónn kraaescht, wirwelt en Aaewel Schbétzen dórch de Lóft ónn läiert äänen dérmelich:
"Opa, Oma, Mann und Frau, greift zu und seid schlau!"
Béßje wäider schraait e Réimen- ónn Lerrerhändler: "Leute, Leute, kauft heute Häute!"
S i e méddem großen Débben, ä ä r prowwiert mét ääner Hand de Gaaeschelschmick òus – e Laaetsaael hänkt am Gérdel – én der anner Hand e Rooschtwurscht. Richtriwwer wérd de Sólberbitt begóutacht, nääwendraan e Rómmelratz ónn e Futsch, dirreckt dernääwen gifft et Terdesbóxen ónn Jubben; héi präist der Maartschraaier Wónnerbótzzäich aan fòòr Häärd, Messing ónn Kroom.
Griwwesgrawwes micht e Kommeedeemann mét säinem Äffjen.
Dòò schdett der Vadder mémm nòuen Handwäänchen, drén läit e Wäschbräät, e Grómberekaarscht, ém Sack kwiekst e Fergel nääwen em Ooweerohr.

Et wòòr schón e ganz bónt Träiwen. Lòò Wäin, lòò Béier, héi Schäßjer ónn Léooner ónn en Òòrjelmann mémm alden Duddelkaschden. Vòòr Kräämersch e Waan mét Ziggäiner, die wo ihre Bäär zóum Tingeltangel danze gelòß hann; et Jòhr vòòredraan hott óff selwijem Plätz en Inder mét säiner Schlang Verrenkunge gemach.

Weggern hann gerabbelt, Vieel gezwitschert, e Maartfraau schnaddert vón kalt Féiß, hat Schdrémp ónn Wóllsache vòòr sich läien, die nääkscht fòòwelt vón Figguur ónn Pischduur, looft ihr Panzerkorsetts mét fermen, kabbaabele Meddallschdangen.

Alles wòòr dòò, vóm Bäienhunnich bés zóu den Drieschlingen. Nuur fòòr uus Trawwanden kää Karrussell ónn kää Schéffschaugel. Awwer fòòr die paaer Schdónne Maart hätt sich so ebbes kòum rendiert.

So gee'en zwaai Òuer wòòr der Maart gehall, er wòòr erêm, et Véih vóm Maartplätz abgezòò, et Schdroh ónn vill anneres vóm ville Véih éß iwwerich blief. De Schdänn wòòre läär, zóum Daael abgeschlaa, de Wértshaiser gerammelt vóll, vòòr allem, wo e Zéihamréime geschbillt hott; fòòr manchen éß et schbäät, aaerich schbäät genn.

Mier Kénner hann betréppst dat ónnersóucht, wat der Maart zeréckgelos hott, derbäi hammer ach noch e béßje Kläängeld, Minz, gefónn. Der Jòhrmaart wòòr erêm; wie émmer, wenn e béßje gutt Werrer wòòr, éß er vón ville besóucht word.

Nòòm letschde Kréich éß der Véihmaart émmer meh zréckgang, er hat dann òusgangs der fóffzijer Jòhre ganz óffgehoort. Der Kròòmmaart éß blief, er éß sogaar vill greeßer genn. Hòut sénn et am Jòhrmaart zwésche véierhónnert ónn fennefhónnert Schdänn, er éß gewaaß, uus Leebacher Maart.

Ernst Schmitt
Beróufe vón fréiher

Bääsembénner

De Bääsembénner ónn aach de Kärfmacher hann ém Herbscht de Wäide geschniet. Ze'eerscht de nääkschden, dann de wäiden. Äänfache Kärf fòòr Krombern orrer Rómmeln kónnt mer ohne Ómschdänn gläich orrer schbäärer ém Wénder flechden. De Wäide fòòr Wäschkärf, Broot- orrer Énkaaefskärf, fòòr Huurden orrer däärgläichen, sénn dereersch gescheelt genn. En Hólzgawwel òus Wäiden hat mer sich geschniet; jeed Wäid éß e paaermòòl mét er zóugedrähden Hólzgawwel vón vòòre bés hénnen abgezòò genn, nòun dann hat sich de Scheel gutt abzéihe geloß. De gescheelde Wäiden sénn orntlich getróggent genn. Mer kónnt se dann aach noch blaaechen orrer faaewen; mer kónnt se awwer aach Nadduur losen ónn flechden.

Fuhrmann

Wäär Paaer hott ónn nét vill Land gehaat hott, däär hat sich als Fuhrmann verdéngt, fòòr e paaer Gróschen Zóugeld se verdéinen. Aach als Kutscher horrer Läit hin- ónn hääargefahr.

Daalehner

Hòut héi, mòòr driwwen, iwwerròòlichmòòr schrääch gee'eniwwer hat der Daalehner vòòr allem bäi de Bòuern geschafft, émmer hart ónn gammer schdramm. Besónnersch én der Sässong wòòren de Daalehner gefròòt. Ém Wénder hann se, wenn se Gléck horren, bäi der Gemään Aaerwet kritt; de Bezahlung wòòr oft erbärmlich.

Gerwer

Nòòm Jääerladdäin òus der Deck, òus de Felle vóm Päärd, Rénd, Kóuh, Kallef, Ox, Schwäin, Gaiß, Schòòf Lerrer se machen, dat wòòr de Kónscht vóm Gerwer. Zwaai Gerwerhäuser hann äich noch kennengelehrt, änt én der Meerzebach, dat anner ém Milleneggen, dat wo hòut noch schdett. Gerwersch ónn Gerwerklains sénn noch häidije Hòus- orrer Fammiljenaame vón dòòmòòls.

Handwerksbórschen ónn fahrendes Volk

Handwerksbórschen óff der Walz orrer sónscht Fahrende, die wo émmer weenich ómm Labben horren, hann én der Herberch an der School orrer én der hénnersch Meerzebach iwwernaat. Der Herberchsvadder hat de Schlòòfräim mét de Prétschen én Ordnung gehall, wenn needich, gehäizt. Mòòrjens horrer baaewes Kaffee mét em Hewwel Broot òusgedaaelt, villäicht aach e béßjen Hunnich.

Hòusschlachder

De meeschden Hòushaldingen hann iwwert Jòhr ään, zwaai Schwäin gemäscht, ónn so ab Meerdesdaach bés Lichtmeß hann de Hòusschlachder de Schwäin an de Häiser geschlacht.

Der Schlachtdaach wòòr émmer e gurrer Daach – Wellflaaesch, Wurschtsópp ónn Hòusmacher wòòren Trump; aai, Bróuder, latz däich!

Uus Kläänen hann de óffgeblòòst Schwäinsblòòs fòòr se schbille kritt.

Kérrecheschwäizer

Én der Kérrech énner der Méß hat der Kérrecheschwäizer fòòr Ordnung gesorcht. De Kénner hann all mise vòòren hin; o weh, wenn se geschwätzt orrer dómm Zäich gemach hann! Mannsläit ónn Frääiläit rechts ónn lénks, de Gäng hann mise fräi bläiwen. Bäi

Prozessjòònen ónn Beäärdijungen éß der Kérrecheschwäizer mét em scheen roode Kiddel vòòren ewechgang, ómm Kopp e rood Grammefoonplatt ónn én der rechts Hand de Lanz.

Miller

Der Millerberóuf éß fascht òusgeschdorf, zóuménnescht so wie äi en kennen. Vón dääne véier Millen éß noch ään dòò, die hat awwer kòum meh ebbes mét er Mill vón fréiher gemään.

Mòuerwólfsfänker

Òusgangs Wénder ónn ém fréihen Fréihjòhr hann sich de Mòuerwólfsfänker én de Wiesen erêmgetrief, hann die klään, zaart Déiercher gefänkt ónn dann de Mòuerwólfsfeller dään Händler verkloppt.

Nähdersch

De Nähdersch éß vón Hòus zóu Hòus gezòò. Se hat Klaaeder genäht, hat Aldes gefléckt ónn Nòues fòòr aansezéihe gemach. De Wäißwäschnähdersch hat Läindéicher, Handdéicher, Wéndeln – nuur Wäißzéich – genäht. Jee nòò Aarwet éß se e gewésse Zäit ém Hòus blief, hat aach dòò geschlòòf. Wòòr de Aarwet geschafft, éß se mét Naddurraaljen entlohnt genn, aach manchmòò mét Geld.

Poschtkutscher

Der Poschtkutscher hat én der Poschtkutsch nét nuur de Poschtsachen, sónnern aach Läit beferrert. Wie de Poschtkutschen dann vón de Audos abgeleest genn sénn, wòòren aach de Poschtkutscher iwwerflissich.

Saddler

De Saddler hann Kómmeder, Zuuchgescherrer, Véihdecken ónn so e Gewaaeschder aangeferdicht ónn aach rebberiert. Villfach wòòren se aach Pólschderer, hann Matratzen, Soofaas, Schässelonger ónn Ohresessel gemach. Bäi de gudde Schdéihl hann se de Sétze scheen waaich gepólschdert.

Schdäänbrecher

Schdään fòòr se bòuen hat mer villfach selwer gebróch orrer vóm Schdäänbrecher mache geloß. Dräi Schdäänbréch ómm Wénschberch sénn mer noch én Erénnerung: én der Schdenkelbach, am Aldenklään ónn médden ómm Wénschberch ómm Bubbacher Bann.

Schétz

Der Schétz, Feldhéider, hat óffgepaßt, daß én de Wiesen et Graas fòòr Haau ónn Grómmet nét verträät genn éß, kään Ónbefóuchder sich ómm Flóuer se schaffe gemach, kääner Feldfrichden orrer Obst geholl hott. Schlechde Feldwään harrer em Bórmaaeschder geméllt, hat Boodegäng gemach ónn Uukassen òusgetraa.

Schmitt

Mét em Wääner säiner Aarwet wòòr em Waan- orrer Huufschmitt säin eng verbónn. Waan, Témmel, Plóuch ónn däärgläichen, dat, wat der Wääner gemach orrer rebberiert hott, éß gläich dernòò vóm Schmitt mét den Äisendaaeler beschlaa genn – Sillschaaet, Raaefen, Bremsgeschdäng, Plóuchschaar, Lunnen ónn so wäider. De Paaer harrer beschlaa, behuuft. Bäil, Äxt, Maaesel ónn Schbétzhack harrer schaarf gemach. Aach de Bänner an Schäierpòòrden, an Schdalldieren harrer gemach ónn aangeschlaa.

De letschde Leebacher Naalschmitt hann äich noch kannt, awwer némmeh geséihn, wie er ómm Klopp én säiner Werkschdatt gewurschdelt hott.

Schnäider

Jeed Dorref hat ménneschens ääne Schnäider gehaat. Däär hott Aanzéich, Mändel, Bóxen, Kiddeln gebòut ónn hott all Fléggeräien erleedicht.

Médden én der Schnäirerschduff hat e grooßer Désch geschdann, dòò dróff ónn óff der Nähmaschinn hat sich de ganz Aarwet abgeschbillt. Maaeschder, Gesell ónn Lehrbóu hann mäischt ém Schnäirersétz óffem Désch geseß, hann gefòòscht, genäht ónn gefléckt. Dat dick, grooß Bieeläisen, mét Hólzkolle waarmgehall, éß iwwer Désch ónn Schdófft gerutscht.

Der Oowen hat gedurrert ém schummerich Licht – so e Schnäirerschduff wòòr halt en uurich Plätz.

Schwäinshirt

Nòòm Méddaaschessen hott der Schwäinshirt én de Faaets, én et Horn, geblòòst ónn éß mét em Hónd an den Häiser vòòrbäikómm. Er hott de Schwäin én de Wald getrief ónn dort gehóut. Gee'en fennef, sex Óuer harrer se nommòò zréckbraat, se sénn schón orntlich én ihre Schdall gelaauf.

Am Meerdesdaach ónn am Fedden Donnerschdaach sénn de Hirden mét Naddurraaljen entlohnt genn.

Wääner

Vòòr allem de Bòuern wòòren óff en aangewies, óff de Wääner orrer Schdellmacher. Däär móscht ihre ganze Fuhrpaark machen ónn én Räih hallen mét klääen ónn grooßen Rebberadduuren.

Iwwer Summer kónnden sich de Wääner de Duwwel nét erwehre fòòr vill Aaerwet, dòògee'en wòòr ém Wénder näisch los. Dòò hann se dann Schdille fòòr Haggen, Kòòrschden, Gawweln, Kròòben gemach ónn hann Naawen, Schbaaechen ónn Raaefe vòòrberäit. Se hann Hólz ém Wald gehaau ónn häämgefahr, dat selwich gescheelt ónn zóum Trócknen óffgesetzt. Òus dräi Sorden Hólz hann se Haaureche gemach: der Kweerholm òus Harthólz, Aaichen orrer Bóuchen, de Zänn òus Wäiden, der Schdill òus Haasel, dat éß Haaselnóß. Dat Hólz móscht gutt tróggen sénn, et móscht wennischdens ään Jòhr gelaachert hann.

Der ään orrer anner hat en Zóubroot gehaat, éndääm er Grooßvéih én Loschie geholl hat, ónn wenn et ach nuur fòòr ään Naat wòòr, wie vòòrm Maartdaach.
Ém Bóckhòus sénn der Gaißbóck ónn der Schòòfbóck gehall genn, dòò hat mer de Gaiß ónn Schòòf zóum Bócken hingefahr.

All die Beróufe, wo äich héi genannt hann, hat et mise genn. Et wòòren daaels haarde, beschwäärlije Aaerweden, ónn manche wòòren so bedéierlich bezahlt, daß mer dòòmét de Fammill nuur graad so iwwer Wasser halle kónnt.

Amanda Scherschlicht
De gutt alt Zäit

Wie et wòòr én der gutt alt Zäit, so vòòr Schdégger achzich, näinzich Jòhr, dat wéll äich òuch mòòl verzehlen. Et Lääwe wòòr bédder ónn hart; besónnerscht schwäär wòòr et fòòr en Hòusfraau; wie hat die sich mise schénnen ónn kweelen, wat wòòr se geplòòt ónn gehéit! Wenn de Sunn mòòrjens óffgang éß, Daach fòòr Daach, wòòr se schón óff de Bään. Hat Fäier gemach, de Kaffee gekocht ónn et Véih versorcht.

Vòòr de Fäierdaa, vòòr Kréschdaach, vòòr Ooschdern, der Kérref ónn uusem Maart éß et oft gang bés déif én de Naat erén. Dò hott se gewäscht, gebieelt ónn genäht, hat de Bónd aangeréihrt ónn Taart gebackt. Ónn vòòrm Schlòòfegehn hat se dann noch daebber de äänzich paar Schóuh vón de Kénner éngeschmeert ónn blank gerief.

Bäi der Baaderäi Saamschdes éß am fréihen Òòwend de Bòuchbitt én de Kich geschlaaeft word. Dann hat de Mammen de Kénner – ónn der kénnen mert glaaewen, et wòòren er meeschdens meh wie dräi – ääner nòòm annern ém selwijen Wasser abgesaaeft. De Hòòr vón de Bóuwen hat se gebérschd ónn geschdrählt; ään Gléck, daß se dòòmòòls fascht all en Glatz mét Vòòrgaarden hodden! De Maaedcher hat de Mamme mét Zäidóngspabbéier Ziwwelcher gedräht, daß se am annern Daach schee Loggen hodden.

Dann hann de Trawwanden én der Läif- ónn Seelbóx óff der Bank hénnerm Désch én ääner Räih.gehuckt ónn ónn hann de Käässchmeer geschroot. Wenn se dann gebäät hodden, hann se Gunnaat gesaat ónn sénn de Schbäichertrepp eróff ént Bett.

De Baaderäi fòòr de Grooßen éß soo vòòr sich gang: Se hann Beddéicher durch de Kich geschbannt ónn dòò der- hénner wòòren se, wie mer soo saaet, mét sich allään.

De Mammen hat dann én de Baadbréih noch de Wäsch éngewaaicht, die wòòr noch schee waarem ónn et wòòr jò aach vill Saaef drén. Dann éß der Wäschdaach kómm, ónn dat wòòr fréiher émmer e greeßer Sach. Schón am Sónndaach- òòwend éß der Kessel én der Wäschkich geschiert genn. Dort hat en Désch geschdann, ónn dòòdróff hat de Mamme jeed Schdéck Wäsch mét Schmeersaaef éngeschmeert ónn dann ém Kessel vòòrgekocht.

26

So êm fennef, sex Òuer mòòrjens wòòr de Wäsch dann noch schee waarem ónn éß jetzt nommòòl ómm Désch gebérscht odder ómm Wäschbräät geschrubbt word. Bäi dääne grooße Fammillen ónn bäi der vill Wäsch hat sich dat hingezòò. De ganzen Daach éß gebòucht ónn geblóut word; de Fénger wòòren vóll Blòòsen ónn am Bòuch wòòr mer naß bés óff de Hòut.

Ém Wénder wòòr de Wäsch schón bäim Óffhänken dròußen émmer schdäänhart gefròòr. Én der Kich iwwerm Oowen hat se als daalang gebambelt bés se trógge wòòr.

Ónn dann die Bieeleräi! Dò hat mer kään Sauna gebròucht fòòr ént Schwétzen se kómmen. Dòòfòòr hat én fäichde Rollen de Schdärkwäsch gesorcht. Fòòr die se bieeln, móscht dat äiserne Bieeläisen jò gutt häiß sénn; dò éß der Oowe médden ém Summer geschiert genn. Mét Schbòuz am Fénger hat mer browwiert, ob et Äisen nét zóu häiß éß odder mer hat äänfach dróffgeschbòuzt. Wòòr et se häiß, móscht mert e bßjen schlenkern fòòr et absekéihlen. Dat wòòr soosesaan dòòmòòls der Termoschdaat.

Zwéschendurch hat als noch misen Bódder gedräht genn. Bés dann der Rahm én digge Klómben wòòr, hat de Mammen als kénnen iwwerm Drähen e Gimbchen hallen.

Ónn wat hat so en Hòusfraau fréiher nét alles gefléckt ónn geschdoppt! Se hat de Schdrémp óffgezòò ónn mét der Wóll an annern Schdrémp Schbétzen ónn Fäärschden aangeschdréckt. Dòòderbäi hat se sich dann òusgeruht.

Mer sóllt ach nét vergessen, daß et fréiher én de Häiser jò kää Wasserklosett giff hat, kää Pabbéier óff Rollen òus zaardem Krepp, kää Fréschlóft òus Doose mét Deodorrant, nää! En Häisjen ém Gaarden hott jeeder gehat, wo am Hòògen òus Dròht et Zäidóngspabbéier gehänkt hat. Ónn Fréschlóft hodden se ómsónscht ónn dix ach sevill. Ónn òòwens éß mer mét der Keerz odder Lander durch de Gaardepaad ént Häisje gang. Nuur de Kénner ónn de alt Läit hodden Déppcher énnerm Bett.

Én de Häiser wòòre jò émmer noch de Alden, de Ooma, der Oopa, de leddich Ónkeln ónn Tanden, die hat mer aach noch misen eschdermieren ónn hat ne émmer noch misen nòò de Aaue lóuen. Hòut saat mer dòòzóu Grooßfammill, awwer mer fénnt se nuur noch selden; fòòr so Fammillen sénn én uuser Zäit de Häiser se klään.

Wo sóu vill Mäiler se schdobben wòòren, dò hätt et Geld nét gelangt. Dò hat jeeder säi Gaarden ónn säi Land geplanzt ónn säi Véih ém Schdall gehat. Ém Fréihjòhr móschden de Grómbern gesetzt, gehäift ónn gehackt ónn der Gaarde gegraaft ónn éngesäät genn. Aach dòòderbäi móscht de Hòusfraau helfen. Zwéschendurch hat se jeed Wòch ach noch e Backoowen voll Broot gebackt.

Der Pabben schafft óff der Gruuf odder óff der Hitt; én säiner Fräizäit ónnert er ém Schopp, dengelt de Sensen, wetzt se mémm Wetzschdään ónn richt sónscht noch alles häär fòòr de Aaerwet dròußen ómm Feld. De Wiesen sóllen ém Summer gutt maschdich ém Fóuder schdehn, daß òòwens de Kéih ónn de Gaißen e gammer Nòuder hann.

Kään Hòusdier wòòr fréiher geschberrt, an der Dier wòòr kää Schell, alles wòòr óff vón hénne bés vòòren. De Nòòbersch éß én- ónn òusgang, hat vóm Esse gekoort ónn sich Kóucheformen ónn Kurweln gelehnt ónn wat mer sónscht nét selwer hott. Dò hott mer ach émmer äänen, däär wo ääm zòugehoort hat, wemmer Äärjer loßgenn wòllt.

Nää, et Lääwe wòòr nét äänfach. Awwer wenn dann der Leebacher Maart kómm éß, dat éß ääner vón uusern heekschden Feschtdaan, dann éß gebackt word – Kwetschekóuchen, Äbbeltaart ónn Biereflaaden. Ónn de ganz Verwandschaft vón òuswärts wòòr éngelaat. Gutt maschdich Essen éß óff de Désch kómm, et Fett hat nuur so ómm Schésselwasser geschwómm.

Fòòr de Maartdaa hodden de Läit manch Maark óff de Säit gelaat. Dann hott mer alles kaaeft, wat mer bròucht hott. Fòòr de Kénner Schdrémp ónn Schòuh ónn Énnerbóxe. Fòòr de Hòushalt Gescherr, Wäschbrääder, Kóucheblecher odder ach e Kabbesschroot. Der Pabben hat Kómmeder, Gaaescheln ónn Laaetsaaeler odder e nòu Sort Hiehner ónn Fergelcher kaaeft. Ónn de Kénner hann ihr Tuut Maa'ebroot kritt.

Wemmer dann de Kwetschen ónn de Bieren fòòr de Leckweerich gericht hat, dann hat de ganz Nòòberschaft gehólf. Et wòòr émmer e scheener Daach, óff däänen se sich all gefräit hann.. Ónn de Nòòbern hann aach enanner bäi der Ernt geholf, so gutt se kónnden.

Schbääder ém Herbscht sénn dann de Grómbern én de Keller kómm, de Fässser hat mer geschrubbt fòòr de Viez, óff de Kelder éß mer mémm Waan gefahr. Alles òusem Gaarden éß éngekocht genn, de Bohnen sénn ént Bittchen kómm ónn der Kabbes én de Tónn. De Säggelcher mét de getrocknede Bieren, Kwetschen ónn Äbbelschnétz sénn ómm troggene Schbäicher óffgehänkt genn. Et Obst hat óff Huurden ém Keller gelää.

Wenn dat dann alles éngedòòn wòòr, éß der Gaarden gebròòcht ónn gegraaft genn., ónn mer hat manch Schdénnchen am Gaardendierchen gemaait ónn geschbròòcht. Ónn der Pabben hat de .Méscht óff de Schdégger gefahr ónn geplóucht.

Zóu all der Aaerwet – ónn dat hat misen so sénn –, hott fréiher e Fraau jeed Jòhr noch e Kénnerschees ónnerm Naaelchesbaam schdehn (dó wòòr de Kérrech schwäär hénnendraan). So en Hòufe Kénner grooßsezéihen mét all ihre Kénnerkrankhaaeden ónn.ihre Wehwehcher, wie Wääschésser, Aaeberhòòr, Durchfall odder Geschwiercher, dat wòòr kää Kläänichkaaet. Ónn so manch Naat hat de Módder kää Aau zòugemach, hat Teecher gekocht ónn Klischdiercher gemach.

Nòò dääm Huddel mét de Wéggelkénner sénn dann de Sòòrje mét e Schoolerkénner kómm, ónn die wòòren dix noch vill schlémmer. Awwer hodden de Kénner fréiher e gutt Zäichnis häämbraat, hott mer se nét wie hòut dòòfòòr bezahlt. Dann hott de Mammen se gehäämelt, ónn et Béifje wòòr et Knechtchen ónn et Maaedchen de Maad.

Mer hott de Kénner erzòò ohne vill Gedéngs. Kää Minsch hott ebbes gewósch vóm Erziehungsberaader, mer hädden ach kääne gebròucht. De Kénner sénn grooß word ohne Fernsehn, kää Sandmännchen hott Geschichtcher ént Zémmer rénbraat. Awwer se hodden Ooma ónn Ooba ónn noch annern òus der Fammill, die wo Zäit fòòr se hodden. Se hann bäi däänen ómm Geeren gerutscht ónn gelòuschdert óff die Schdéggelcher, wo die verzelt hann. Ómm Häärd hann de Äbbel ónn Bieren gebrutzelt, der Oopa hat an säinem Kloowe gesuggelt ónn ab ónn zóu e Schdéck Hólz ófft Fäier gelaat. Et Licht wòòr òus ónn de Oowendier óff fòòr Schdroom se schbaaren. Geschbillt hann se ach als mòòl dat scheen alt Schbill, et Bohnemill mét wäißen ónn bròune Bohnen.

Ém Wénder wòòr et émmer e Jammer. Fäier wòòr nuur én der Kich ónn sunndes als mòòl én der Schduff. Ém schbääde Wénder, wenn Äisblòumen an de Fénschder wòòren ónn de Bettdeck vóm Òòdem gefròòr wòòr, dann hann als de Wänn vón Äis geglitzert. Dann hann de Läit mét Zieelschdään de Bedder gewärmt.

So én däär Zäit wòòr mäischt ach et Schbäicherflaaesch all, ónn ach alles annere éß weenijer word. De Kéih ónn Gaißen hann én däär Zäit aach trógge geschdann. Jetz hat et dix Hinkelchesgrómbern ónn Riwwelsópp genn. Et éß an allem geschbaart word.

Ónn de Alden hann émmer verzehlt, manchmòòl wäären de Wénder so kalt gewään, dòò wäär de Hiehner óm Saaedel et Gelää zóugefròòr...

Sóu wòòr et fréiher, Dier Läit. Wòòr se wirklich so gutt, de gutt alt Zäit?

Amanda Scherschlicht
Ém Grómberschdéck

Én de Herbschtfeerje fréiher, wie wòòr dat scheen,
dò dórfte mier Kénner mét ént Grómberschdéck gehn.
Ganz fréih sémmer fórt mét Korref ónn Sack,
óff em Waan for jeeden en Grómberhack.
Ém Schdéck hammer dann de Läit gezehlt,
ónner däänen de Räihen dann óffgedaaelt.
Ball dróff fänkt jeeder mémm Haggen an.
De wäiß Koppdéicher sitt mer ómm ganze Bann.

Mier Kénner hann dann de Kéih òusgeschbannt,
wie doordich sénn die lòò erêmgerannt.
Die wóschden aach vón ihrem Gléck,
fresse gräilich gäär t Schéßmóus ém Grómberschdéck.

Ónner Lachen ónn Schwätzen éß der Mòòrje vergang,
ónn méddes wòòr de Schdraau schón aaerich lang.
Wenn de Glogge gelòut hann, wòòr et Essenszäit,
dann haaescht et: "Kómm huggen òuch, Dier Läit!"

Mét em Korref odder em Laaederwäänchen, jee nòòdääm,
hann se et Esse geschéckt òus der Kich vón derhääm.
Dick Sópp mét Métt- odder Lioonerwurscht.
Ónn Viez, däär éß bescht fòòr de gräilijen Dórscht.
Fòòr de Kénner Essichwasser mét vill Zógger drén.
Fanda ónn Koola hott et dòòmòòls noch nét genn.

Mier Kénner sénn de ganzen Daach ém Grómberschdéck blief
ónn hann uus mét allerhand Schbillcher de Zäit vertrief.
Mét Pobben òus Grómbern hann mer óffgebòut de ganz Famill.
Dat wòòr en aaerich, aaerich scheen Schbill.
Der Ooba schdett dick ónn braaet én der Métt,
dicht derbäi, béßche krómm, uuser Ònkel Pitt,
de Tant, lang ónn dórr, hott sich gläich erkannt,
ónn vòòr däär sémmer dann als fórtgerannt.

Mét de Kéih ónn de Gaißen hodde mer aach uus Fraaed,
die hammer als ab ónn zóu òusem Kappes gejaaet.

Jetzt wòòr der Kaffee an der Räih,
däänen hammer gedrónk êm Óurer dräi.
Riesengrooß Schmeeren mét sòurem Rahm,
wäißem Kääs ónn Leckweerichschmeer,
dat éßt doch so zémmlich jeeder Minsch gäär.
Ónn wenn de Ooma Zäit hott am selwijen Daach,
hat se uus Kwetschenkóuchen óff Brootdaaich gemach.

Nòòm Kaffee éß et ant Räffe gang.
Dò móschden dann aach mier Kénner ran.
Die scheenen ónn diggen sénn kómm én de Korref.
Die hammer gläich óff de Waan geworref.
Die kläänen ónn schròhen ónn die geplótzden
sénn én de Sack kómm. Die wòòre fòòr de Wutzen.

Wie uus Mannsläit vón der Schicht sénn kómm,
hann die aach noch ihr Aaerwet fónn.
Ófflaade móschden se die schwäär Säck
ónn et Grómberkròut sammele vóm ganze Schdéck.
Ém Grómberkròutfäier, dat gétt jetzt noch verròòt,
hann mier uus dann de Grómbern gebròòt.
Geschmackt hann die besser wie der däierscht Wurscht,
besónnersch die schwaarz verbrannden, mét der knuschbrich Korscht.
Wenn de Sónn dann éß énner gang,
hat iwwer ganz Penselbach der Ròuch vón de Fläggercher geschdann.
Wòòr der Waan dann mét Kärf, Kòòrschden ónn Kénner belaad,
hann mer de Grómbersääen én de Keller braat.

Dat wòòr e Schdéggelche Kéndhaaetsgléck.
De Herbschtfeerjen am Ginselberch ém Grómberschdéck.

Ernst Schmitt
Vóm Schbaaren

Jesses, wat horren uus Eldern, Grooßeldern ónn vòòrenaan die geschbaart, sesammegehall, gezwarrert. Net òus Gäiz, nää! Et hott hénnen ónn vòòren net gelangt. Näischt anneres horret genn, als wie dòò ónn lòò ónn héi se schbaaren. Uus Jóngen hòut kénnen kòum glaaewen, wie se fréiher alles abgezwackt, wie se de Schbaarschròuf aangedräht hann, ónn wie se de Penningen, bevòòr se se mòòl òusgenn hann, e paaermòòl erêmgedräht horren. Däänen wòòren Hänn ó Féiß gebónn, wäil der needichde Mómmes gefählt hat. Mer kónnt nuur mét ónerschroggenem Schrapsen iwwer de Zäit kómmen. Am Mòul, an de Klaaeder, kórz, an allem hann se misen schwäär knòusern. Jee knaschdijer ääner wòòr, umso besser éß et gang.

Féxfäier wòòr ebbes ganz wäärtvólles. De Schachdel hott véier Penning koscht; se éß net lòòrêm geflòò – annem besónneren Platz én der Kich hat se gelää. Manchmò wòòrt der änzije Hòusbeschdand geween.

Nää, halt! ää Schachdel hott bäi der Módder ónn der Grooßmódder ém Naachtsdésch nääwen der Keerz gelää, fòòr wenn emòòl naachts ebbes loss wor, orrer et Licht òusgefall wäär. Äänen Schbòòn Féxfäier harret mòòrjens kóscht, fòòret Fäijer ém Kichenhäärd aansefänken. En zwaedder Schbòòn wòòr schón se vill. Nääwen em Häärd hat e klä Käschtje geschdann, wo scheene dénne Schliwwercher, Fiddibusse, wòòren. Soo e Schbòòn éß am Häärdfäijer aangefänkt word, wenn ääner de Päif, Sòuzant orrer Schdómben aangeschdoch hat. Orrer der Oowen én der Schduff, én der Féiderkich odder der Haarscht én Betrieb gang éß.

All Abfall éß verwand word, éß én de Häärd kómm – ob Tuuden, Pappdeggel, Pabbéier, Schóuh, Schlabben ónn so e Gewaaeschder. Wòòr der Häärd, der Oowen zóugeruußt, harrer némmeh gezòò, dann móscht der Bohnerwaxlabben draan glaaewen. Dò horret gedurrert. Et Oowerohr éß ganz gliedich word, et Fäier òusem Schorschde geschlaa.

Bääm- ónn Heggeschnétt sénn kläängemach, getrocknet ónn nótzbréngend verbrannt word. Ääwensoo òusgemóschderde Bohneschdangen, alt Meewel, Abbruchhólz. Dòò sénn dann dereerscht noch de Naael eròusgemach ónn graadgeklobbt genn. Alles éß, wenn et nuur meechlich wòòr, genótzt word; dò hott mer schón de Mill kläängehall, Millberje horret gaar kään genn.

De Kollen, besónnerscht de Berchmannskollen, wòòren meh Kollenschdaauf als wie Kollenschdigger. Mer hat se ém Kollenkaschden naßgemach, dermét se besser gebrannt hann. De Äschen wòòren aach kä Mill, die sénn én de Gaarden órrer óff de Méscht geschótt genn, die hann de Borrem scheen logger gemach.

Kään Häärd orrer Oowen éß mch iwwer Naat aangchall word, wat hätt dat alles koscht? Nuur däär et sich läischden kónnt, hat vòòrem Bettgehn ään, zwaai Briggetts én e naß Zäiróng gewéggelt óff de letscht Gluusen gelaat. Dòòmét wòòr et iwwerschlaa, ónn mòòrjens mét e paaer Schdégger Hólz harret gläich ém Oowen gedurrert. Schlecht hann se geléft, òus Angscht, de Wäärmt gääng verlòòr. 'Loß dat Fénschder zóu! Et kémmt kalt erén', harret óft gehaascht. 'Sabberloot nommòòl', wenn Dórchzuuch wòòr, 'de ganz Hétz gett eròus', hann se dann gewimmert. 'Mach dat Licht òus, der Schdroom éß däier', wie óft hann se dat iwwer

Daach gesaat.

Wenn et nuur se machen wòòr, éß mer ém Wénder meeschlichst lang ém Bett gehallt wòòr, fòòr Licht ónn Brand se schbaaren. Iwwer Daach harret schón mémm Däiwel zóugehn misen, wenn Licht aangemach genn éß. Et Lichtaanmachen òòwens éß aaerich lang én de Òòwend eréngezòò word. Éß et dónkel genn, hat mer ed lang Zäit gedämmert; de Oowendier éß òffgeschdallt genn, ém Fäierschäin hann se geschbròòcht. Mier hann òffs Licht gepòuert. Awwer näischt! Mer hann der Schnaaes nòògelóut, kää Licht harret genn. Dann éß noch der Roosekranz ém Dónkel aangefängt genn ónn gebäät word. Wòòr däär dann nòundann òus, sénn noch de Fennef Wónnen aangehänkt word. Eerscht dann éß de Funsel mét der fennewezwanzijer orrer virzijer Bier aangeschalt genn ónn se Naat gess. Gläich dernòò hann se uus ént Bett geschafft. Wòòret kalt, hat e waarmer Backschdään, wo vòòrhäär ém Backoowen gelää hat, et Bett scheen waarm gemach.

De Alden hann Maai kritt orrer sénn selwer én de Nòòberschaft gang. Dòòdurch hann sie orrer de Nòòbern Brand ónn Ellektrisch geschbaart. Nòòm Moddo: 'Óm näin gett jeeder bäi säin, awwer schbäädeschdens óm zehn mise mer gehn', wòòr de Maaieräi se Enn.

De Kärberfleech éß nòò häidijen Óffassungen vill se kórz kómm. Kern- ónn Schmiersaaef wòòr émmer bäi Hand, hann am Wäschschdään gelää. Aach Sand orrer Sandschdään wòòren gräifbaar. Dat hat aach fòòr de Baadbitt, die altbewährd Zénkbitt golt. Äämòòl én der Wóch, saamschdes, éß gebaad word. De ganz Fammill, nòòenanner, én ääner Bitt, ém gläiche Wasser. Der Schmant éß abgescheppt ónn waarm Wasser bäigeschótt genn.

Määndes éß gróndsätzlich gewäscht word. Zwaai Garnidduure Läibwäsch hott mer gehaat, wie wäär de Módder sónscht aach iwwer die vill Wäsch Häär word, härret dòòmòòls so vill Gewaaeschder genn wie hòut – Klaaeder ónn Wäsch ónn dergläichen? Wäärdes ónn sónndes Klaaeder, aach Hin- ónn Häärmonduuren horren se gehaat, ónn dat nét én jeerem Fall. De Grooßen, de Älleren, hann de Klaaeder dónkel gehall, meeschdens schwarz, die Faaerf hat fòòr all Anläß gepaßt, fòòr Fraaed ónn Laaed.

Émmer éß gefléckt, geschdoppt ónn òusgebessert word. Der Vadder hat de Schóuh geknòupt, Módder ónn Grooßmódder Wóllzäich geschdréckt. Hat mer de Schdrémp némmeh fléggen kénnen, dann sénn de Féiß abgeschniet word ónn nòue draangeschdréckt genn. Dat Abgeschniedene hat kääner wechgeworref, sónnern mét annern Wóllreschden sénn Abdichdungsróllen fòòr Fénschdern ónn Diere gemach genn. Manchmòòl sénn aach Késsen dròus word. Mét de abgewetzde Pólloowerarmen éß et graad so gang. Wòòr der Hémdskraache verschdòoß orrer franselich, hott mer de Hémdslabben abgeschniet, et éß e nòuer Kraache gemach word ónn der Hémdslabbe mét em Schdéck vóm alde Läindóuch ersetzt genn.

Kää Schésselwasser éß verlòòr gang, ém Schwäinsdébben éß et geland. Dat alles wòòr kää Gelschdrichkaaet, kää Gäiz. De Ómschdänn hann uus Vòòrfahren gezwóng, sóu se verfahren. Nuur mét Schbaaren ónn Krómmlääen – dòòdurch hannse sich iwwer Wasser gehall. Die kónnden noch schbaaren!

Mier hann noch vill dòòvón métkritt. Et schdellt sich hòut die Fròò: Kénnen die hòut noch schbaaren? Zóumòòl et jetzt iwwerall haaescht: Schbaaren!

Elisabeth Kuhn
Et Saaefkóchen

Nòò dääm letschde Kréich, dò wòòr jòò alles knapp geween. Et hott vón allem näischt genn, ob Essen, ob Trénken, ob Klaaeder, orrer Schóuh, so wie et Bótzméddel, Wäschpólwer orrer Saaef. Sóumét hat mer versóucht, òus allem ebbes se machen. Ónn desween éß ach Saaef gekócht word. Nuur – dat wòòr gaar nét so äänfach, fòòr an de Zóutaaden se kómmen.

Awwer äich kann mäich noch gutt erénnern, wenn mier e Schwäin geschlacht horren, ónn dò éß vón dääm klään Wutzjen geholl word, wat mer äänijermòòßen an Fett ónn Knóchen entbehre kónnt. Awwer dat wòòr mäischdens nét vill. Am beschden harret gang, wenn em Nòòber e Schwäin am Rottlaauf kabbuttgang wòòr. Ónn dat hott ääm gräilich laaedgedòòn. Fòòr se essen wòòr dat jò némmeh se gebròuchen. Also – dann éß Saaef gekócht word.

Dann éß dat Véih óffgeschniet word, et Fett, de Schwaart ónn vòòr allem et Träibefett én de Kessel erén kómm ónn éß gekócht word. Ónn dò hat mer jò mise Kaurischsooda ónn Kollefoonjumm hann, daß dat iwwerhaupt Saaef word éß. Nuur, wenn mer kää Bezéihung zóum Abdeegder hott, dò kónnt mer näischt machen. Wemmer awwer en Addreß hott, wo mer dat kréien kónnt, dò hat mer misen ebbes dervòòr genn, mäischdens e Schdéck Schinken zóu säim Geld. Dat wòòr ieblich esóu.

Ónn dann, wenn alles säi Richdichkaaet hott, ónn dat Zäich wòòr waaich, dann éß et Kaurischsooda derbäikómm, ónn dann éß der Geschdank loßgang. Et wòòr furchbaar, däänen hann äich hòut noch én der Naas. Nét nuur de Wäschkich hat geschdónk, et ganz Hòus wòòr verpescht, ónn sóumét hat jò aach de Nòòberschaft et geróch. Dann éß et aach vòòrkómm, daß änt vón dääne Frääiläit kómm éß ónn hott e béßje Paarfêmm ónn saaet: "Schitt dat lòò drênner, dòòfòòr giffschde mier dann e béßje Saaef.

Wenn de Mass ém Débben orrer ém Kessel halwer éggekócht wòòr, dann éß et fäin geruddelt word, ónn dann éß et Kolliffoonjumm drênner kómm. Dat éß dat Zäich, wo der Gäiebòòe éggeschmeert wird. Orrer der Pabben éß én de Wald gang, Fichdenhaarz sóuchen. Dann éß dat drênner kómm, daß die Saaef aach hart word éß.

Se éß dann én de Form geschótt word orrer én Kóucheblecher, die wòòren mäischdens mét Pabbéier òusgelaat. Dat éß hénnert Hòus geschdallt word, fòòr kalt se genn. Manchmòòl hann se ach de Vieel verpéckt orrer de Katze verschärrt. Nuur wenn alles gutt gang hott, dann éß se geschniet word én klää Schdégger. Wenn dann die soogenannde Saaef ach nét so aaerich gutt wòòr, awwer se wòòr émmerhin besser wie naischt.

Ernst Schmitt
Schbillen

Schbillen - wat éß dat fòòrr en schee Wort! Schbillen - dat wòòr der Énbegriff vón Gléck fòòr uus, bis mer òus der grooß School eròus kómm sénn. Schbillzäich hodden mer kòum gehaat, ónn trotzdemm hammer vill ónn óft geschbillt - émmer, wenn et nuur meechlich wòòr.

Ém Verwahrschoolalder hodden mer uus ammesiert mét Hólzklétzjer, Nähtsrélljer, alde Knäpp, óm alden Débben getrómmelt, sich verklaaed, verbòòzt, mérrem Léffel, mérrer alder Bóll im Sand gewurschdelt ónn Häisjer ónn Hehlen gebòut. Mémm Hammer ónn roschdich Naael éß Hólz sesammegekloppt word, dòòbäi hodden dann de Féngern óft geliet. E Schräiwer ónn Pabbéier - so kónnt mer mòòlen odder krétzeln; Pabbéier schnébbeln wòòr aach ganz scheen.

Wie mer én de grooß School kómm geween sénn, ah, dòò wòòren mer bäi jeerem Werrer nuur dròußen - óff der Gaß, én der Wies, an der Bach, ómm Feld orrer soogaar ém Wald. Dò horret kään Halt meh genn. E Schdeggen ónn e Schdéck Saael draan, dat óm den Dilldopp gewéggelt, mét Schwóng abgezòò, ónn schón hat sich der Dilldopp gedräht, ónn mét gekónnden Gaaeschelwitschen hat sich der Danzknopp - so hat mer den Dilldopp aach genannt - ferm wäidergedräht. Sécher hat en äänijermòòßen ääwener Borrem derzóugeheert - däär hat misen dòò sénn.

Óff soom Ónnergrónd éß aach Héppches geschbillt word. Véiereggije Häisjer sénn óff de Borrem gemòòlt word orrer mét Gips gerétzt génn; vòòr et eerscht Häisjen hat mer e flachen Schdaaen gelaat, däär éß mérrem Hépsbään - dat zwaett Bään dórft nét óff de Borrem kómmen - én et eerscht Häisjen, dann vón dòò én et zwaett Häisjen ónn so wäider geschupst word. Schdaaen ónn Hépser dórfden kaaen Schdréch beréhren, dat wòòr en Fähler; dann éß der zwaett Hépser an de Räih kómm. So vill Häisjer fählerfräi erräicht word sénn, sovill Pónkten harrer guttgeschrief kritt. En Kalwijer, en Schwäärfällijer, hat nét vill Pónkten éngehäimst. De Maaeden wòòre besónnerscht énfallsräich ónn horren Hépsjes noch mét allerhand annerer Kinkerlitzjer beschwäärlicher ónn dòòmét schbannender gemach.

Én de Paausen, óm Schoolhoof, éß Bäämches, Fänkches, Bitschjes, Kléggern, Dräh-mer-mòòl-de-Haschbel, Bóckjes ónn waaeß der Däiwel wat nét alles noch – geschbillt word. De Maaeden hann sich mäisch mét Saaelschbréngen, Kraaesjes, Ballschbillen, Räijen ónn däärgläichen verduddelt. Laaeder wòòren de Paausen vill kérzer als wie de Schdónnen. Dò wòòren mer laaerich, manchmòòl exprä dräädich fòul. Bäim Schbillen wòòr et graad ómgekehrt.

Nòò der School éß die Schbilleräi eerscht richdich lossgang. Vòòr allem, wenn de Schoolòufgaawen gemacht wòòren orrer mer mòòl òusnahmswäis näischt óffkritt hodden, wat ganz selden - mòòl an em Schaltdaach - passiert éß. Räifches hammer gelaauf. En abgefahrenen Fahrraadmandel óffem alden Feljen, e Schdéck Hólz, mét dääm mer de Raaef getrief hann - ónn ab de Poscht!

Schdélzen sémmer gelaauf ónn mét däänen aach noch Rennen gemach - äi! Fäierdigròò!! Méddels er selwergebaschdelder Hólzplätsch e klääne ball hin- ónn häärgeschbillt – soo en Aarm-Bóuwen-Tennis. Aach Fóußball éß gebolzt word. Awwer e Fóußball hodden mier aarm Wéndbäidelcher nét gehaat. E Lómben róndgesaeelt - orrer e richdich verbawwerden Blechbéx hannet aach gemach. Nuur de genaaelde Schóuh ónn de Bään hann oft geliet, vòòr allem, wenn de Doos der Ball wòòr. E Schdéck Róndhólz vón zirka fóffzehn, zwanzich Ssandemeeder, vòòren ónn hénnen aangeschbétzt, wòòr der Nibbes. Däänen mét em Krémmes vóm Kraaes vónnem Meeder Durchmesser pasaabel wäit fórtgeschlaa. Der zwaedd Métschbiller móscht de Nibbes vóm näämlijen Platz, woóer hingeflòò éß, zréckwerfen - meechlichst én de Kraaes. Éß em dat gelóng, éß äär Schdockmann word. Annernfalls hat der Schdockmann de Nibbes dräimòò schleen dérfen. Mémm Schdock óff de Nibbes gehaau - der Nibbes wòòr én der Lóft - nòun dann! mémme kräfdijen Schlaach éß der Nibbes orntlich wäit vóm Kraaes eweckgepeffert word. Ónn dat noch zwaaimòòl. Vóm letschden Nibbeslandeplatz bés zóum Kraaes sénn de Schritt gezeehlt word, ónn dat wòòren die gewónnenen Pónkten.

Schlenkerfäßjer hammer aangefänkt, die hann schón scheen gegluust, gekwalmt ónn geschdónk. Óff der Glunsch sémmer geschaugelt, Flitschebòòen ónn Schläidern gemach, Drachen fléien ónn Fläggercher brennen geloss. Leetschen oder Häisjer bòuen, Räiwer orrer Sóldaatches wòòren wäidere Schbiller. Én de Kréich sémmer gezòò, e Brootbäidel mémme Héwwel Broot, óm de Bòuch e Schdéck Saael gebónn, dòòdraan e Schdéck Hólz gehänkt als Säidengewehr, en Hólzgewehr óm Bóggel. E roschdijen Schdahlhelm orrer e Krätzjen ómm Dääts - jesses! wat horre mer uus gemóschdert! Ónnerschdénn, Schétzengraaewen ónn Hoochsétzer hammer gebòut, aach Fleeß, wo óffem Millenbach ónn der Teel geschwómm sénn ónn en ganz Portsjoon vón uus getraa hann.

De Kénner vón däänen, die wo sich gutt geschdann hann, horren Róllschóuh, veläicht aach en Róller orrer gaar en Wipprόller, aach en Holländer, soogaar manche horren en Fahrraad. Wenn se nét graad so näidisch wòòren, hannse uus aach emòò fahren geloss, wemmer dat iwwerhaaupt kónnt horren. Verschdoppches wòòr aach e ganz scheen Sach. Ob ém Fóxengäßjen, ómm Schdriel, ém Millen- orrer ém Énnerschden Eggen, óff der Aau orrer én de Kòòrkéschden, hénnerm Méschthòufen, hénner der Schäierpoort, énnerm Témmel, énner der Sólberbitt orrer én der Schwäinsmóul. Én orrer hénner Häisjer mét orrer ohne Herzjer – Plätzer wòòren genóuch dòò.

Ém Summer horret òòwens länger gang. De Bäätglock hat dann schbäärer gelòut als wie ém Wénder; awwer däär wòòr aach ganz scheen. Òòwens éß Mensch-érjer-dich-nét geschbillt orrer gefòudelt word, aach hammer et Loddo gezwiwwelt: e Schbill mét Zahlen, Loddoknäpp vón änns bés näinzich. énns wòòret Trépstréljen, näinzich der Grooßpabben.

Der Nicklòòs hott e paaer Néß ónn getrócknede Kwetschen én et Fénschder geworref. Am Nicklòòsdaach hat et dann noch en Heefdäichpópp genn. So Médden ém Deezember éß et kalt word. Der Borrem éß gefròòr, et hott geschneet. Zóu allem Gléck horret Kréschkénnjesfeerjen genn. Mer hann kää School bés en anner Jòhr, hammer gesóng.

An de Kréschdaaen wòòr et mäischt wäiß. Bés òusgangs Jannuar hat der Schnee gelää. Et Kréschkénnjen hat émmer ebbes braat fòòr aansezéihn. Ónn wenn et gutt gang éß, aach mòòl en Schbillzäich. Om véier Òuer móscht mer am eerschde Wäihnachtsdaach óffschdehn ónn én de Medden gehn. Vill ónn gutt horret an dääm Daach se essen genn. De Plätzjer, Wäihnachtsgutzjer, nét se vergessen.

An Silweschder ónn Nòujòhrschdaach hammer mét e paar Zindblaaetcher geschòß. Veläicht aach mòò médder Schdóbbeschieß. Die hat béischderlich geknallt.
En Próbberden hammer de Wäiherchesbach ónn de Kooburjer Graawen geschdémmt fòòr zwaai scheene Äisplaggen. Geschläimert sémmer vón mòrjens bés òòwens. Schlittschóuh hat nét jeeder gehaat. De Duddel hat émmer gefählt. Schneemänner hammer gebòut, Schlieden hammer gefahr, die mäischden hodden so en aaenfach Hólzkéscht - aach Kääskéscht gedaaeft.

Mer horren schón vill Abwexlóng, bés mer òus der grooß School kómm sénn. Mer hann mét der Fräizäit ebbes aansefänken gewóscht. Óm uus hat sich fòòr se schbillen kääner Gedanken machen misen. Énfäll hodden mer sehaauf, óm Iddeen nét verlään. Sécherlich hammert manchmòòl iwwertrief.

Hòut genn all Haaelijen aangeròuf. Die Gemään, der Schdaat mòß häärhallen fòòr Kénnerschbéllplätz ónn däärgläichen. Pardäien, Schoolen ónn vill Schlòuen sénn óffgerόuf, de Kénner se helfen, de fräi Zäit se geschdalden. Versóuche laaufen ónn wat nét alles. Fernsehn, Wiedeo ónn Poppmusick schdétt bäi de Kénner hòut an eerschder Schdell - dòòdraan hann se den Narren gefress. Dat éß laaeder sehr äänfach ónn sehr bekweem, awwer énsgesamt e fòul Sach.

Oh, wie wòòren mier dòògeen so glécklich! So òusgeglich! Kä Langwäil! Ónn mer hann nuur geschbillt.

Ursula Thewes
Erinnerungen im Garten

Wenn äich én uusem Gaarde bén,
Féllt mer vón fréiher manchet én.

Óff der Bank ónnerm Abbelbaam dòò séihn äich se sétzen,
De alt Fraauen én dónkle Klaaeder ónn de Schammassschétzen,
Ónn manch ään vón däänen hott kään Schlaap Zant,
Awwer allegaaren wòòren se schwäär scharmant.
Vón de Famillen hodden se allet gewóscht,
Wäär mit wääm – ónn die hannt all óff der Bróscht.
Däär hat schwäär kómme geloss, kritt kòum noch Luft,
Jòò, däär schleet gnaau én dääne ihre Schduft.
Mét dääm éß kään richt Fuhr se fahren,
Die sénn aarm wiet Kleefchen, die kénne nét schbaaren.
Dat Schinnóss hat kä Schémt ónn Verschdand,
Laaift e läärer Schees nòò, ónn lääft vón der Hand én de Zant.
Die hann gewónne Broot én der Hott,
Die kenne känn Gott ónn känn Gebott.
Däär Laaedlääwer éß doch e falscher Padrääner,
Dään Jubbefäller maan doch kääner.
Dat hat mét dääm jetz aach en Laggaai,
Die tónken se zwaett òus äänem Aai.

Ónn dix hannse aach 'Schbétz pass óff'
Ónn 'Klään Kesselcher hann aach Ohren' gesaat,
Ónn gepéschbert.
Dòò hann mier Kénner de Lòuschdern geschdallt
Ónn dòòdriwwer nòògedaat.

Jòò, uuser alder Abbelbaam,
Däär hat dräi Sorden Äbbel aan.
Dat hat schón manchen schwäär verwónnert,
Awwer mäi Grooßvadder hott ne geposst
Noch vòòr näinzehnhónnert.
De Pingschtroosen lòò hott mäi Vadder noch braat,
Dòò wòòrer eerscht fóffzehn,
Ónn hott mäi Módder schón gäär gehaat.

Ónn wäider lott hénnen,
Wo de Schdròuben schdehn dichder,
Dòò wòòren nòòm Kréich de Bómbetrichder.
Dòòmòòls wòòren uus Nòòbern all nét derhääm,
Mäi Módder, de Ooma ónn äich,
Mier wòòren móddergóttseelenallään.
Alles wòòr rään ónn klään.

Ónn de Häiser hann wäidewaan óffgeschdann,
Dòò sénn dann médden én der Naat de Russen drén rêmgang.
Awwer dat Fréijòhr wòòr soo waarem,
Ónn soo schdéll wòòrt iwwerall,
Mer hott nuur de Viejelcher päife gehoort,
Ónn mòòrjens ganz én der Fréij de Naadegall.

Ónn ebbes hann äich aach nét vergess:
Mét der Ooma hann äich dix ém Schaaedhäisjen gesess.
Se hat mäich gehäämelt ónn hääwes gesaat,
Kómm e béßjen óff de Geeren, mäi gudd Maad.

Doch émmer, wenn bäi uus der Naaelchesbaam bléiht,
Dò genn äich tròurich ém Geméit.
Dòò séihn äich de Gefangnen òus em Laacher rêmgehn,
Ónn hénner uusem Gaardezòun schdehn.
Mier hodden ihr Schbròòch jò nét verschdann,
Nuur soovill – se wóllden paaer Blóumen hann.
Als Schmuck fòòr óff en Doodelaad.
Ónn manchmòòl hott ääner aach Hóchzäit gehaat.

Wenn äich ém Gaarde bén, dóun äich dix denken,
Ach, gääng doch ääner mier äänen Daach schenken
Mét all däänen, die wo fréiher héi geween,
Énnerm Abbelbaam sétzen – wie wäär dat so scheen!

Ónn noch äämòò mient äich mäi Módder so séihn, dier Läit,
Wie se dòòmòòls geween éß, én der schlecht Zäit.
Se wòòr so zaart, ónn hott doch so vill Kraft,
Hott vón fréih bés schbäät geroscht ónn geschafft.
Dat Wort derfòòr tréfft et ganz genaau:
Se wòòr e Trimmerfraau.
Wat hott se gefuhrwerkt ónn Schdään gekloppt,
Äich waaeß et noch wie hòut,
On dòòdervón uus Hòus gebòut.

Ónn wat hott se Gäng dóun misen ónn fläddieren,
Dòòfòòr, dat mier dórfden uus Schdròòß passieren.
Ónn wat hott se mit de Beheerden durchgeschdann,
Ónn aach gehamschdert, fòòr Essen fòòr de Läit se hann.
Én däär Zäit wòòr Geld jò e wäärtlooser Poschden,
Et hat ääner jò nuur geschafft fòòr de Koschden.
Awwer dòòmòòls wòòr mäi Módder jóng,
Se hott gäär gelacht ónn vill gesóng.
Ónn mier hodden méddenanner aach sónscht vill Spaß.
Aewwer wenn se mäich gedréckt hott,
Wòòren dix ihr Aauen naß.

Ursula Thewes
Kindheit und Kinderspiele (Nachkriegszeit)

Wie all klään Kénner hott äich aach e Teddibäär ónn Póbben gehaat, die wòòren schwäär schammeriert ónn vóller Bawwerden. Ihr Klaaedcher wòòren némmeh vóm beschden. Nét, daß äich se nét gäär gehaat hätt. Bäi jeedem Allaarm hann äich se mét én de Bónker geschlaaeft, aewwer mier hodden äänfach kään Zäit meh gehaat, fòòr se se ranschieren.

Wie dòò der Kréich erêm wòòr, äich wòòr noch nét fennef Jòhr, dò kónnt mer zem eerschde Mòòl so richdich óff der Schdròòß schbillen. Dereerscht wòòren jò kòum anner Schbill-kammraaden dòò. Die sénn eerscht nòò ónn nòò òus der Ewwakuierung seréck kómm. Dòòmòòls hammer all Kellern én de Trimmern ónsécher gemach. Mer hann uus am Éngemachden gelatzt ónn aach Verschdoppdes gefónn: Béicher, Sääweln ónn Figguuren. Paaer äller Bóuwen hann dat an de Ammis verkóbbelt. Die wòòren äänes Daachs de Péggart erónnerkómm. Mier Kénner hann an er Kräizóng bäim Schäärer geschdann ónn geróuf: 'Ammi, gif mi Schoggolaad.'
 Dò éß e Panzer aangehall, de Klapp éß óffgang ónn e ganz schwaarzer Mann hat eròusgeluut. Er hott gelacht, daß säin wäiß Zänn én der Sónn geblétzt hann; aewwer mier hodden vòòr lòuder Angscht ball én de Bóx gemach. De Abbelsienen ónn der Kaugummi hodden aewwer aaerich gutt geschmackt. Däänen hodde mier iwwer Naat én de Zóggerdoos gedòòn, ónn mindeschdens e ganz Wóch draan gekaaut.

De ganze Summer hann mier nuur óff der Gaß geschbillt, wäil jò fascht all Häiser kabutt wòòren. Ém Graawen hott en doot Päärd gelää. Dò hammier gläich dernääwen uus Kléggerden òus Lähm gemach ónn Kóuchen gebackt én Schóuhwixdoosen. Mer hann ach én der Schdäänwies geónnert, zwéschen em Bahnhoof ónn der Jòòbacherschdròòs. Dò wòòr en hòushooher Hòufen ous Dròht; dòòdrén hodden mier uus Gehäimgäng, òusschdawwiert mét aldem Gewääschder ónn Gerémbel. Dò hammer Vaddersches-ó-Móddersches ónn Dogdersches geschbillt ónn Schoolches. Wenn derzwéschen en Zuuch éngelaauf wòòr, dann sénn de Bóuwen dróffgeschbróng ónn hann de Kollen erónnergeschméß. Wenn de Bäätglock gelóut hat, sémmer óff hääm loss ónn kääner hott geschännt kritt, wenn er paaer Minnudden ze schbäät wòòr, ónn dòòderfòòr paaer Kollen häämbraat hott.

In dääm Jòhr bén äich aach én de Verwahrschool kómm; die wòòr én de Barraggen hénnerm Schweschdernhòus. De Schweschder Nitzeezija wòòr e ganz zaart Persoon. Krach kónnt se nét vertrecc'en. Se hat uus vill vòòrgelääst òus de Béicher vón de Haaelijen. Ónn se hat uus gutt Benémmes bäibraat. Se hat uus aach bäibraat, daß mer e Schäär odder e Messer nie mét der Schbétz nòò vòòren wäidergifft. Se kónnt gräilich scheen mòòlen óm kónschtvóll Sachen òus Pabbéier machen; am scheenschde wòòren de Bréifjer, wo se an uus Eldern geschrief hat, wenn mer Kénnergaardenfescht hodden. Die wòòren én Zierschrift geschrief ónn mét Vieelcher ónn Bléimcher beklääft. Én der Verwahrschool hammer aach Réngelschbiller gelehrt, dat wòòr 'Ringlein, Ringlein, du mußt wandern', 'Schaut euch nicht um, der Plumsack geht herum', 'Es tanzt ein Biebaabutzelmann', 'Ringele, ringele Rosen', 'Macht auf das Tor', 'Dornröschen war ein schönes Kind'.

Dernòò, én dääm Herbscht bén äich én de grooß School kómm. De weenicht Kénner hodden e Ranzen, noch weenijer e Zóggertuut. De Lehring hott uus m´t faaewijer Kräid e scheen Bild óff de Taafel gemòòlt.

Vóm Ónnerricht waaeß äich nét vill; nuur, daß se émmer de Taafellabben ónn de Gréffel-schaaeden kontrolliert hott. Ónn de Kénner, die wo kään Schérz aanhodden, die hat se häämgeschéckt.

Zóu däär Zäit wòòren de Lehrer noch gräilich schdreng. De Bóuwe sénn oft iwwer der Schoolerbank verkloppt genn; mier Maaedcher hann misen de Hänn hinhallen, ónn de Lehring hat uus mét em Rohrschdeggen óff de Féngerschbétzen geschlaa. Dat hat villäicht gezòò; dò kónnt mer kòum meh de Gréffel hallen. Anner Lehrer hann Koppnéß verdaaelt odder se hann äänen mét ääner Hand am Ohr gezòò ónn mét der anner Hand an de Bagge geschlaa. Dix hann se de ganz Klaß so geschdròòft, wenn se den Schéllije nét gefónn hann. Óm Schoolerwääch sénn mer iwwer de Teelbréck gang; dòò hann de franzeesisch Sóldaaden óff Poschden geschdann, unn mier hann vòòrhäär schón abgezehlt, wäär róufe mòß: 'Blau-weiß-root, giff mer en Schdéckche Broot; giff mer en Schdéckchen Schinken, alle Russe schdinken.' Odder: 'Wullee wuu Kardoffelsupp awweck verbrannde Kleeß?' Dò fällt mer ach noch én, daß mer ónner uus dat Lied 'Frääre Schagge' gesóng hann:

Frääre Schagge, hall die Klabbe,
dormee wuu, alte Kuh,
sonne lää Matiene,
alte Dreschmaschiene,
ding dang dong, ding, dang, dong.

Aewwer de Franzoosen hann uus Kénnercher nét ääringscht geholl; se hann aan Weihnachden én der School Flitt verdaaelt. Dat wòòr mòòl ebbes anneres wie dat knatschich Mäisbroot. Ónn Schbillzäich haddet aach noch genn. Vón de Franzoosen hodden mer aach noch däänen Vorrdel, daß mer jeeden Daach en Schdónn Franzeesisch gelehrt hann.

Nòò der School sémmer émmer dròußen geween. Dò hodde mier Maaedcher émmer de klääner Kénner am Wéggel, Geschwischder ónn Nòòberschkénner. De klännschden wòòren noch ém Scheesewäänchen. Wenn se ze vill gebäärt hann, hammer se ròusgeholl ónn 'Hobbe, hobbe, Reider' gemach. Odder: 'Soo reiden die kleinen Herrenkinder'. Dat éß aewwer nét émmer gutt gang; die hodden dix de Bóx vóll. Mét de Allerklännschden hammer geschbillt 'Hammele, hammele dutts', 'Wie das Fähnchen auf dem Turm', 'Giljes-Galjes, Schduppféngerchen', 'Dat éß der Dòumen', 'Gille-gille-Gänsjen', 'Soo träät mer de Bohnen'.

Léiwer hammier aewwer Fängches ónn Verschdóppches geschbillt. Scheen Schbiller wòòren aach 'Schamboor'. Dò hat mer mémm Ballen aant Schäierdoor geschméß ónn de Naamen vón em Métschbiller geróuf. Däär mòßt dann de Ballen óffgrapsen odder er dórft némmeh métschbillen. En anner Schbill wòòr 'Däiwel an der Kett, holl mich mét'. Der Däiwel wòòr annem langen Saael an der Schäierdier odder sónschtwo aangebónn; mier hann en geärjert ónn òusgeschbott, ónn wenn uus fänken wóllt, sémmer daebber én uus Bitt gelaauf. Wenner äänen kritt hat, dann mòßt däär de Däiwel schbillen.

En wéll Schbill wòòr aach der Schlangenkopp: Én er langer Kett hammer uus aan de Hänn geholl. Der greescht ónn kräfdischt wòòr an der Schbétz; däär éß schnell gelaauf ónn hat de annern nòògezòò ónn soo will geschlenkert, dasse fälle sóllden. Mer hann aach noch 'Fòuler Bóck, schdeh óff' geschbillt, 'Dräh mer mòòl de Haschbel' ónn 'Bóckschbréngen'. Ónn noch 'Bómbernéggel, Schaadeschdéggel, wivvill Fénger schdehn?'

Et hòòt aach Maaedcher genn, dääen wòòren de Schbiller nét fäin genuch odder se hoddent vón de Eldern verbòòt kritt. Die hann léiwer mét véier Ballen an der Wand geschbillt odder 'Hipphòus' ónn 'Schbréngsaael'. Se hann zóugelóut, wie mier gedooft hann ónn óffgepaßt, dasse ihr Klaaeder nét dreggich machen. Dòòderbäi hannse gehäägelt odder mémm Schdréckliesel geschdréckt odder se hann mémm Wóllfaadem 'Holl-ab' geschbillt. ónn manche hann nuur mét ihre digge Bódderschmeere geschdrónzt ónn hann uus de Zänn langgemacht; dòòmòòls hat et jò näischt se kaaefen genn, nuur óff Maargen, ónn de Zóudaaelung wòòr émmer ze knapp.

Iwwerhaaupt – de Klaaeder! Mer dórft sich nét dreggich machen, et hat jò kää Wäschmaschinnen genn, ónn mer dórft aach näischt kabbutt machen, wäil mer näischt se kaaefe kritt hat. De Räihnéschdeln wòòren émmer geréß ónn de Schóuh nét weenijer. Am schlémmschden wòòren de krätzich lang Schdrémp – vón Hand geschdréckt – ónn de Aart, wie se getraa genn sénn. Iwwerm Hémmed e Läifchen, ém Bóggel zóugeknäppt, mét em Knopp óff jeeder Säit; dòòdraan éß der Schdrómmbändel kómm; däär éß am Schdrómp aangeknäppt genn. De Hòut zwéschen em Schdrómprand ónn der Ónnerbóx hat émmer gekälzt, ónn der Bändel hat geschdrämmt ónn geschäiert. Wäärdes dórft mer aach nét ohne Schérz gehn, sónscht hädden de Läit gesaat, de Módder wäär e Schlónz.

Ém Summer hammer de Gaißen gehóut hinner de Kassernen. Dat Geréng wòòr vóller Bómbetrichder, ónn die vóll Wasser. Dòò kónnt mer Kòuzekäpp, Fäiersallammander, Fräsch ónn Kródden séihn. Ääner vón mäinem Jòhrgang wäär bäinääkscht versóff. Däänen móschden paaer Männer mét der Bóuhneschdang ròuszéihen.

De Bóuwen wòòren dix iwwerzwerch, ónn wenn se de Tubben hodden, hannse uus Maaedcher óffgezòò:
'Ulla, Kabbulla, hat Póbbeschdrémpcher aan,
verréß, verschéß, gétt anner Läit näischt aan.'
Mier hann zréckgeróuf:
'Hansilein, hat Schiß am Bein.'

Dòò wòòr aewwer Poolen óff! Se hann uus gejaaet ónn mét de Brennesseln an de plaggich Bään geschlaa. Odder uus Kledden én de Hòòr geschméß odder an de Zäpp gezòò. Et hat aach Héwweln genn, die hann an t Schinnbään geträät odder mét Schdään geschméß. Énzwéschen wòòren de Gaißen abgehaau odder se hann sich verschdooß, daß de Käpp nuur soo gekracht hann. Dò hann mier uus aach nommòò énnernanner vertraa.

Ém Wénder hòòt meh Schnee gelee wie hòut. Mòòrjens wòòren Äisblóumen an de Fénschdern. Soogaar et Naatsdéppche wòòr zóugefròòr, soo kalt wòòr et én de Häiser. Dròußen wòòr et gladdich. De Hòusfraau hat vòòr der Dier Äsche geschdraaut, daß mer nét rutscht. Schnell hann de Bóuwen e Schläimerbahn aangeréß. Wenn mer bäim Schläimern hingefall éß, hott mer en Déppchen gebroch. Nòò der School hammer Schlieden gefahr óff der Heeresschdròòß. Énnerhalf em Tanneck bés én de Kraaet odder de Péggard erónner. Òòwens hann mer Bohnemill ónn Loddo geschbillt ónn Schwarzer Peeder. Wäär dòò verlòòr hott, däär hott e Schnórres kritt vóm Ruuß òusem Oowen.

Sónndaas méddaas wòòr ém Raadjo 'Tante Christas Märchenstunde'; dòò hann all Kénner zóugehorcht. Gäär hammer de 'Kinderpost' geläast, dat wòòr e Bäilaach vón der Zäidóng. Der mäischt Lääseschdófft hott óm Abtrétt am Naal gehänkt, fäin säiwerlich én véiereggich Schdégger geschnied, óffgeräiht óffem Saaelchen. (Et sóll Läit genn hann, die wo schdatt Zäidóngsbabéier Énflazjoonsgeld dòò hänken hòòden.)

Sackgeld hott et dòòmòòls nét genn, heeschdens mòòl Kirwegeld vón Patt ónn Gòòd. Odder sónndes nòò der Hohmes en Äistietche bäim Schimmi. Aach fòòr t Kinno haddet kään Geld genn – nuur wenn mer mét der School réngang sénn, wäil dat kréschtlich Film wòòren: 'Das Lied der Bernadette', 'Maria Goretti'. 'Barry, der Retter von St. Bernhard'.

Mer hodden kään Fernsehn, kään Wiedeeo, kää Pladdeschbiller, kää Wòòkmänn ónn soo Zäich gehaat, aewwer dòòfòòr vill Fandassie, gutt Kammeraaden ónn iwwerall Läit, die wo de Kénner gäär hodden. Et hott jò aach kòum e Hòus genn, wo nét zwaai bés dräi Trawwanden wòòren.

Maria Brück,
Broot holle

Et wòòr so etwa näinzehnhónnertfênnewevirzich, dò wòòr jò Kréich, ónn jeed Famill hott, deemnòòch wie grooß se wòòr, Bezuuchskaarde kritt fòòr Leewensmiddel, soo aach fòòr Broot. Dò hott mise gutt éngedaaelt genn, et kónnt nét jeeder soovill esse wie er Hunger hott - vòòr allem die jónge Bóuwe, wó im Waase wòòre, hodde jò eewich Hunger.

Dat Broot hann mier óff der Mill geholl, dat wòòr am End vón der Milleschdròòß. Mier sénn émmer médder ganz Heerd Kénner óff die Mill loßgang. Zóueerscht hammier noch e béßje an der Muddergoddesgrott gebeed, ónn dann sémmier én de Backschduff bäi de Bägger gang. Dat wòòr e gräilich gudder Mann, deer hott uus émmer Heef genn fòòr se esse. Bäim Ròusgehe hammier dann an dem herrliche Broot geplickt, dat wo räihewäis óff dääne Reegaale gelee hott. Häimlich hann mier uus vón der Beetsch abgeréß - dat wòòr dort, wo dat Broot annenanner gebackt wòòr.

Meh wie eemòòl sénn mier gutt satt òus der Bäggeräi eròusgelaauf. Aewwer wehe deem, der Schdrandmiller, deem wo die Mill ónn die Bäggeräi geheert hat, der hott uus erwisch! Dann hott et aewwer gekläbbert! Deer hat uus e Prérricht gehall ónn uuse Eldern allet verzeehlt. Äich hott nie Schlee kritt. Aewwer manch eener hott schón vóm Vadder de Bòxe schdrammgezòò kritt. Dat Brootpligge hat jò doch keener geloß, dat hott aach wirklich zóu gutt geschmackt.

Eenes Daachs sóllt der Aadolf óff der Brootkaart e Broot holle gehn. Der Aadolf wòòr der ällscht vón uuser Kligge. Die hodden dahemm siwwe Persoone, ónn fòòr die én deer Zäit sattsekréin, dat wòòr schón e Kónscht. Mier sénn also óff die Mill loßgang ónn hann e Sexpinder Broot geholl ónn sénn hemmwärts. Zóum Brootpligge wòòre mier an deem Daach nét kómm, et wòòre zóu vill Óffpasser dòò. Én der Schlémm Wäid hammer uus én de Wies gesétzt ónn aangefänkt, am Aadolf säinem Broot se pligge. All hann se métgemach. Mier hann geß wie de Bierschdebénner; ónn óff eemòòl wòòr dat ganze Sexpinder Broot òusgehehlt.

Wat jetze mache? Der Aadolf wòòr nét fòul, laauft an de Bach ónn fillt dat ganze òusgehehlde Broot mét Sand ónn bréngt et soo hemm. Wat dòò loß wòòr, dat kammer sich denke. Säi Modder, et Till, hat nuur gekrésch. Awwer säi Vadder hott ne dann gutt loßgeréß. Er kónnt e paaer Daa nét richdich sétze.

Amanda Scherschlicht
De Pännjesgutzjer

Fréiher, wenn schlecht Wedder wòòr ónn mier Kénner nét dròußen óff der Gaß schbillen kónnden, wenn mer dann bäim Mensch-ärjer-däich-nét-Schbillen nét gefòudelt ónn gezänkt hodden, dann hat de Mamma uus als Pännjesgutzjer gemach. Dat wòòren selwergemachde Méllechplatten én der Pann – (Karamellen in der Pfanne).

Dòòfòòr éß e gutt Schdéck Bódder ént Pännje kómm, ónn wenn däär dann verlaauf wòòr, Zógger dróff. Dat wòòr ään Daael Bódder ónn dräimòòl so vill Zógger. Jetz mòscht mer gut réihren, bés alles scheen gebrutzelt hodd ónn hellbròun wòòr. Dann éß Méllech odder Rahm derbäi kómm, ónn et éß noch e béßjen geréihrt word. Wenn alles scheen säämich wòòr, hott mer dat Zäich óff e Teller geschótt. Iwwer däänen mòscht mer awwer vòòrhäär Kraanenwasser laaufen losen, daß näischt klääwe blief éß.

Eh dat Zóggerzäich kalt ónn schdrack wòòr, hat de Mamma gesaat:
"Jetz schnäid scheen Plaschderschdääncher."
Dix hodden mer uus de Zóng verbrannt, wäil mer nét waarden kónnden, bés de Gutzjer kalt wòòren. De Pännjesgutzjer hodden uus dòòmòòls besser geschmackt wie hòut de bescht Prallinnee.

Wenn mier Kénner allään derhääm wòòren, ónn de Géms óff ebbes Séißes éß uus iwwerkómm, dann hann mer als hääwes selwer prowwiert. Dòòbäi éß der Zógger iwwergekocht ónn óff der Häärdplatt feschtgebackt. Mer hodden uus als de Féngern verbrannt, ónn mancher Teller éß dròffgang. Ónn äich waaeß noch, wenn mer sc gaar nét abkritt hodden vóm Teller, de Pännjesgutzjer, dann hann mer dat Zóggerzäich äänfach räihêm vóm Teller geleckt, bés alles all wòòr.

Amanda Scherschlicht
Laxem kochen

Wenn Laxem gekocht word éß, dann wòòr dat émmer e Fescht fòòr de ganz Nòòberschaft. Meeschdens hodden ach e paaer Famillen méddenanner gekocht. Der Lackweerich éß ém grooßen, kóbbernen Kessel óff dräi äiserne Bäänen gekocht word; de Läit, die wo selwer kään Kóbberkessel hodden, hann sich äänen gelehnt. De Bòuerschläit hodden als émmer äänen, ónn däär éß dann derRäih rêmgang, ónn mer móscht waarden, bés mer draankómm éß. Wòòr dann der Daach òusgemach, hann de Mannsläit ém Gaarden odder ém Hóffgeréng e Plätz òusgesóucht fòòr de Fäierschdell ónn hann Hólz bäigeschafft. An véier Schdangen hann se et Waxdóuch vóm Kichendésch iwwer de Kessel geschbannt, falls et Rään gääft.

Óff zwaai Aarden éß der Laxem gekocht word: Én schlechden Zäiden, fòòr Zógger se schbaaren, òus zwaai Dréddel Kwetschen ónn äänem Dréddel Bieren. Én besseren Zäiden òus puur Kwetschen, ónn dòò éß dann Zógger derbäi kómm.

Am Daach vòòr der Kocheräi hann de Fraauen de Kwetschen óffgemach ónn de Bieren gescheelt. De Scheelen vón de Bieren sénn gekocht word, ónn der Saft éß dann óff de Kwetschen ónn Bieren geschótt word. Manchmòòl hann se als Bieren gekeltert fòòr Saft se kréien.

Mòòrjens fréih, so gee'en fennef Òuer, hann se et Fäier aangemach. Der Kessel éß mét Schbeck òusgerief word, daß de Schmeer nét so läicht aanbrennen kónnt. Dräi Schdónnen hat dat dann so vòòr sich hingebrutschelt. Awwer dann móscht geréiht genn, so iwwer fennef bés sex Schdónnen. Der Réihrer wòòr en halfrónd Bräät anner lang Schdang. Am Aanfang éß de Réihreräi noch läicht gang, awwer mét der Zäit émmer schwäärer. Ónn et hat aach noch geschbrétzt, ónn dix hott mer Brandblòòsen an de Aarmen. De Fraauen hann sich als lang Schdrémb iwwer de Hänn ónn iwwer de Aarmen gezòò ónn am Ellbòòen mét Énmachgummi feschtgemach.

Abwexelnd éß geréiht word, solang wie jeeder kónnt. Zóum Schluß, wenn der Lackweerich schón ganz schdäif wòòr, hann als de Mannsläit misen ént Äisen gräifen ónn hann gehólf. Wenn dann der Laxem scheen geglänzt hat, so am schbääde Nòòméddaach, éß er én Schdäändébben geféllt word.

Bäi der Kocheräi òus puur Kwetschen gett mer graad so vòòr, nuur kémmt dann de letscht Schdónn der Zógger draan; mer héllt óff äänen Zentner Kwetschen zwanzich Pónd Zógger.

Wenn de Läit so êm däänen Daach erêm noch Broot gebackt hodden, dann hann se als de Débben mét em Laxem noch én de Backoowen geschdallt, ónn er hat sich noch besser gehall.

De Débben sénn zóugebónn word mét em scheen karrierden Läinendóuch ónn dann én de Keller óff Schdellaaschen geschdallt word.

De Kénner wòòren naddierlich aach émmer derbäi, ónn se hann mét Broot én der Hand dróff gelòuert, fòòr de Kessel òusseleggen. Dann hodden se de Schbaß allään, ónn se hann geß wie de Bérschdebénner ónn hodden nòòhäär Bäichelcher, daß mer hätt kénnen e Lòus dróff knaggen.

Maria Brück
Wurschtbréih ónn bääde

Mäi Vadder éß näinzehnhónnertfennef gebòòr ónn häit siwweneachzich Jòhr alt. Wie däär so e klääner Bóu wòòr, hann se sólle nòò Aschbach zóu Bekannde gehn, säi Fräind Paul ónn äär, ónn Wurschtbréih holle. Dat wòòr so ieblich; wenn näämlich jeemand òus der Fräindschaft geschlacht hat, éß an de Bekannde Wurschtbréih òusgedaalt genn.

Et wòòr so gee'e Òòwend, wie die zwaai Bóuwe mét ihrem Kesselche én Aschbach aankómm sénn. Ónn dat wòòr graad die Zäit, wo én jeedem Hòus der Roosekranz gebäät genn éß. Die ganz Fammill hott óffem Borrem vòòrem Schdóuhl geknéit. Mäischdens hodde én deer Zäit óffem Oowen e paaer Äbbel gelää ónn Käschde, die wo gebrutschelt genn sénn. Die sénn dann nòòhäär geß genn. Dat wòòr én der Wénderzäit én all Häiser so.

Jòò, die zwaai Bóuwe sénn also graad ént Hòus kómm ónn hann sich mise nidderknéie ónn de Roosekranz bääde. So ganz recht wòòr ne die Sach jò nét, se wòòre nämmlich hòut derhämm verschoont geblieb. Awwer héi móschde se sich nidderknéin ónn métbääde. Der Roosekranz éß fòòr so zwaai Bóuwe schón zimmlich lang. Dat hädde se jò noch òusgehall. Awwer die Gebääde, die wo dann hénnenòò noch komm sénn, die hann keen Enn meh genómm. Et éß gebäät ónn gebäät genn. Óff eenmòòl hott der Hòusvadder gesaat: "Jetz bääde mer noch fòòr e gutt Glick ónn e glicklich Flucht nòò Äägibden."

Dat wòòr mäinem Vadder doch zóuvill. Er hott lòud gesaat:
"Kómm, Pòul! Nòò Äägibden gehn mier hòut doch némmeh."
Er hat säi leer Kesselche gehol, ónn se sénn hämmgerannt.
De Módder hott sich naddierlich gewónnert, daß se kää Wurschtbréih hodde. Awwer wie se gesaat hann, daß die so schrecklich vill gebäät hann, hat dc Módder gesaat:
"Jòò gedda! Wat zevill éß, éß zevill, ónn wennt gebääd éß."

Elisabeth Kuhn
Roosekranz bääden

Fréiher, zóu mäiner Zäit ónn noch vòòrhäär, dò wòòren de Läit noch aarem, träi und goddesférchdich. Dò éß et Jòhr iwwer òòwens émmer der Roosekranz gebäät word. Ém Summer, dò wòòr et alt nét émmer esóu - dò wòòr nét émmer esóu de Zäit, awwer dòòfòòr ém Wénder, ónn dat hat esóu gang: Òòwens, wenn de Bäätglock gelòut hat, dò hat mer sich én der Kich getróff, ónn weh däiner, et hat ääner gefählt! Dò wòòr schón graad der Däiwel loß. Ónn wenn se all dòò wòòren, dann éß der Schdóuhl én Richdung Oowe geschdallt word, ónn mer hat sich dervòòr geknéit - awwer óff de Borrem. De Aarmen, die sénn óff de Schdóuhl gelaat word, de Roosekranz én der Hand, ónn dò hat de Mammen et Kómmando genn; ónn dann éß aangefänkt word, et wòòr jò meeschdens meh geläiert wie gebäät, awwer et hat misen sénn.

Fòòr uus Kénner, dò wòòr dat jò gräilich langwäilich, dò hat mer émmer én Richdung Oowe gelóut, wäil jò de Oowendier óffgeschdann hat. Oowen dróff ómm Oowen, dò hann émmer Äbbel gelää - fòòr se bròdden. Wenn et én dääm Jòhr weenich Äbbel genn hat, dò sénn se vòòrhäär noch annerscht verwand word; ónn dò sénn de Scheelen dróff kómm, wee'en dääm gudde Geróch. Ónn däär Wasserkessel, däär hat manchmò iwwergekocht. Ónn dò éß et Wasser iwwer de Oowe gelaauf, ónn de Bréih hat én der Äscheschubblaad geschdann. Ónn wenn et dòò naats gladdich word éß, dò kònnt mer de Äschen mòòrjens némmeh gutt hollen fòòr se schdraauen.

No ja, so hat sich dann de Sach hingezòò. Bés kórz vòòr Schluß, dann éß der Pabben óff ónn eròus, ónn gläich bäi de letschdc Sätz vón der Liddannäi dò éß de Dier óffgeflòò, ónn sénn Néß ónn gebaggde Kwetschen geschméß word. Dat wòòr dò vóm Nécklòòs. Dann éß et Licht aangemacht word ónn én de Eggen de Néß gesóucht word, ónn dann éß se Naat géß word, ónn mier Kénner mier hann misen ént Bett. Ónn wemmer sich én der Adwentszäit nét richdich geree'elt hott, dann haddet émmer gehaaescht: Wenn der òuch nét schéggen, dann schmäißt der Nécklòòs kään Néß meh rén, ónn dò hammier uus hinhalle gelòß bés Wäihnachden.... ónn et nääkscht Jòhr, dò éß et nommò vón vòòren loßgang.

Ursula Thewes
Frömmigkeit und Heiligenverehrung früherer Zeit.

Fréiher hoddet é Leebach fascht nuur kaddoolisch Läit genn. Die paaer Ludderschen kónnt mer an ääner Hand abzehlen. De Kaddoolischen hann die Haaelijen schwäär verehrt ónn hann nét nòòm Kallenner, sónnern nòòm Kirchejòhr gelääft. Et wòòr aach nét wie hòut Mooden, de Geburtsdaach se fäiern. Nää, die Kaddoolischen hann de Naamensdaach gefäiert. Awwer Geschenke hoddet dòòmòòls nét genn. Mer hott heeschdens mòòl e Blóumeschdròuß òusem Gaarde kritt odder vóm Feld. De Läit hann sesamme Kaffee getrónk ónn gudde Kóuche gess. Dat wòòr Krémmelkóuchen, Bóndkóuchen odder Zóggerkóuchen. Dernòò hann se gemaait bés én de Naat ónn hann derbäi Hollunnerwäin odder Gehannstròuwelwäin getrónk. Manchmòòl éß aach e Bool òus Maaikräitcher odder Erdbeern serwiert genn. De Kénner hann Zóggerwasser mét en béßjen Essich draan se trénken kritt. Et éß vill geschbròòcht ónn gesóng genn, ónn dix hott aach ääner òòwens de Zéihamréime geschbillt. Dann éß nommò óffgetraa genn: Schillee odder éngekócht Flaaesch odder Hòusmacher mét Gómmern ónn Rootraamen; dat hott en all aaerich gutt geschmackt.

Vill Kénner hodden en Geljen vón ihrem Schutzpadroon aan, ónn de äller Läit hodden äänt émhänken, dat wòòr dix én Schdófft éngenäht. All Häiser hann vóllgehänkt mét Haaelije- biller vón de Haaelich Famill ónn de Schutzengeln. Manchen hodden aach en éngerahmder Ablaß dòò hänken odder en Sääen vóm Paabscht. Wäär sich gudd geschdann hott, däär hott aach Figguuren vón der Móddergoddes, vóm Herz Jeesu, vóm Haaelijen Antoonjuss odder vóm Haaelijen Jooseff gehaat. Die hodden dix én erer Glaasglock geschdann.

De ganze Maai lang hann sich de Kénner all en Aldäärchen fòòr de Móddergoddes gemach. Dat hott óm Naatsdésch odder óm Wäschdésch geschdann. Êm dat Haaelije-bildchen odder de Schdaadu erêm hodden Schdräißjer geschdann vón Hahneféißjer, Schlésselbléimchcr, Margreetcher, Bódder-bléimcher ónn Fläischblóumen odder en déifer Teller mét Vergißmäinichtcher ónn em Waggeschdään dróff. Jeed Kénd hott sich Méih genn fòòrt besónnerscht scheen se machen; ónn mier sénn aach énner-nanner dòònòò lóuen gang ónn hann jeeden Daach Blóumen én de Wiesen ónn ém Schooßeegraawen derfòòr gesóucht. Jeeden Òòwend hammer dervòòr geknéit ónn se Naat gebäät.

Wenn ääner krank wòòr, odder wenn de Läit sich sónscht némmeh se Ròòt gewóscht hann, dann hann die Fraauen e Näinder gehall. Se hann em Haaelijen ebbes verschbroch ónn sénn näin Daa lang jeeden Òòwend én de Kabbell bääde gang. Ênnerwääs hann se schón aangefänkt, de Roosekranz se bääden. Dò hodden se gäär de klään Kénnercher métgeholl; se hodden gesaat, dääne ihr Gebäät gett dórch die Wólgen. Én der Kabbell hodden se Keerzen gebrannt ónn aandächdich gebäät. Ónn Marrieelidder hodden se gesóng.

De Fraauen sénn vill én die Kabbell óff der Wäihermill gang. Awwer am léifschden óff de Wénschberch. Dòò wòòr e scheen Kabbell mét er groußer Lurdesgrott drén. Vill Dank-tääfelcher hann dòò gehänkt. Säit e paar Jòhr éß die Kabbell abgetraa. De Móddergoddes schdett ém Fräien, ónn wenn sich nét e Nòòberschfraau drêm kémmern gäängt, däät et iwwel òusséihn. Óff de Zóllschdock sénn mier Kénner aach noch gang, ém Summer jeede Sónndaach durch de Jòòbacher Wald. Dereerscht sémmer óff de Kalleschdään langs de Kraizwääsch-Schdatsjoone gang. Ómm Schdään éß hòut noch das groß Kräiz. Rónderêm de Nieschen mét de Haaelijefigguuren sénn läär, ónn alles éß rään ónn klään geschlaa. De scheen Kabbell vóm Peeder Mäiland ómm Zóllschdock gläisch derbäi hann se aach abgeróppt.

Fréiher hann die Läit dòòhin se Fòuß de Kénnercher braat, die wo nét vorraan gang sénn. Mäin Ooma hott mer dervón verzehlt. Noch nòò em Kréich sénn de Läit vón Leebach iwwer de Äideborner Kérchepaad eróffgang. Däär wòòr hénner de Péggaarder Häiser langs gang én Richdung Verschlaan Kräiz ónn Féxjes Wällje bés eróff an de Äideborner Kabbell. De Läit òus der Haabacher ónn Wissbacher Geejend sénn iwwer de Äideborner Mill eróffkómm. De Kénner hodden se ómm Aarem odder óff der Schéller getraa. Ónn se hodden émmer e Säggelchen mét Brootfrucht derbäi. Dat hodden se én der Kabbell hénnerloß fòòr de aarm Läit. Dat Säggelchen mößt so schwäär sénn wie dat krank Kénd. Et sóll aach Läit genn hann, die wo gefòudelt hodden. Die hoddent mét der Schlaaeferäi nét soo ääringscht geholl. Se wòòre bäim letschde Bòuernhòus én Äideborn éngekehrt, ónn hodden sich bäi dääne éngedeckt; óff der Sackwòò hann se t Kénd mét der Frucht abgewòò. De Frucht wòòr nét billich; aewwer dòòfòòr hat sich aach de Bòuerschfraau nét lómben geloß ónn hat de Läit ómm Häämwääch de Kaffee genn.

Wenn äich hòut iwwer de Zóllschdock fahren, séihn äich mäich émmer noch als Kénd én däär scheen kiehl Kabbell ónn dernòò bäim Kruwwelich gläich dernääwen, wo mer uus root ónn gréin Limmenaad kaaefen dórfden, dääne hammer ém wäiche Graas getrónk, ónn rênderêm sénn de Käwwertcher gekrawwelt, ónn mier wòòren trónken vón der Hétz ónn vóm Summer ónn vón demm gudde Geróch vóm Wald drêmerêm ónn all dääm Gesumm ónn Gezwitscher én der Lóft. Hòut éß an demm Plätz nuur noch e billich Blechkräiz, ónn kòum änner waaeß noch, wie scheen et fréiher dòò geween éß, ónn wivvill Läit dort Trooscht gesóucht hann.

Maria Haubert
Wallfahrden nòò Sankt Wendel

Én de sechzijer Jòhren ém vòòrijen Jòhrhónnert hat der Rechnungsrat Vollmer den *Landwirtschaftlichen Verein Lebach* ént Lääwe geróuf. De meeschde Bòuern, aach der Hird Johann Schöner sénn dääm Veräin bäigeträät. Jeed Jòhr sénn nét nuur Männer, aach Fraauen ónn Maaeden am zwaaiezwanzichden Okdoower nòò Sankt Wendel bäi den Haaelije Wendelienus wallfahrde gang.

Der Haaelije Wendelienus éß der Schótzpaddroon fòòrt Véih. Naats óm zwaai Òuer hann de Läit sich bäi Geschbersch Wértschaft én der Meerzebach getróff. Der Hird wòòr aach derbäi. Fòòr ihn wòòr et selbverschdändlich, daß äär mét de Bòuern bäi de Wendelienus fòòr Gléck ém Schdall ónn e gesónd Véih bääde gang éß. Er wòòr fascht émmer dereerscht dòò. Er hat de Prozessjòòn sesammegeschdallt, éß mét säim lange bròune Roosekranz vòòrewechgang ónn hat vòòrgebäät. Se hodden en aaerich wäide Wääch vòòr sich. Sex Schdónne lang hann se bés Sankt Wendel gebròucht. Nuur äämòòl éß ónnerwäächs, meeschdens én Wénderbach, haltgemach word. Dòò hann se ihr Schmeere geß, ebbes getrónk ónn sich e béßjen òusgeróuht. Dann sénn se séngend ónn bäädend ént Wendelsdaal an de Wendelskabbell gepiljert.

Et sénn awwer ach Männer ó Bóuwen òus der ganz Parr, òus Landswiller, Äideborn, Behmen, Jòòbach, Sòubach ónn die Hääninger Bòuern bäi de Wendelienus geriet. Dòòmòòls hott jò jeeder Bòuer zwaai, dräi Paaer ém Schdall. Daachs zcvòòr hann die Männer ihr Paaer gewäscht ónn geschdrieelt, de Hóufe mét Fett geschmeert ónn de Säddel blitzblank gewienert. Mit de Paaeren wòòr de Wallfahrt jò doch vill bekweemer. Se bròuchden lang nét so fréih óffseschdehn, wòòren nét so abgeraggert ónn sénn noch e gutt Schdéck fréiher bäi der Kabbell aankómm. Vón iwwerall wòòren die Piljer kómm. Én der Kabell ónn rónd óm de Kabbell hann se geschdann ónn hann em Wendelienus ihr Aanlään vòòrbraat. Se hann gebäät:

Wendelinus, Königssohn,
großer Hirt und Schutzpatron, bitte für uns!
Én der Aandacht sénn dann de Paaer gesäänt word. Am Bórren wòòr émmer e Hòufe Läit.
Jeeder wóllt Wasser trénken ónn säi Flasch mét Wasser féllen; mét dääm hat er ém Jòhr
iwwer manch krank Schdéck Véih kurriert.

Alde Bekannde, die wo sich schón lang némmeh geséihn hodden, sénn fraaedich óffenanner
zóukómm, hann sich kräfdich de Hänn geschiddelt ó gefròòt, wie et däänen derhääm gääng.
Se wóschden sich vill se verzelen ónn sénn derbäi manch Nòues gewahr word. So wòòr de
Zäit schnell erêmgang.Nòòméddaas hann de Piljer sich aan er beschdémmde Schdell getróff
ónn sénn nommòòl dään lange Wääch ze Fòuß häämgang.

Nòòdääm ém Jòhr achzehnhónnertachdenäinzich de Äisebahn gebòut wòòr, éß däär ään odder
anner aach mét em Zuuch häämgefahr. Dann éß nòò ónn nòò de Wallfahrt ze Fóuß
éngeschlòòf, ónn bäi de Bòure gifft et hòut jò fascht kää Paaer meh. Awwer noch jeed Jòhr
genn én Sankt Wendel de Paaer gesäänt. Dort treffe sich jetz de Läit, wo Räitpaaer hann.
Awwer nét am Wendelsdaach; se kómmen am Pingschtmäändaach, fòòr ihr Päär säänen se
losen.

Näilich hat mer e Bòuer verzehlt, daß äär säit näinzehnhónnertachdevirzich jeed Jòhr bäi der
Fäärdeseechnung é Sankt Wendel derbäi wòòr. Solang er noch en Aggergòul hott, éß er mét
dääm hingeriet. Schbääder dann éß er mét säim Audo hingefahr.

Obwohl de Läit hòut némmeh so gläiwich sénn wie fréiher, kómme noch jeed Jòhr vill
Räider zóum Haaelije Wendelienus, fòòr ihr Paaer säänen se losen.

Ursula Thewes
Schderwen, Dood ónn Tròuer

Schderwen, Dood ónn Tròuer hann fréiher zóum gewehnliche Lääwe gehoort. Wenn ääner krank genn éß odder er éß geschdorf, dann hann sich de Läit ónnernanner gehólf, so gutt wie se kónnden. Et hat jò aach dix Sòòrje genn óm et Geld; et wóllt jò alles bezahlt genn, ónn kòum ääner hott jò geklääft gehaat. Ónn wäär Paasjoon kritt hott, däär hott sich schón gutt geschdann. Dòòderfòòr éß aach kòum ääner ént Krankehòus kómm. É Leebach hott et jò aach käänt genn. Wenn t nét ze émgehen wòòr, hat mer de Kranke mémm Paaerdswaan nòò Ielingen odder óff Saarlui gefahr, villäicht ach mét der Schees, wenn se t bezahle kónnden. Aewwer gewehnlich hott mer derhääm nòò ne gelóut.

Wie dòò näinzehnhónndertääänezwanzich de Schweschdern kómm senn, dòò hodden de Fraauen et äänfacher mét der Krankefleech. Die Schweschdern wòòren ach kómm fòòr naats Wach se hallen ónn hann vill iwwer de Krankhaaede gewóscht. Se hann de Läit aach gesaat:
"Dier mise jetzt nòò em lóuen losen" odder
"Dier misen en jetz feerdich machen losen."

Dòò hann se sich gedómmelt, fòòr alles scheen se richden. Schnell éß der Dillboddem ge'eelt genn, et alt Gewääschder éß daebber énnerm Bett verschwónn, der Krank éß nommòò gutt ranschiert genn, ónn wie alles feerdich wòòr, dò éß der Häär geróuf genn. Däär éß ze Fóuß kómm, mémm Kêschder ónn zwaai Méßdéinern. Iwwerm säim lange schwaarze Kiddel mét Knäpp bés óff de Féiß hott er e wäiße Räggel aangehaat, mét scheene wäiße Schbétzen draan, genaau so, wie de Méßdéiner aach. Die hodden Schellen én der Hand ónn hann dòòdermét de ganze Wääch iwwer gelóut. Dòò, wo se langs kómm sénn, dò hann sich all Läit óff de Boddem geknéit ónn aandächdich et Kräiz geschlaa. Mier Kénner hann gelòuschdert ónn uus hääwes verschdoppt, mier wòòren zóu schinnant, fòòr dat aach se machen.

Énzwéschen hodden se ém Krankezémmer der Verséihdésch gericht. Dòòdróff hat e Kräiz geschdann, drêmerêm Keerzen, die wo gebrannt hodden, dervòòr e Wäihwasserkesselchen mét Pällem drén ónn noch e Plättchen, dòò hann Kuuelen òus Watt dróff gelää. Jeed Hòusfraau, die wo ebbes óff sich gehall hott, däär hott so en Verséihgarnidduur parraat gehaat. Aach scheen, gutt Gedéich ónn ihr Doodehémmed.

Gemäänerhand hat der Hään dääm Kranken dereerscht de Bäicht abgeholl. Dernòò hat er em die letscht Eelóng genn. Dòòderbäi hadderm de Schdier, de Hänn ónn de Féiß mét gesääendem Eel ge'eelt. Wenn der Krank noch schlégge kónnt, dann hott er aach noch de Kómjoon kritt.
Dòò wòòr e Bòuerschfraau vón Rêmmelbach, die hat ihrem daaue Mann ént Ohr gekraaescht: "Pabben, mach t Mòul óff, de Hään gifft der den Herrgott."

Wenn ääner geschdorf wòòr, dó hann de Fraauen vón der Fammill ónn vón der Nòòberschaft en scheen serechtgemach. Se hann ne gewäscht ónn geschdrählt, de Männer sénn nommòòl rasiert genn. Se hann e Doodehémmed aankritt, dat wòòr dix òus Pabbéier, wäil de schdóffene ze däier wòòren. Jóng Fraauen hann mäischdens ihr schwaarz Bròutklaaed aangehaad, de Hänn sénn gefald genn, dòò drêm wòòr et Schderwekräiz odder drêmerêm der Roosekranz. Däänen hodden se aach mét ént Graaf geholl.

Léddich Läit hodden e wäiße Saarch kritt. Der Sarch wòòr mét wäißem Dóuch odder Pabbéier òusgeschlaa. Ém de Dooden erêm sénn Blóume geschdraaut genn. Der Kopp hat óff em scheene wäiße Kisse gelää, dòòdrónner éß der Wésch kómm. Däär wòòr gebónn òus ville Blóume, Planzen ónn Kräitcher ónn hott et Jòhr iwwer zem Schutz ém Hòus gehänkt, bäi de Bòuern aach ebbes dervón ém Schdall. Er wòòr an Marriea Wéschdaach odder Marriea Himmelfahrt én der Kérrech gesäänt genn.

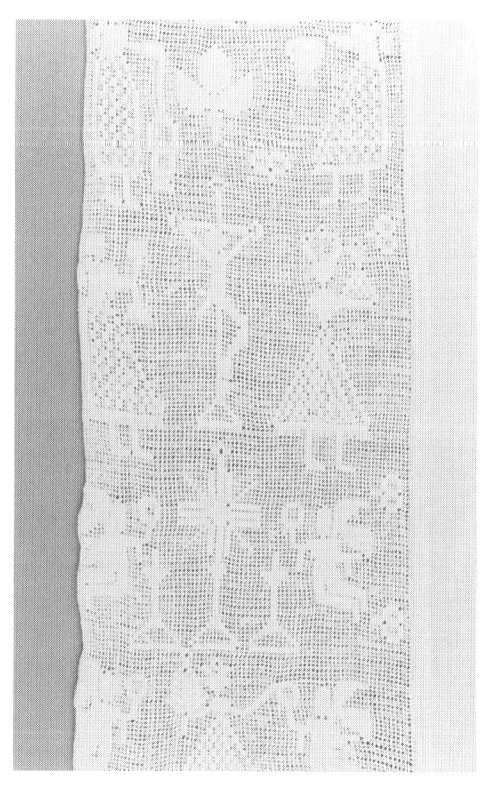

Näääwe der Doodelaad hodde wäiß Keerze geschdann óff hohe Schdännern. Derbäi aach en Désch mét Wäihwasser fòòr se säänen ónn e Schésselchen, óff dääm éß Eellicht geschwómm, dat hott de ganz Zäit iwwer émmer gebrannt. De alt Läit hodden gesaat: "Er läit óff der Schaauf."

De Schbieeln sénn mét schwaarzem Dóuch zóugehänkt genn, ónn de Òur éß aangehall word. So hott der Dood dräi Daa óffgebahrt óff der Läich gelää – én der gutt Schduff odder ém òusgeròumde Schlòòfzémmer. Méddaas óm zwêlef éß er wechgelòut genn. Dräimòòl fòòr de Mannsläit, zwaaimòòl fòòr de Frääiläit.

Jeeden Òòwend nòò der Bäätglock sénn de Läit ént Schderwehòus gang, fòòr de Roosekranz se bääden. De Fammill ónn de Verwandschaft hott én der Kich gehuckt, die anner Läit sénn de Dooden dereerscht sääne gang ónn hann sich dann ém ganze Hòus verdaaelt. Dix wòòren sóu vill sesamme kómm, daß se bés an de Hòusdier geschdann hann. Se hodden ach Kränz braat, die wòòren selwer gewéggelt òus Pällem odder Tannen. Wäär besónnersch Geschéck hott, däär hat noch Blóumen fòòr draan gemach, òus roodem odder wäißem Kreppabbéier. Gekaaefde Kränz wòòren òus kinschtlijem Lorbeer mét Waxblóumen draan. Gräilich däier wòòren de Perlekränz, aewwer dòòfòòr wòòren se ach aaerich scheen. En Haaelijebild énner Glaas én der Métt, ónn drêmerêm en Móschder òus gròòen ónn schwaarze Perlen. De klään Kränzjer fòòr de Kénnercher wòòren am allerscheenschden. Dò wòòr en Engelchen méddendrén ónn rónderêm lòuder Perlcher, die wòòren wäiß, roosa ónn himmelblòò. De Perlekränz sénn schwäär eschdermiert genn; iwwer t Jòhr hann se ómm éwwerschde Schbäicher gehänkt. Ónn an Allerhaaelijen hann se se rónnergeholl ónn hann se óff t Graaf geschdallt.

All Läit, wo kónnden, sénn mét begraawe gang. Se hann sich allegaare schwaarz aangedòòn. Dat hott sich so gehoort, ónn dòòderfòòr hat sich manch ääner ebbes gelehnt. De Maaedcher hodden schwaarz Schläpp én de Zäpp, de Bóuwen dix e Tròuerband am Aarem. Frääiläit hodden aach schwaarz Héit òff, de Wittfraau ónn de alt Fraauen dazóu noch e lange schwaarze Wallschläier draan, daß mer et Gesicht nét geséihn kónnt. De äller Frääiläit hodden noch de Dóbbelschaal getraa, dään hott mer aangedòòn anschdatt em Mandel. Däär wòòr òus guddem schwäärem Dóuch, ónn de Zépp éß bés iwwer de Rocksaaum gang. De Mannsläit hodden gemäänerhand de gudden Hóchzäitsaanzuuch aangehaat ónn de Klappzillinder derbäi.

Allegaaren sénn de Doode nommòòl sääne gang; zeletscht hat sich de Fammill allään vón em verabschiet. Dann éß de Doodelaad zóugemach genn ónn de Trääer hann se òus em Hòus getraa. Die wòòren òus der Nòòberschaft gehaaescht genn, ónn kääner hätt dat abschlee'e kénnen, ach der Bòuer nét, der wo et Geschbann fòòr de Doodewaan geschdallt hott. Däär wòòr aach òus der Nòòberschaft geween, ónn wenn et graad ém Haaumòònd wòòr, dò hat er villäicht de Fòuscht ém Sack gemach, aewwer er hott doch säi Ehr draangesetzt, fòòr alles scheen se richden. De Paaer sénn extra geschdrieelt genn, ihr Huuf wòòren mét schwaarzer Schóuhwix gewixt, ónn et bescht Geschérr wòòr ròusgebutzt genn.

Én er Prozessjòòn sénn se óff de Kérrech loßgang. Die klään Därfer ém Leebach erêm hodden jò kään Kirjoof gehaat. Dòòderzóu hann de Sòubacher ónn Rêmmelbacher gehoort, ach die Läit òus Äideborn ónn Knoortscht. Die hann de wäide Wääch bäi jeedem Wedder se Fóuß gemach. De ganz Zäit iwwer hann se gebäät, ónn bäi jeedem Kräiz, dat wo am Wääch geschdann hott, hann se aangehall, fòòr noch en extra Vaaderunser se bääden.

Nòò der Méß hott de Doodeglock gelòut. Dòò hann die alt Läit, die wo nét mét begraawe gehn kónnden, derhääm fòòr de Dooden gebäät. Die annern hann sich hénnerm Doodewaan óffgeschdallt. Dereerscht éß e Schoolerbóu gang. Däär hott dat Hólzkräiz getraa mémm Naamen vóm Doode dróff. Maaedcher hann de Kränz getraa, die hodden dòòderfòòr schoolerfräi kritt. Dernòò éß der Häär kómm mémm Kêschder ónn de Méßdéiner. Hénnedraan éß de Fammill gang. Dòòdernòò wòòren de Verwanden kómm ónn derletscht die anner Läit. Dix hodden se Fahnen derbäi vóm Turnerverein ónn der Fäierwehr odder vón de Berchläit; aach vóm Módderverein, vóm Jóngfraauenverein. Dääne ihr Maaedcher hodden hellblòò Schärben ónn wäiß Kränzjer ómm Kopp, ónn die hodden ach de Saarch besónnersch scheen mét gréin Girlanden vón Pällem geschméckt. De Musick hott geschbillt de ganze Berch eróff iwwer de Klopp bés óff de Kirjoff. Am Graaf éß vill gekrésch genn, Beróuihóngszäich hott mer jò nét kannt. Ónn manch Fraauminsch hat sich gräilich óffgefahr.

Dernòò sénn e paaer Läit óff et Éms gehaaescht genn, dat wòòr gewehnlich ém Hòus. Dòò hodden énzwéschen Frääiläit òus der Nòòberschaft de Zémmern geléft ónn et Doodezémmer éngeraaumt. Én der gutt Schduff hoddet dann gudde Kaffee mét Kranzkóuchen ónn

Krémmelkóuche genn. All Mannsläit, die wo mét begraawe wòòren, sénn ääne trénke gang; de Wirtschafde wòòre vóll bés hénnewidder, ónn manch ääner éß aach sóu médden én der Naat häämkómm ónn hott de nääkschde Daach ém Schbòuz gelää. De Tróuerzäit éß genaau gehall genn, ach wee'en der Läit. E Wittfraau éß zwaai Jòhr lang jeeden Daach schwaarz gang; der Wittmann aach so lang, aewwer nuur sónndaas.

Fòòr de Kénner, de Geschwischder ónn de Eldern hott mer e Jòhr lang Schwaarz getraa. Én däär Zäit hott et sich ach nét gehoort, óff de Kérref se gehn odder bäi de Musick odder Faasent se fäiern. Bäi der Faasent hott manchääner vòòr der Demmasgierung an der Kaß gesaat: "Loß mich daebber ròus, äich hann Tròuer."

Wenn én der Fammill getròuert word éß, dann éß én däär Zäit ach nét gehäiraat genn. So hott et aach vill Fraauen genn, die wo némmeh òus de schwaarze Klaaeder ròuskómm sénn.

Ään Wóch nòò der Beäärdijung wòòr et eerscht Schderweamt. Nòò äänem Moonaat éß et dräißijer Amt gehall genn ónn nòò äänem Jòhr et eerscht Jòhrgedächtnis. Dòò hott sich de Verwandschaft nommòòl éngefónn, aewwer gemäänerhand wòòr et dòòderbäi némmeh sóu äärinscht zóugang.

Der Kirjoff wòòr nét so grooß wie hòut. Er wòòr óff dääm Platz geween zwéschen der evvanggeelisch Kérrech ónn der Beruufsschool. Er wòòr gedaaelt nòò der Reljoon. De Ludderschen hodden nuur e ganz klääne Eggen, graad ónnerhalf dòò, wo hòut de Läichenhall schdett. Die, wo nét kérchlich begraaft genn sénn, die hann an der Mòuer gelää. De Alt-éngesessene hodden fascht all e Fammiljegraaf. Et hat ach nuur e klään Doodehäisje genn fòòr die Freemen. Dòò hat sónscht der Doodegrääwer émmer säi Geschérr drén schdehn gehaat. De Läichenhall éß näinzehnhónnertsexesechzig gebòut genn. Vón dòò aan hann all die alt Sidden ónn Gewohnhaaeden ganz schnell óffgehoort.

Elisabeth Kuhn
Der Verséihgang

Héimét wéll äich verzehlen, wie dat fréiher wòòr, wie äich mäich noch erénnern kann, wenn jeemand de letscht Eelóng kritt hatt orrer wie mer gesaat hat, er éß verséihn word. Dat wòòr émmerhin e ganz ääringscht Sach. Iwwerhaupt wòòr dat én reljeesen Déngen e bèßjen annerscht wie hòut. So aach der Verséihgang. Dò hat mer jò ómm Land nét so de Krankenhäiser kannt, so hann de Läit, wenn se krank wòòren, mäischdens derhääm gelää ónn sénn dòò verfleecht word bés zóu ihrem gottseeljen Enn.

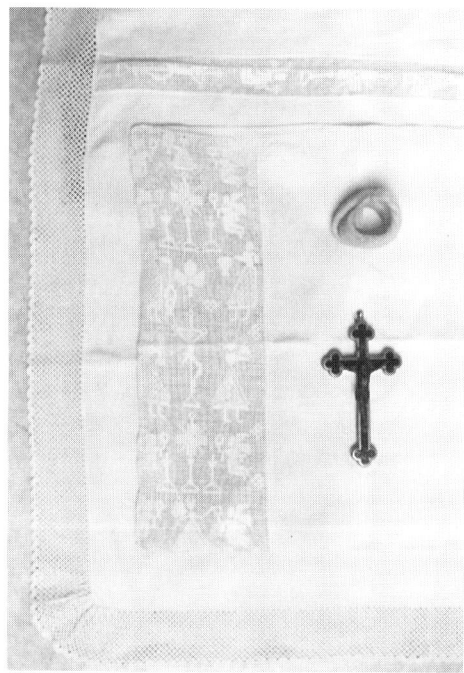

Wenn et dann esóu wäit wòòr, wenn et zóum Letschden gang éß, dann éß der Häär geróuf genn an et Krankebett. Ónn dann éß mer se Fóuß orrer mémm Fahrraad ént Farrhòus gang, Tellefoon wòòr jò nuur selden änt dòò. Ónn dat Farrhòus, dat wòòr Daa ónn Naat óff, dò wòòr émmer ääner dòò. Ónn dò éß mer hin ónn hat dääne Verséihgang aangemellt.

So éß dann der Häär, der Kêschder ónn de Mêßdéiner óffgebroch ónn sénn zóu dääm Kranken hin. Der Häär däär hott et Räggel aan, et Bérrettchen ómm Kópp, de Schdoola ónn hott en Hoschtje ónn gewäihdes Ollieweneel derbäi. Dat éß am Gréindónnerschdaach vóm Bêschoff gesäänt word, mer nennt et ach Krankeneel. Der Mêßdéiner däär hott de Schell ónn e Lander; däär hott de ganze Wääch gebimmelt. Ónn wäär an däänen dräi vòòrbäigang éß, däär hat sich geknéit ónn hat et Kräiz gemach ónn hat 'Gelobt säi Jesus Krisdus' gesaat.

Én däär Zäit, wo die dräi óm Wääch wòòren, éß derhääm de Verséihgarnidduur óffgeschdallt word óff en Déschelche orrer óff de Naaatsdésch. Et Kräiz, zwaai Keerzen, e paaer Bälljer Watt ónn e béßje Wäihwasser. Dann éß der Gaaeschtlich kómm ónn dòò sénn de Féiß, de Hänn, et Herz, der Kopp gesalft genn, ónn dann éß vill gebäät word. Ónn manchmòòl aach vill gekrésch. Jee nòòdääm, wäär et wòòr.

Villäicht kónnt der Kranke aach noch säi Gewéssen erläichdern ónn hott noch gebäicht. Wenn nét dann hott der Kranke so de Komjoon krit. Awwer dat sóll nét haaeschen, daß der Verséihne émmer hat mise schderwen, er éß aach manchmòòl noch dervaankómm.

Amanda Scherschlicht
Der Froonläichnaamsdaach

Véier Aldäär – fòòr jeeden Evvanggelischden äänen – sénn óffgeschdallt word. Scheen verdaaelt wòòren se ém ganzen Dorref, ónn et wòòr e scheen lang Prozessjòòn.

Der eerscht Aldaar wòòr óm Péggard óff der Kräizóng am Gääwel vón Pieden Hòus. Ónn dòò éß fòòr de Gaaeschtlichkaaet gebäät genn. Vón dort éß de Prozessjòòn zréck iwwer de nòue Wääch (Äisenbahnbréck) zóum zwaedden Aldaar, ónn däär wòòr ém énnerschden Eggen vòòrm Hòus vóm Boulley Schorsch (Schreibwaren Boulley) zwéschen Hermes (Handarbeiten Schmitt) ónn Gerwerpitts (Schuhhaus Johäntgen); die hodden e scheen grooß Hóffgeréng vòòrm Hòus fòòr de Aldaar óffseschdellen.

An dääm Aldaar éß vòòr die gebäät word, die wo óff der Welt ebbes se schwätzen hann. Der drétt Aldaar wòòr vòòrm Hotel Klein, ónn däänen hann émmer de Lehringe gemach. Ónn dòò éß gebäät word fòòr alles, wat der Herrgott waaße lißt. Der letscht Aldaar wòòr dann hénner der Kérrech, bäi dääm hann all Läit òusem Kirchenegge gehólf. Dòò éß gebäät word fòòr die, die woo mét Drangsaale geplòòt sénn ónn fòòr die, die wo de Misseer schón hénner sich hann.

De Fammillen, wo dat so Jòhr ónn Daach én der Hand hodden, hann sich mét der Zäit alles angeschafft ónn mache geloß, wat zem wirdijen ónn fäierlichen Óffbòu vón so em Aldaar gehoort hat. Dat wòòr mòòl der Aldaardésch selwer, de Keerzeschdänner, de Trebbeschduufen ónn de Blóumendéschelcher ónn Bänkelcher. All dat hott et Jòhr iwwer bei de Läit ómm Schbäicher geschdann ónn éß fòòr Froonläichnaamsdaach gebótzt ónn polliert word. Die geschdéckden Aldaardeggen sénn gewäscht ónn geschdärkt ónn gebie'elt word.

De Bòuern sénn mét ihre Laaederwään én de Wald gefahr ónn hann Maaien geschlaa; die sénn rónd êm de Aldäär óffgeschdallt word ónn rechts ónn lénks vón de Schdròòßen, wo de Prozessjòòn durchgang éß.

Jeed Hòus wòòr mét em Kérchefahndel geflaggt, ónn óff de Fénschdern hann Blóumen, Keerzen ónn Haaelijen geschdann. Mier Schoolerkénner hann am Daach vòòrhäär kään Òufgaawen óffkritt, wäil mer hann mise Blóume breche gehn. Én der Wies de Bódderblóumen, de Flaaeschblóumen, de Margreetcher ónn de Vergißmäinnichtcher, am Feldwääch de Kòòrblóumen ónn der Klatschmohn, óff de Bêschóngen de Brémmen. Vón de Läit mét de grooße Gäärden hann mer dann noch de scheen Gaardenblóumen gebeddelt, de Pingschtroosen ónn de Schweertlieljen; die sénn óff de Aldaar geschdallt word.

Vón de Wieseblóumen hann de Kénner dann de Blaaetcher abgezubbelt ónn scheen nòò Faaewen sordiert; vón däänen sénn de nääkschde Mòòrje vòòr Daach de Blóumetebbiche gemach word. Dat wòòre richdich Biller mét Kräizer, Kelch, PX, Dòuwen (et Simbool fòòr den Haaelije Gaaescht), ónn jeeder wóllt de scheenschde Tebbich hann.

De Prozessjòòn hott sich an der Kérrech óffgeschdallt. Berchläit én der Berchmannsunniform hann de Himmel iwwerm Paschdoor mémm Allerhaaelichde getraa. All Kérchefahndeln ónn Meßdéiner wòòren derbäi. Êm de Himmel sénn de Kómjoonskénner gang ónn hodde Girlanden zwéschen sich. Die Girlanden hott émmer der Vòòrschdand vóm Jóngfraauebónd

òus Tannen odder Fichde gewéggelt. Vòòr em Himmel sénn de Engelcher gang – dat wòòren de Verwahrschoolkénner. Wat wòòren se so fäin! Schillerloggen ónn Kruwwelcher hott de Mamma òòwens vòòrhäär òus Zäidóngspabéier gedräht. Kränzjer òus roosa odder himmelblòò Schdóffbléimcher – odder selwer geflecht òus Margreetcher odder Bettsäächerblóumen hodden se óff ihre Loggen. De Maaedcher hodde Kérfjer mét Blóumen émhänken odder Säidenkéßjer mét Lämmesjer dróff. De Béifjer hann geschdéckde Säidefähndelcher getraa. Ónn daalang vòòrhäär hat et émmer gehaaescht:
"Schéck dich gutt, dann daarfschde ach mét de Engelcher gehn."

De Musick hot geschbillt ónn de Kérchekoor gesóng, ónn de Läit hann gebäät. So éß et gang vón Aldaar zó Aldaar, ónn an jeedem hott et de Sääen genn. Et wòòr so wónnerscheen, ónn de Läit wòòren so fäin, all nòu òusschdaffiert, óff de Schdròòße wòòr Graas ónn Blóume geschdraaut, ónn ómm Nòue Wääch hann de Käschde gebléit.

Manchmòòl hat et ach én de Fäier geräänt. Én äänem Jòhr wòòr mòòl e ganz schlémm Gewidder kómm, de Prozessjòòn wòòr graad ómm Nòue Wääch, kään Hòus wäit ónn braaet. Dòòmòòls wòòre Schorschettklaaeder Mooden; wie et Gewidder rêm wòòr, hann se némmeh gepaßt, só wòòren se éngang. Die Blóumen óff de Héit wòòren óffgewaaecht.

Vón de Maaien an de Aldäär hann de Läit sich Äschtcher abgemach, fòòr de Sääen mét hääm se hollen. Mét em Tedeum ónn em Schlußsääen én der Kérrech wòòr dann de Froonläichnaamsprozessjòòn erêm. Sóu wòòr et, säit et mier gedenkt. Mét der Zäit hat et émmer meh Audos genn, der Verkehr éß émmer greeßer word, ónn de Prozessjòòn móscht vón der Schdròòß. Hòut gifft et nur noch äänen Aldaar én der Siddi óff der grooß Trepp bäim Hallebaad.

Amanda Scherschlicht
De Häiraaderäi

Wenn fréiher e Maaedchen ónn e Bóu sich gäär hodden, ónn äänt bäim annern säi Gehäischnis fónn hott, dann hat et äänes Daachs gehaaescht: Se sénn sich äänich. Äär gett schón ént Hòus, ónn ätt wòòr schón bäi säine Läiden.

Dann sénn die zwaai vón de nòu Fammillen én Aaueschäin geholl word. Et Maaedchen hat sóllengesónd ónn schaarmant sénn, braav, nét schbinzich ónn nét dórr. Et hat sóllen ebbes aan em sénn, en scheene Klaaederläif hat et sóllen hann, ónn e gutt Schaffersch hat et sóllen sénn. Fréiher hann de Läit émmer gesaat: Sóu e Maaaedchen éß dichdich, wenn et an äänem Daach e Backoowe vóll Broot baggen ónn e Mannsläitshémmed nähe kann. Vill Gedéich hat et ach noch sólle métbréngen, alles selwer genäht ónn geschdéckt mét Monnogramm.

Der Bóu hat sóllen e gudde Poschden hann, ónn fläißich hat er sóllen sénn, kää Séffer ónn kää Schmésser – schdolz, schbaarsamm ónn kräfdich. Ónn der Schwieermódder wòòr et ach recht, wenn er sich schón òusgedooft hott. De Bòuerschläit hann émmer gelóut, daß Sach bäi Sach kómm éß; die Hóchzäiden sénn, wie mer so saaet, vón de Alden gemach word.

Wòòr dann alles so, wie et hat sóllen sénn, dann hat mer de Hóchzäit geplaant. Verloowungsfäier wòòr fréiher nét Mooden, awwer se hodden sich verschbroch, ónn de Bròut hott als am Hals e Kettche mét em Geljen hänken; dat kónnt mer óffklabben, ónn dòò drén wòòren de Biller vón däänen zwaai Bròutläit. Fòòr säi Schatz hat als et Maaedchen òus säinen Hòòren en Òuerkett geflecht, ganz fäin ónn dénn, oowen ónn ónne wòòr dat Biezjen én Góld gefaßt.

Jetzt sénn se óff de Burjemääschderäi gang, fòòr sich aanschlee'en se losen ónn hann dann achzehn Daa ém Kaschde gehänkt. Bäi de Hääre móschden se jò aach noch gehen. Vón dääm sénn se dann dräi Sónndaacher én der Hohmeß vón der Kanzel òusgeróuf word.

An de Òusschdéier hat mer noch de letscht Hand aangelaat, ónn et sénn Meewelen aangeschafft genn. Nòò aldem Bròuch hat et Maaedchen de Kich métbraat ónn der Bóu et Schlòòfzémmer. Bäi der Nähdersch hat de Bròutmódder et Hóchzäitsklaaed beschdallt. Et wòòr òus schwaarzer Säid. Schwaarz, wäil mer dat Klaaed durch et ganz Lääwe bäi Fraaed ónn Laaed aangedòòn hat. De Schläier, lang bés óff de Boddem, ónn et Kränzje mét de Schräißjer kónnt mer bäi der Bótzmachersch kaaefen.

Der Hóchzäitsaanzuuch, der Gehrock, hat der Schnäider gemach. Ach däär hat misc fòòr et ganz Lääwen häärhallen, ónn éß bäi alle frohen ónn tròurijen Aanlässen òus em Schrank geholl word. Wenn der Schdófft mét der Zäit béßje gréin genn éß, hat mer en als mét schwaarzem Malzkaffee óffgebérscht.

Véier Wóchen vòòr der Hóchzäit hann sich de Bròutläit én de bescht Klaaeder geworref ónn sénn haaesche gang – Grooßmóddern ónn Grooßvaddern, Patt ónn Gòòd vón zwaai Säiden. Mét Geschwischder, Ónkeln ónn Tanden, Kusingen ónn Kusingskénner wòòr et Hòus vóll ónn dix ach se klään.

Énzwéschen éß dann dat Fescht geplaant ónn vòòrgericht word. De Fäier wòòr meeschdens ém Eldernhòus vón der Bròut, awwer de Fammill vóm Hóchzäider hat aach ihret derzóu bäigetraa. De ganz Verwandschaft hat gehólf, Aaier sammeln fòòr de fäinen verschmeerden Kóuchen. Se hann ach Éngemachdes schbendiert.

Der Schinken, der wo fòòr de Hóchzäit geminzt wòòr, hat ém Haarscht parraat gehänkt. Wòòr de Jòhreszäit passend, hann se noch geschlacht – fòòr de Kóddledden ónn de Róllbròòden.

Mét der Kächin, dat wòòr meeschdens e Fraau, die wo én ihren jónge Jòhre bäi fäine Läide gedéint hott odder ach Häärekächin wòòr, hann de Frääiläit Wóchen vòòrhäär et Esse beròòtschlaacht.

Wenn der Daach dann dòò wòòr, hat am Mòòrjen der Hóchzäider Mirdeschdräißjer verdaaelt. De Mannsläit hann se sich am Aanzuuchjubben ént Knobbloch geschdoch ónn de Frääiläit én de Hòòr, die wòòre fòòr däänen Daach mét der Brennscheer ondulliert.

Eh se òusem Hòus gang sénn, hat de Módder vón der Bròut mét Wäihwasser de Bròutsääen genn. Dann sénn se ém grooßen Hóchzäitszuuch én de Kérrech. Vòòrendraan de Kénnercher én de fäinen sónndaachse Klaaedern, mét Blóumen én de Händcher. Dann éß et Bròutpaar kómm, hénnendraan hann Kénner de Schläier getraa. Ónn dat wòòren meeschdens de Pattcher ónn de Gòòdcher – so hat mer zóu de Paadekénner gesaat. Dann sénn de Jónge kómm, dernòò de schón gehäiraade Geschwischder ónn derletscht de Eldern, Grooßeldern, Patt ónn Gòòd ónn all de annern. Vón de Dérfer, die wo zóu der Parräi geheeren, sénn se mét Kutschen ónn Scheesen én de Kérrech gefahr.

De fäierlich Tròuung én der Kérrech éß als ant Geméit gang, ónn et éß als e béßje gekrésch ónn geschnäizt word.

Nòò der Tròuung hann dann de vòòrwitzich Läit óff der Kérchetrepp geschdann, hann graddeliert ónn kriddesiert ónn gelóut, ob der Bròut et Klaaed noch paßt. Ganz bees Läit sénn häämgang ónn hann sich e Kräizjen óff de Kallenner gemach.

Am Hóchzäitsdésch hann de Eldern vón dem jónge Mann nääwen der nòu Schnóuer geseß ónn de Eldern vón der Bròut nääwen dem nòuen Dóchdermann. Dann éß et wäidergang mét Patt ónn Gòòd ónn Grooßmòòddern ónn Grooßvaddern.

Bäim Hóchzäitsessen, so wòòr et Mooden, hat et dereerscht Réndsflaaeschsópp mét Maarchkleeßjer genn, dann et Réndsflaaesch mét Rootraamen ónn gréiner Remmelaadensòòß, sòuerséiß Kwetschen, Meerreddichsòòß ónn Mixpiggel.

Dann éß der Schinke mét sòurem Kabbes óffgetraa word, dernòò der Bròòde mét Geméis, Grómberperree ónn Salzgrómbern. Se trénken hat et genn: Béier, hòusgemachder Gehannstròuwen-, Droocheln- ónn Rabbaawerwäin. Ónn fòòr de Kénner Kléggerdewasser. Nòòm Essen éß dann der selwergebrannde Schnaps óff de Désch kómm. Hénnernòò als Dessäär Karrammellpudding odder Wannillepuuding ónn Schoggelaadepudding mét Schlaachrahm durjenannergezòò.
De Kénner hann émmer extra geseß, ónn et hat émmer gehaaescht: Genn de Trawwanden dereerscht, dann hann mer uus Róuh.

Nòòm Méddaachessen ónn vòòrm Kaffee wòòr der Billermacher beschdallt. Dat wòòr émmer e greeßer Sach, bés se all richdich geschdann ónn gehuckt hann.

Et wòòr aach Mooden, daß mer am Nòòméddaach óff de Kirjoff gang éß, ónn wenn e Modder odder Vadder schón geschdorref wòòr, dann éß der Bròutschdròuß óff et Graaf gelaat word. Zóum Kaffee éß dann der fäin verschmeerde Bódderkräämkóuchen ónn Kääskóuchen óffgetraa genn ónn vón allen Sorden Taarden ónn Flaaden, däänen wo de Nòòberschaft óff Heefdaaich frésch gebackt hott.

Zwésche Kaffee ónn Naatessen hann dann de Kénner Gedichtcher óffgesaat, ónn émmer hann sich e paaer Schbaßmacher fónn, die wo mét Vòòrträäch ónn Kóbblees fòòr Lache gesorscht hann. Wòòr ääner vón dääne Fréschgetròuden ém Gesangverein odder ém Kérchekoor, hann se òòwens noch e Schdändche braat kritt. De Sänger dórfden dann én der Wirtschaft Fräibéier trénken.

Et Naatesse wòòr zóu däär Zäit aach émmer waarem. Hodden se méddes Schäineflaaesch, wòòr òòwens der Réndsbròòden an der Räih odder ómgekehrt. Dòòzóu hat et dann Grómbern ónn gréinen Sallaat genn. Manchmòòl awwer ach Grómbersallaat, der wo mét Schbeck aangemach genn éß.

Gedanzt éß aach word, wenn de Musick aach nuur e Zéih-am-Réimen wòòr; dòòfòòr hann se dann als et Schlòòfzémmer òusgeròumt. Wòòren et guttgeschdallde Läit, dann hodden se als e paaer Mann Musick beschdallt, ónn et éß én er Wirtschaft gedanzt word. Nét selden hann se dann én der Naat noch so Geléschdrichkaaede wie Bròòtwursch mét Broot serwiert. Däär éß óff Kóucheblecher ém Backooowe gebròòt genn.

Am zwaedden Daach hat et dann vóm Flaaesch de Reschder genn, awwer émmer frésch Geméis ónn frésch Grómbern. An dääm Daach wòòr de wäitlaaifich Fräind-schaft ónn de Nòòbern gelaad.

An Geschenke hann se geholl, wat se kritt hann, nét wie hòut, wo e Léscht erêmgett ónn Hóchzäitsdéschen én de Geschäfder schdehen, wo alles dróff schdett, wat mer bròuch odder ach nét bròuch. Der Patt vón der Bròut hat als et Kräiz geschenkt fòòr iwwer de Bedder. Ach dat Bild vón der Haaelich Fammill éß émmer gutt aankómm.

Wenn alles erêm wòòr, éß et Mirde-kränzje mét em Schdräißje scheen óff wäißer geraffder Säid éngerahmt word ónn hat, wie et Hóchzäitsbild, e Lääwe lang nää-wen de Bedder gehänkt.

Richard Folz
Wie der Pitt fréiher fräie gang éß

Sónndaas hat säi Módder gesaad:
"Pitt, lóu mò, lòò gehn doch so scheen Maaedcher én de Maai-Aandacht, dò éß doch Ään lòò vón Jòòbach, dòu béscht doch jetz fennewedräißich Jòhr alt, de méscht doch jetz aach däi Gehäischnis hann, dò kénnschde doch mòò hingehn. Geh mò sónndes dort hin, ónn dann maaischde dòò mét säim Pabben ónn verzehlscht vón de Paaer ónn vóm Hawwer ónn vóm Fóuder – ónn wenn de häämgehscht, dann saaeschde em Marriea, de hättscht et gäär. Ónn wenn de dräi-, véiermò dort wòòrscht, dann kannschde bäi de Hääre gehn."

Maria Haubert
Kénndaaef

Schón lang, eh et Kénd óff de Welt kómm éß, hann de Módder ónn de Grooßmódder Hémmedcher, Jäggelcher, Wéndeln ónn alles annere besòòrcht, wat mer so bròuch. E ganz scheen Daaefgarnidduur hann se entweeder kaaeft odder selwer gemach. Wenn die Módder e wäiß Bròutklaaed hott, hann se dat verschniet, ónn dòò dròus éß e Daaefklaaedche ónn e Kabbutzje gemach word. Ónn die Deck, die wo se iwwer dat Kénd gedeckt hann, wenn et én der Kérrech gedaaeft genn éß, wòòr mét Wallengsjennschbétz verzéiert. An die Deck ónn an dat Klaaedchen éß e braaeder Wollang aach mét er fäin Schbétz genäht genn. Zwaai wäiße säidene Schläppcher sénn gebónn word; dat ään éß óff die Deck, dat anner ant Klaaedche genäht odder geschbengelt word. Zóu der Daaefwäsch hat et ach noch extra en Deggeldóuch ónn e Wéggelschnóur genn. Dòòzóu éß e digger wäißer Biewer verwannt word. Dat Deggeldóuch wòòr achzich óff achzich Ssandemeeder, de Schnóur óngefähr zwaai Meeder lang ónn sechzehn Ssandemeeder braaet. Alles hann se mét roosa odder blòòem Bändche sesammegebónn ónn én de Wäschdéschschubblaad gelaat.

Aach dòòdriwwer, wäär Patt ónn Gòòd sóll genn, hann se sich schón Gedanke gemach; mäischdens sénn de Geschwischder vón Vadder ónn Módder gehaaescht word. Aach wäär Pinzgòòd sóll genn, hann se sich iwwerlaat. De Pinzgòòd, die éß fòòr de richdich Gòòd éngeschbróng, wenn die bäi der Daaef nét kónnt derbäi sénn.

Bei der Geburt, dòòmòòls senn de Kenner all derhääm óff de Welt kómm, wòòr émmer de Heewamm derbäi. Die éß acht Daa lang mòòrjens ónn òòwens kómm ónn hat de Kéndbeddersch ónn et Kénd ranschiert. Wòòr dat Kénd aaerich pénderlich ónn mer hott nét gewóscht, ob et noch am annern Daach lääft, dann hat de Amm em de Nootdaaef genn. Sónscht awwer éß et vóm Paschdoor én der Kérrech sónndes dróff gedaaeft word. De Heewamm hat dann dääm Kénd de fónkelnaachelnòu Daaefmonduur aangedòòn, ónn et Kénd óm Aarem éß se zwésche Patt ónn Gòòd ém beschden Sónndaasgedéich óff de Kérrech loß. Manchmòòl, wenn der Wääch e béßje wäit wòòr, sénn se mét der Schees én de Kérrech gefahr word. Dort hann se hénnen am Wäihwasserkessel óff de Hään, óff de Késchder ónn óff de Mêßdéiner gewaart. Dann hat de Heewamm dat Kénd, wenn et e Maaedche wòòr, der Gòòd, ónn wenn et e Bóu wòòr, em Patt óff de Aarem genn.

Wòòr dat Kénd gedaaeft, hann als eerschder de Paschdoor, der Késchder ónn de Mêßdéiner de Kénndaaefsgutzjer ém Tietche kritt. Bäim Késchder ónn de Mêßdéiner wòòr noch e Geldschdéck drén verschdoppt. Dròuße vòòr der Kérrech hann de Kénner schón óngedéllich óff de Zóggerbohne gewaart; die hann Patt ónn Gòòd aanfach énner de Kénner geworf, ónn die hann sich drém verschlaa. Wenn Patt ónn Gòòd mét de Gutzjer geschbaart hodden, hann de Kénner geróuf: "Schdrohpatt! Schdrohgòòd!"

Derhääm hat de Kéndbeddersch gebiwwert ónn gewaart, bés de Heewamm kómm éß ónn ihr dat góldich Engelchen nommòòl én de Aarem gelaat hat. Der Vadder éß ém Zémmer rêmpaddróllíert ónn hat gedaat: "Hóffentlich bläiwen de Gäscht nét ze lang."

Wenn die awwer dann én de Schlòòfkammer kómm sénn ónn dat Klään bewónnert ónn gemannt hann, et wäär säim Pabben wie òusem Gesicht geschniet, dann hadder sich gefraait ónn iwwert ganz Gesicht geflaast.

Derwäilen hann nääwendraan én der Schduff de Grooß ónn de Tanden de Kaffeedésch mét dääm gudde Gescherr òusem Wandschank gedeckt. Òusnahmswäis hoddet an dääm Daach Bohnekaffee, Kranzkóuchen ónn Breetcher genn. Patt, Heewamm ónn Gòòd sénn hénner de Désch óff et Soofa kómm, de anner Verwanden ónn de gehaaesch Nòòberschaft hann drêmerêm geseß, alles wòòr mónder, se hann gelacht, geschbròòcht ónn vón fréiher verzehlt. Ónn et éß wäit bés én de Naat erén gang.

Maria Brück
Mäi Grooßmódder

Mier hann jò als Kénner allerdings ganz eenfach Grooß gesaat. Also - mäi Grooß hott én der Naat vóm achdezwansichde óff de näinezwansichde Feebraar näinzehnhónnertsechzehn ihr sext Kénd kritt. Der Grooßvadder wòòr ze deer Zeäit ém Kréich, ónn er wòòr aach nét dòò, fòòr dat Kénd aansemelle óffem Amt. Dat hott dòòmòòls alles de Heewamm gemach. Én deem Dorref, wo mäi Grooß gewohnt hat, hat mer zóu der Heewamm Kinniwaaesi gesaat. Die Grooß, die wo ihr Kénner jò all derhaemm kritt hat, éß mòòrjens ónn òòwens vón der Heewamm versorcht genn, ónn dat näin Daa lang. Vòòrher dórft dòòmòòls keen Kéndbeddersch óffschdehn. Kéndbeddersch hott mer die Fraaue genannt, die wo e Kénd kritt hann.

Wie de Heewamm am nääkschden Daach, also am eerschde März mòòrjens kómm éß, fòòr die Grooß ónn dat Kénd se versòòrjen, dò hat mäi Grooß gejammert, se hätt noch soo vill Päin ém Läif, se gäängt menne, se hätt noch gaar keen Kénd kritt. De Heewamm hott se ónnersuucht, ónn der Dogder éß soogaar kómm ónn hott gesaat:
"Mäi léif Bäbb, wenn elòò sex Wóchen erêm sénn, móscht dòu ént Krankenhòus, dòu hascht e Gewäx. Dat mòß eròusobberiert genn."

Dò fängt mäi Grooß aan se kräische ónn saaet:
"Wie sóll dat nuur gehe? Bäi mäim grooße Hòushalt kann äich mich doch nét ént Krankenhòus lee'e. Äich hätt jò besser Zwéllinge kritt aes wie dat lòò."

Ónn deer Wónsch éß ihr dann wirklich erfillt genn. Denn dat Bòuchweh éß émmer schlémmer genn, ónn am schbääre Òòwend – also fascht zwaai Daa schbäärer – hott dat Bäbbje vón gischder noch e Schweschderche kritt, et Kättchje. Ob dat jetze richdije Zwéllinge wòòre, dat waaeß äich aach nét.

Et Kättje éß dann mét zwêllef Jòhr an Zógger geschdorb. Awwer et Bäbbchje éß hòut siwwenesibzich Jòhr alt, sitt noch priema òus, gett zwaaimòò én der Wóch schwémme, laaift jeeden Daach rónd óm de Schaamberch ónn éß kerngesónd. Et éß jò aach kee Wónner, dat wòòr jò ém Schaltjòhr gebòòr ónn éß deemnòò noch keen zwanzich Jòhr alt.

Mei Grooß wòòr iwwrijens sibzeh Mòò schwanger, awwer êllef Kénner hann nuur geleebt. Ónn dòòbäi wòòr mäi Grooß siwweneachzich Jòhr alt geween, wie se näinzehnhónnertfennewesechzich geschdorb éß.

A. Scherschlicht/U. Thewes
Der Waaßschdock

Der Waaßschdock éß mét der krischtlich Famill dòrcht Lääwe gang. Er wòòr so grooß wie e Männerfòuscht, òus dénnem Keerzewaaß kónschtvóll gedräht, fascht sóu, wie e Knäiel Gaar. De Jóngverhäiraaden hann en dix an der Hóchzäit geschenkt kritt ónn hann en dann an Marriea Lichtméß sääne geloß.

Wenn e Kéndchen óff de Welt kómm éß, hat der Waaßschdock bäi der Daaef gebrannt. Er hat aach gebrannt, wenn de Módder nòòm Wóchebett òusgesäänt genn éß. Dò hat se nòò der Fréihméß an der Komjoonbank geknéit ónn gewaart, bés der Paschdoor iwwer se gebäät ónn gesäänt hat.

Dòòdriwwer éß aewwer én der Fammill kää Wort verlòòr genn; mier Kénner hann nét gewóscht, daß e Kéndbeddersch vòòr däär Òussääneräi nét ênner de Läit gehn dórft.

Der Waaßschdock hat aach gebrannt, wenn e Gewidder am Himmel wòòr odder ääner òus der Fammill verséihn genn éß odder óff Läich gelää hott.

Mier hodden de Waaßschdäck bäi Bulleys Liesa ónn bäi Schwärzels Zilla kaaeft, hodden se én Säidenpabbéier éngewéggelt ónn én er Schlòòfzémmerschubblaad läien gehaat. Hòut kammer se noch bäi de Sankt Wendeler Paadern kréin ónn én der Häiswéllerer Keerzefabbréck.

Amanda Scherschlicht
Kréschdaach

Schón nòò Allerhaaelijen, wenn et óm fennef Òuer als schón dónkel wòòr, éß vóm Nécklòòs ónn vóm Kréschkéndchen verzehlt word. Dann hat et gehaaescht: Schéggen òuch gutt, de Engelcher fléien êmt Hòus ónn lóuen én de Fénschdern, ob de Kénner ach braav sénn. Ob se scheen lehren ónn bääden, de Teller schee lääressen ónn óff de grooß Läit heeren. Ónn dann fléien se zréck én den Himmel ónn verzehlen alles em Nécklòòs ónn em Kréschkéndchen, ónn die bréngen òuch dann ebbes gans Scheenes.

Gedichtcher ónn Liddcher hat de Ooma de Kénner bäibraat, fòòr bäim Nécklòòs ónn bäim Kréschkéndchen óffsesaan. Ganz vergaaeschdert, mét grooßen Aauen, hann de Kénner êm den Oowen gehuckt ónn sénn émmer nääkschder bäi de Ooma ónn den Ooba geréckt, bés se dann bäi däänen ómm Gäären gehuckt hann.

Én dääne Wóchen hodden all Läit braav, fläißich ónn gedéllich Kénner, die wo òòwens óngehaaescht ént Bett gang sénn. Jee nääkschder et dann óff de Nécklòòsdaach zóugang éß, êmso meh Bòuchweh hodde mer gehaat – mer wòòren jò émmer ém Fähler. Daalang vòòrhäär haddet an Dieren ónn Fénschdern gekloppt ónn gebóllert ónn mét Kedde gerasselt. Dat wòòr dann der Ruppknecht.

Wenn der Nécklòòs dann dòò wòòr, móschde mer séngen ónn bääden, ónn er hat òus säinem grooße Bóuch uus Schandtaaden vòòrgelääst. Ónn wat däär nét alles gwóscht hat! Däär móß allään fòòr uus en Engel abgeschdallt hann. Dann hat er de Sack òusgeläärt, et hat Äbbel, Bieren, Kwetschen, Néß ónn als ään Abbelsien genn.

Fòòr de Nécklòòsdaach éß Lääfkóuche gebackt word, ónn bäim Bägger kónnt mer Póbben ónn Haasen òus Heefdaaich kaaefen. Manchmòòl, wenn et needich wòòr, hat der Nécklòòs aach Kabben, Schlabben ónn Händscher braat. Die bees Bóuwen, die wo vòòrhäär e grooß Klapp hodden, hat als der Ruppknecht an der Kett bés vòòr de Hòusdier métgeholl. Mét de Maaedcher wòòr er nét ganz so schdreng, die bròuchden nuur én de Kett se bäißen.

Wòòr däär Daach glécklich iwwerschdann, wòòr et de Kénner émmer besser. Jetzt hammer nuur noch óff et Kréschkéndchen gewaart.

De weenicht Läit hodden dòòmòòls schón en Adwentskranz. Awwer én der School hat émmer ääner gehänkt. Ónn määndes mòòrjens sénn de Keerzen aangemach word. Véier Wóche lang émmer ään meh. De Schoolerkénner móschden én der Adwentszäit vòòr der School émmer én de Rorratemèß gehn. Mier wóschden dòòmòòls nét so richdich, wat dat haaescht. Awwer et wòòr e schee Wort ónn hott ebbes mét Kréschdaach se dóun.

Wenn de Sónn òòwens hénnerm Haasenberch root énnergang éß, hat de Ooma gesaat: "Lóun mòò, dier Kénner, et Kréschkéndche backt Gutzjer!"

Vón dääne Gutzjer, wo de Módder gebackt hat, hann de Kénner nur Koschtproowe kritt ónn die, wo e béßje bròun ónn nét richdich geròòt wòòren. Die anner, so hat se gesaat, schdellen äich óff de Fénschderbank, die hollen de Engelcher mét én de Himmel, die genn dereerscht noch gesäänt.

De Zäit éß uus lang word, ónn mer hann iwwerall Engel mét Flitsche geséihn. All gutt Taade wòòren Feddercher fòòr ént Krippchen, ónn die hammer mét Fläiß gesammelt. Uus Bréider hann dat òusgenótzt ónn hann all ihr Aaerweder, wie Schóuhbótzen, Fäierhólz ónn Kollen hollen, óff de Schweschdern verdaaelt ónn däänen zóu Feddercher ónn em Jeeuskénd zóum wäiche Bettche verhólf.

Et Schbillzäich, de Póbben, de Póbbekich, de Schòugelpaaerdcher ónn de Laaederwääncher, sénn nòò ónn nòò verschwónn. Dann hann se de Kénner verzehlt, et Kréschkéndchen hätt alles geholl, et gääft nommò alles scheen nòu gemach.

Ónn sóu wòòr et dann aach. De Póbben hodden nòu Klaaeder kritt, ónn wenn et needich wòòr, nòu Glaasaauen odder nòu Perriggen. Ónn de Sachen òus Hólz nòu Faaef. Et Kréppchen hat der Vadder vóm Schbäicher braat, ónn dòòdraan wòòr aach als émmer ebbes ze richdcn: Mòòl e nòu Schdrohdach odder e nòu Zäinche fòòr de Schòòtsperch.

De letscht Wóch dann vòòr dääm grooße Fescht hann vill Läit geschlacht, wenn et ach nuur Kannéincher wòòren. Dann hodden se Flaaesch ónn Hòusmacherwurscht fòòr iwwer de Fäierdaa, ónn dernòò Sólberflaaesch fòòr de Schillee an Nòujòhrschdaach.

Wenn der Pabben dann òòwens, wenn et dónkel wòòr, mét em Sack òus em Hòus ónn én de Wald gang éß, dann hadder am annere Mòòrjen et Bäämchen én de Schdänner gemach. Én der Schduff, die wo de ganzen Herbscht kalt wòòr, éß jetzt Fäier gemach word, wäil et Kréschkéndchen jò drén geschafft hat. De Módder ónn der Vadder sénn alsmò eréngang, se hann gesaat: "Mer mise e béßjen helfe gehn."

De Kénner sénn dann óff Zeeweschbétzen durch et Hòus ónn an der Schduwwedier langsgeschlich.

Wenn dann de Grooße bäichde gang sénn – als nòò Hidderschdroff odder nòò Bubbach, wäil die Häären, wie se gesaat hann, némmeh so gutt heere gäängden –, dann wòòr et so wäit.

Am Haaelijen Òòwend, frésch gewäscht, én de sónndese Klaaedern, hammer óff et Klingeln gewaart. Ón dann dórfde mer erén én de gutt Schduff. Ään Fénschder hott émmer e béßjen óffgeschdann, wäil graad et Kréschkéndche mét den Engelcher eròusgeflòò éß. Sóu hann se uus émmer verzehlt, ónn mier hodden et geglaaeft. Mer hodden se sogaar geséihn.

Ónn dòò hadder dann geschdann, der Kréschbaam! Mét Gloggen ónn glaasene Vieelcher, Äbbelcher, góldene Néß, Gutzjer, Keerzen ónn Engelshòòr. Ónn et eerscht Gedicht wòòr fällich. Mäint kann äich hòut noch òuswenzich:

"Seht ihr den Christbaum strahlen
in seiner Lichterpracht?
So kann ihn keiner malen,
für uns ist er gemacht,
uns kleine Kinder hier.
Wir danken schön dafür."

Ónn dann hann äich e schee Knixje gemach.

Dann hammer gesóng ónn geschbillt, bés mer óm zwêllef Òuer én de Medden gang sénn. Am annern Daach sémmer bäi de anner Kénner, ónn de anner Kénner sénn bäi uus kómm. Ónn all wòòre mer froh, ónn kääner wòòr näidisch.

An dääenen Daan zwéschen de Jòòhren sénn dann de Läit maaie gang. Mer bròucht nét se waarden, bés mer éggelaad word éß, ónn mer hat ach selwer kääne gehaaescht. Mer éß äänfach gang ónn hat gesaat:
"Äich kómmen e béßje nòò òuerm Bäämche lóuen."
Ónn dann hann de Läit geschbròòcht, Gutzjer prowwiert, Hòusmacher geß ónn häiße Viez mét Bróschtzógger getrónk.

Am Nòujòhrschdaach sénn de Kénner bäi de Gòòd ónn bäi de Patt et Nòujòhr aanwénsche gang ónn hann ihren Nòujòhrschkranz abgeholl. Dix sénn ach Patt ónn Gòòd selwer kómm, ónn dann éß nommòòl gemaait ónn geschbròòcht word, ónn der Schwäinskääs éß óff de Désch kómm.

Bés Dräikeenijendaach hat sich dat so hingezòò. Dann éß et Bäämche geplénnert, de Äbbel ónn Néß verdaaelt ónn de Gloggen ónn et Krippchen nommò óff de Schbäicher geschafft word fòòrt anner Jòhr. Dc Schduff wòòr naaes kalt, ónn de Läit hodden nommòòl ganz normaal Kénner.

Maria Haubert
Ooschdern

Fréiher, zóu uuser Kénnerzäit, hat mer nét allegebott ebbes geschenkt kritt, nuur an
besónnern Daan. So wòòr zem Bäischbill Ooschdern soon Daach. Lang vòòrhäär hammer
uus schón dróff gefraait. Wie mer noch klääner wòòren, ónn mer uus Néschder nét selwer
gemach hann, hat der Ooschderhaas uus säi Sachen én der Wohnung verschdoppt. Am
Paalmsónndaach hat der Pällemhaas fòòr jeeden nuur ään Aai én de Paalmschdock gelaat.

Am Ooschdermòòrjen sémmer nét schnell genuch aagezòò word. Mer ha gebiwwert ó sénn
daebber én der Wohnung rêmgerannt. En allen Eggen hammer gelóut, uus énner de Schank
gelaat, hénnerm Vòòrhang, óff der Fénschderbank, de Soofakéssen hoochgehoof – iwwerall,
wo mer gedaat hann, wo der Ooschderhaas ebbes kénnt hingelaat hann, sémmer hinge-
krawwelt.

Dòò hammer klään ó grooß Aaier, Schógglaaden- ónn Waffelhaasen, Gummihaaesjer, Aaier
mét Abziehbildcher gefónn. Alles hammer sesammen óff de Désch getraa, ónn dann éß die
Daaeleräi loßgang. Manchmòòl hammer uus verzänkt, wäil jeeder dat selwich hann wóllt.

Wie mer greeßer word sénn, hammer uus Ooschdernéschder selwer gemach. Én der Kaarwóch
sémmer én de Wald Moos sóuche gang. Mier wóschden e Schdell, wo et Moos aaerich grooß
ó schee gréin wòòr. Dort sémmer mérrer Pappdeggelschachdel hingang ónn hann et Moos
ganz vòòrsichdich vóm Borrem óffgehoof, soo daß mer schee grooß Fatze kritt hann. Òus
däänen sénn de Ooschdernéschder gemach word.

Wenn kää scheen Werrer wòòr, hammer ém Hòus, ém Trebbenhòus, én en Eggen orrer óff
der Blóumedébben de Néschder gemach. Awwer mäischdens wòòr so et Werrer, daß mer se
ém Gaarden énner de Gehannsdròuwen orrer Drooschelschdäck mache kónnden.

Am Ooschdermòòrjen sémmer nét schnell genuch én de Gaarde kómm. Jeeder hott soo e
Kärfjen én der Hand, mét dääm sémmer dann vó Nésch zóu Nésch geschbróng ónn hann de
Aaier, Haaesjer ó Gutzjer – alles, wat mer gefónn hann – eréggelaat ónn ént Hòus getraa.
Dort hat noch en Iwwerraschung óff uus gewaart. Mier hann gefaaeft ónn aangemòòlden
Aaier kritt, uuser Ooschderhaas kónnt aaerich gutt mòòlen. Däär hat roh Aaier òusgeblòòst
ónn se dann ganz faaewich wónnerschee gemòòlt.

Wäil bäi den Hiehneraaiern de Schaal so dénn wòòr ónn gäär kabbuttgang éß, sénn die
mérrem bónde Schléppchen an de Lamp, Biller orrer Blóumeschdack gehankt word. Dat wòòr
jò nuur zur Verzierung, awwer uus Kénnern harret vill Schbaß gemach.

Aach hat jeed Jòhr bäi uus óm médden Désch óff er schee geschdéckden Ooschderdeck e
groooßer Teller geschdann. Én der Métt hat e grooß Gänsenaai gelää, dat wòòr aach
òusgeblòòst ónn mét Haaesjer, Hiehncher ó bónde Bléimcher ganz faaewich gemòòlt. Drém-
erêm hann richdich Ooschderaaier gelää, wo mer esse kónnt. Dòòdernääwen hat aach émmer
en Pabbendeggelooschderhaas ónn so en dick, faaewich Pabbendeggelaai gelää. Dääm Haas
kónnt mer de Kopp abdrähen, dann harrer de Bòuch vóll Zóggeraaiercher gehaat. Dat dick Aai
kónnt mer aach òusenanner hollen, dò wòòr dann aach alleräi Gutzjeszäich drén.

Schbäärer dann, wie mer ém zwaedden orrer drédde Schooljòhr wòòren, móschde mer an Ooschdern én die Ófferschdehung gehn. Die wòòr schón mòòrjens óm sex Òuer. Der Paschdoor éß mérrem grooße Kräiz én der Hand, hénner ihm de Mëßdéiner ó de Läit dräimòòl óm de Kirch gang. Jeedesmòòl, wenn er an t Pordaal kómm éß, harrer mérrem Kräiz dergeejengekloppt ónn 'Luumen Krisdi' geróuf. Bäim drédde Mòòl éß die Dier óffgang, de Lichder sénn aangang, de Òòrjel hat aangefänkt ze schbillen, de Gloggen hann nommòòl fäierlich gelóut ónn mét dem Litt 'Krisdus éß erschdanden' sénn de Läit hénnerm Paschdoor ónn de Mëßdéinern én de Kérrech gezòò.

Säit Kaarfräidaach wòòren de Gloggen verschdómmd. Dòòfòòr sénn de Mëßdéiner mét Kläbbern orrer Raschbeln durch de Schdròòße gang ónn hann mét ihrem Kläbbern de Läit óm zwêllef Òuer an t Méddaachlòuden ónn óm sex Òuer an de Bäätglock erénnert. An Kaarsaamschdaach sénn se kläbbernd vón Hòus ze Hòus gezòò ónn hann gesóng:

Aaier ròus, Gléck ém Hòus,
Mòòr éß Ooschdersónndaach.

Dòòfòòr hann de meescht Läit ihnen dann Schogglaad orrer Aaier geschenkt. So bläift uus die Ooschderzäit noch gutt lang én scheener Erénnerung. Mier wòòren nét so verwehnt, mier kónnden uus noch mét Kläänichkaaede vón Herze fraaien.

Noch hòut hann äich dään alden Ooschderhaas ém Schrank schdehn, ónn jeed Jòhr an Ooschdern harrer säin Ehrenplatz bäi mier ómm Désch.

Richard Folz
Der Kalleschdään

Ómm Zóllschdock schdétt der Kalleschdään.
Se hann gesaat, der gäängt sich drähn.
...Er mißt et Méddaachlòuden heeren,
...dann kénnt ihm kääner dat verwehren.

Als Kénner wóllde mier dat séihn,
wenn mier dò dróff schdehn odder knéin.
Mier wòòrn ach émmer pinktlich dòò,
hann draan gedrickt ónn draan gezòò.

Mer kunnt de Glock ganz däitlich heeren,
däär Kalleschdään dutt dat nét schdeeren.
Mier sénn dann tròurich hääm gezòò
ónn hann gesaat: "Dier hann gelòò!"

Dòò hann se äärnscht de Schdier gerónzelt,
ganz hääwes awwer ach geschmónzelt:
"Dier Kénner ... wennert heere gäängt,
gäängt ach der Kalleschdään sich drähn!"

Egon Groß
Uus Faasent

Uus Faasent éß dißjòhr hónnertvéierzich Jòhr alt word. Wie de Alden émmer verzehlt hann, hodde mer héi é Leebach sellmòòls en *Friedensgericht*. Dat hat zòum *Oberlandesgerichtsbezirk Köln am Rhein* gehoort, ónn die hodden ihr Beamden ónn Schräiwer lòòhäär geschéckt fòòr uus Läit aanselehren. Ónn wäil die vón lòò oowe gräilich gäär *Karneval* gefäiert hodden, hann se uus dat aach gewies. Wäil dat so schee wòòr, hodden uus Altvòòrdere mét däänen achzehnhónnertvéierefóffzich de *Lebacher Karnevalverein* gegrint.

Uus Häären hodden dat awwer gaar nét gäär geséihn ónn hodde fascht de Kanzel abgeréß. Awwer uus Mannsläit hodden säich dat némmeh holle geloß ónn hodden säich nét aan dat Geschraai geschdeert. Nómmen uus Wäibsläit hodde Schéß vòòr de Häären, ónn et hat fascht fóffzich Jòhr gedòuert, bés se so dusma nòò ónn nòò säich getròut hann, mét-semachen; ónn dat wòòr eerscht nòò em Paschdoor Peiffer säiner Zäit.

Faasent fäiern hat bäi uus schón émmer ganz oowenaan geschdann. Dat éß schón am êlften êlften òòwens óm êlf Minnudden nòò acht Òuer mét er Kabbesitzung fòòr de Faasentmacher én er Wértschaft loßgang. Véier Wóchen fòòr Faasentsónndaach wòòr émmer der Jäächerball. Dòò hann se schón et ganz Jòhr dróff gepòuert. Mer kónnt awwer nómme mét er Énlaadung dróffgehn. Dòò éß et émmer hooch häärgang, ónn de ganz Leebacher Hottvollee wòòr dòò verträät. So manch Fraauminsch hott säich dòò òus der Monduur geschdrawwelt. Dernòò wòòren noch e Kabbesitzung ónn e Daamesitzung én Schdrääsersch Saal. Wäär dòò nét fréih genuch hingang éß, däär hott kää Plätz meh kritt.

De Sitzung hat aangefänkt mét em Énzuuch vón de Funkemaaedcher mét em Êlwerraat, dòònòò éß et Prénzepaar mét em Hoofschdaat kómm. Bevòòr et richdich loßgang éß mét de Biddevòòrträäch, hann se noch de Schdaddudde verlääs. Bäi de *Schönheit an der Wand* hott mancher Leebacher säi Senft abkritt, ónn der ganz Saal hat métgesóng ónn Kopp geschdann. Am Fedden Dónnerschdaach wòòr dann óff der Bérmaaeschdräi de Schlésseliwwergaab ónn òòwens de Fedden-Dónnerschdaachs-Ball én Schdrääsersch ónn én all Leebacher Wértschafden.

De Faasentdénschdaach mét em Ómzuuch wòòr bés hòut der *Höhepunkt* vón uuser Faasnaacht. Dòò hodden de Läit et ganz Jòhr dervón verzehlt. Wie de Remiese Bennedickt én der School gefròòt word éß, wie de heekschde véier Fäierdaa haaeschen, dòò hat er em Pabba Britz óffgezehlt: Faasent, Kérref, Paaerdsrennen ónn Jòhrmaart.

Ém letschde Kréich hott de Läit nét de Kopp dernòò geschdann, Faasent ze fäiern. Nòò em Kréich hodden ze'eerscht mier Kénner aangefang, uus se verbòòzen. Mer hodden uus sesammegedòòn ónn sénn én uuser Schdròòß vón Déier ze Déier fechde gang ónn hodden derbäi gesóng:

t éß Faasent, t éß Faasent, de Kéichelcher genn gebackt,
eròus dermét, eròus dermét, äich schdechen se én mäi Sack.

Eerscht näinzehnhónnertnäinevirzich hodden uus de Franzoosen nommòò erlaauft, uus schee Faasent absehallen. De Scherersch Sepp ónn Freichels Gertrud wòòren uus eerscht Prénze-

paar nòò em Kréich. Sellmòòls wòòr et en däier Sach, de Kaarnewallsprénz se schbillen. Der hott alles misen òus säinem Sack blechen, ónn dat wòòr nét weenich. Äan Jòhr schbääder wòòren et Prénzepaar: Doowen Eduard vóm Hénnereggen ónn et Diewald Klothildchen òus em Dorref. De Eduard hott sellmòòls misen e ganz Schdéck verkaaefen, ónn wie säi Läit mét em geschännt hann, hott er gesaat:
"Jää, dat éß et awwer wäärt, dat éß e Tradizjoon fòòr Kénner ónn Kénneskénner."

Aan der Faasent hann se fréiher all métgemach, ónn kääner hat Zäit ónn Geld geschäit, fòòr derbäi se sénn. Uus närrisch Biddereednerschen ónn Biddereedner wòòren all *Schdimmungskanonen*. Fòòr se all óffsezehlen, uus gutt Narren én der Bitt, hädde mer nét Plätz genuch. Awwer äich wéll òuch héi e Biddenreed vón uusem Toni Mees zem Beschde genn, däär wo lange Jòhr Êlwerraatspräsedent geween wòòr.
Äär hat et dòòmòòls, so óm näinzehnhónnertsechzich, esóu geschrief:

Lebachs Wirtschaftsleben
von Toni Mees

Gar net lang well eich et verhehlen
Eich well ach jetz net vill verzehlen
Von der Lebacher Öl AG
Die wird jo greßer meh on meh.
Die Schorschten en der Burrwies dämpen weiter
Trotz Krisenzeit on viller Neider.
Von em annern Gebiet will eich berichten
Dat feuchte Wirtschaftsleben bes'chen belichten.

Wat es dat en großer Aprat
Bei der letschten Zählung han mer
23 Wertschaften gehat.
Do debei es Tanneck on ach Horrido
Dort sen jo doch nur Lebacher blo.
Et es beim Zehlen kän Schwindel gemach
Kafe Duck dich es schön Bubach.
Et kemmt so mancher enner de Räder
Met sonndes on met wertes Kläder
De fälscht ach nemme off debei
Do senn er emmer an der Reih.
Daß der fennen jedes Haus
Genn ich auch en Fahrplan raus.

Om Peckard wo et no Saarbrecken gett
Do wohnt der stämmig Baurewert.
Sein Ideal es Schweinespeck
Do macht er jede Menge weg.
Dort en der Näh Frau Anni Schweitzer
Kammersch Peter dort Oberheizer.
Noch bes'chen weiter hennenaus
Es die Fremdenpension Baus

Em Kreuzer sein Frau hat schon dix geschennt
Weil er met de Schlappen als riwer rennt
En de Schwemmbadwertschaft hat mer en prima Sicht
Wenn där Ruschel em Wenter sein Kepperten micht.
En Folzen Wertschaft es wat los
Die bauen demnächscht ahn ganz groß
Seit mir die Lehrerfabrek hei han
Schdett dort am Buffett Mann an Mann.
Jetzt gehn mer nommo zreck on zehlen us Geld
Schon senn mer en der Wertschaft Feld.
Hennerm Büffe schdett et Angela
Wie der indisch Gott der Buddah.

Em Cafe Spaniol vis a vis
For wat werd do dann net gefrie?
En Haus voll Weibsleut on kän Mann darinnen
Do missen mer louen wat mer machen kinnen.
Om Bahnhof setzt mer recht gemütlich
Em Speckkämmerchen beim Schwärzel Friedrich
Bei Klaesersch Otto komme mer renn
Do huckt der Wernersch Viktor drenn
Kippt eronner voller Gier
En Seemannsträne on en Bier.

Weiter gett die Kaperfahrt
do wor mol en Wirtin fein u. zart
Mer wessen all noch von der Mutti
Die hat us gefüttert mit Tutti Frutti.
Weiter owen Hotel zum Löwen
Hert mer neischt me von Steuern stehnen.
Do gerret jetz rond do wackelt die Wand
Der nau Wirt is mem Trierer Mates verwandt
Newendran en Davids Haus
spillen mer am Billard en Runde rous.

Dann gehn de rous et es schon Newwel
On lären ach am Lewen seim Gewwel.
Riwer bei et Friedchen, et es braun von der Sonn
Et es grad aus de Ferien komm
Gut gelaunt, änen en der Haube
Weiter getts ent Gasthaus Traube
Et Julchen es noch gammer stramm
Der Deiwel wäß, et gritt kän Mann
Wat réicht dann en de Näh so fein
Do gehn mer hin ent Hotel Klein.

Do wor schon dix em Deiwel sein Huddel
"Usen Reinhold is gein Güchenschmuddel."
Ja, mir senn en Lebachs Metropole
Me merkt et nahts an dem Gejohle.
Nix wie riwer bei de Rauhoff Neckel
Wenn mer do net hingehn micht er Beckel
Do war ach schon mancher knelli
Stammgascht es dort Kuttersch Nelli.

Jetz gréin da langsam Spaß am Spaß
Weiter gets zur Wertschaft Blass.
Mancher micht dort änen droff
Do wird meischtens die Haut versoff.
Freichels Häns hot sich dort mol verplotzt
Noher dä Frau et Bett verkotzt.
Jetz machen dä en großen Satz
On landen direkt beim Schoppes Matz
Do huckt de Wähner, et es zum Lachen
On lehrt et Regina Grimassen machen.

De nächschten holle mer ach noch met
Et es der Liener Schwinne Pitt.
Noch schneller wie en Geißbock zeckelt
Hat er auch änen engeweckelt.
Dat moß mer nur mol richtig begreifen
Sein Geiß kinnt off de Glowen peifen.
Off de Poscht huckt Jägersch Pittchen
Sengt däm Mädchen dort en Liddchen
Do huckt er em Ecken ganz brav und kleen
Weil mer net därf dort am Büffe stehn

Et Primmelchen dat es gut se fennen
Em Schimmi sein Auto kennt jeder von hennen.
En Teil gett jetz bei Taxi Groß
Die fährt der off Tanneck los
Die annern fährt der Breiningersch Jupp
Dann bleibt sesammen der ganze Klupp.
Beim Thiry wird noch gut gezecht
Schnell ausgeknobelt wer jetz blecht.
Jetz senn dä schon ganz wählenblo
On suchen de Weg no Horridoh
Dort sitt mer de Jäger laden onn zillen
Wie se met de Häs'cher spillen.

Jetz senn dä héi, dä ahnet et schon
Om Fahrplan bei der Endstation
Wenn die jetz off häm los gehn
Kneppelvoll met Schaukelbän
Bääm senn dann genug se fennen

For de Kälbcher ansebennen.
Dat dicke Ende kommt noch nach
Im ehelichen Schlafgemach

Wo kemscht <u>dau</u> dann her, du Schwein
Hascht dich versäpelt mit Bier on Wein.
Die Reaktion es ganz verschieden
Net jeder Mann lisst sich dat bieten
Die änen raumen de Schank dann aus
Die annern senn ganz owen draus
Von denen wird die Frau getrasselt
Se schlehn droff daß et nur so prasselt
Am annern Dag sahn beide kühl
Das ist Liebe mit Gefühl!

Anekdoten

Doo wòòr en aarm Bäierchen, der hott nuur ään Päärd gehaat, ónn dò éß em dat Päärd kabbuttgang. Ónn én dääm Jòhr, dò hott et so vill geräänt, ónn dòò éß em ach noch der Hawwer gefòult. Ónn dò hott der Nòòber gesaat:
"Pitt, de béscht doch dißjòhr aaerich óffgeschméß, eerscht éß der et Päärd kabbuttgang, ónn dann éß der aach noch der Hawwer gefòult."
Dò ha der Pitt gesaat:
"Jääb, ónn äich hott noch Gléck! Wenn et Päärd lääwe blief wäär, hätt äich de Hawwer mise kaaefen."

* * * * * * * * * * * *

Et wòòr emòòl so en aarmer Knescht, däär wòòr aach émmer ém Fähler. Wenn irjendebbes passiert wòòr, dann wòòr äär et schóld. Ónn jetz hott de Kóuh verwórref, ónn dò hadder gesaat: "Oh weh, jetz schdechen se mäich erén!"

* * * * * * * * * * * *

E scheen, schdólz Bòuremaaeden éß iwwer de Leebacher Marriea Geburtsmaart gang. Do hott et an em Schdand e besónnerscht schee Schdéffje geséihn.
"Wat koscht der Meeder?", hott et de Verkäifer gefròòt.
Däär hott e béßjen iwwerlaat ónn dróff gesaat:
"Du, mein schönes Kind, kannst ihn für *einen* Kuß haben."
Dò saaet dat Maaeden:
"Dann messe mern emòòl – dräi Meeder."
Ónn wie t Schdéffjen éngewéggelt wòòr, saaet et noch ganz heeflich:
"Lòò hénne kémmt mäi Grooß, die bezahlt."

* * * * * * * * * * * *

Ém Drédde Raich hott e Leebacher Fraau et Módderkräiz kritt ónn derzóu hott der Bérmaaeschder besaaeder Fraau aach noch en Volksemfänger geschenkt. Dat wòòr wat ganz Nòues: E Raadjo, dat hott de ganzen Daach iwwer Maarschmusik geschbillt. De Fraaed wòòr groß, dat kann mer sich denken. Doch zwaai Daa dernòò éß de Fraau ganz verzwaddert óff t Amt kómm:
"Hail Hiddler, Herr Bérmaaeschder! Wat zevill éß, éß zevill. Daach ónn Naat dat Geduddel ónn dat Gekraaesch vón dääne freeme Männer ém Hòus! Dò genn mier all noch schròh ém Kopp! Nix fòòr óngutt! Aewwer dóun mer de Gefallen ónn losen dään Duddelkaschden nommòòl hollen. Äich hädden jò graad métbraat, aewwer äich hann mäich geschaamt mét dääm Ballaawer ónner de Läit se gehn."

* * * * * * * * * * * *

De Schoolerkénner wòòre fréiher aach nét hénne wie vòòren, ónn der Rohrschdock wòòr émmer ém Träiwen. De Kénner hodde vill Schlee kritt, ónn dòòvòòr wóllde se em Lehrer mòòl ääne schbillen. E paaer durchtriewener Bóuwen hann mòòrjens émmer én däänen Äämer gepinkelt, däär wo mét Wasser ónn Schwamm nääwen der Taafel geschdann hott. Dòò éß et ääm vón däänen Trawwanden mòòl schlecht word, ónn er hat nääwen der Bank ómm Boddem gelää. Der Lehrer gräift én den Äämer, héllt de Schwamm eròus ónn will de Knecht mét kaldem Wasser ént Lääwen zréckhollen. Dat hat däär awwer métkritt ónn kraaescht:
"Nicht, Herr Lehrer, nicht von diesem!"

****

Fréiher wòòren de Läit aaerich schénnant ónn hann sich nét plaggich gewies. De Berchläit wòòren de ganz Wóch óff der Gruuf ónn hann ém Schlòòfhòus geschlòòf. Se wòòren nuur sónndes derhääm ónn dòòfòòr de meescht Zäit nét derbäi, wenn de Kénner óff de Welt kómm sénn.
Dòò wòòr e Mann òus Leebach, däär hott schón näin Kénner. Bäim zehnden dò wòòrer schón én Paasjoon ónn móscht der Heewamm helfen, dat Kénd óff de Welt se schaffen. Ónn dòò saaet er jò óff äämòòl:
"Ma jesses, Kätt, wat hascht dòu jò schee Bään! Dat hann äich jò gaar nét gewóscht!"

****

De Berchläit wóllden sich émmer mémm Schdäier gutt schdellen ónn hann em iwwerall fläddiert. Dò éß der Schdäier mòòl määndes mòòrjens kómm ónn hat verzehlt, et wäär em säi Gaiß kabbuttgang. Dò hat e Berchmann gesaat:
"Oh, Herr Schdäier, dat éß awwer schlémm! Dò wäär jò mier besser de Fraau geschdorf!"

****

E Schdäip éß e Schdétz fòòr allerhand Sachen, die wo nét vón allään hallen. Soomét éß en Énnerläifjen aach e Schdäip.
Dò hann emòòl zwaai Fraauen òus em Gehaaeks aan em Schòufénschder vón em Leebacher Geschäft geschdann. Dò saaet die ään zóu der anner:
"Lóu emòòl, dòò gifft et Nòuderschdäibe fòòr zehn Maark."
Dòò kémmt e Leebacher Orginnaal derzóu, heert dat ónn saaet:
"Ma, äich schdäiben se Òuch schón fòòr zwaai Maark."

****

Ónn dòò hat däär Anner gesaat bäim Méddaachessen:
'Dat lòò, dat schmackt esóu gutt, dò kénnt mer Kénner derbäi daaefen.'

****

Mer horren ach é Leebach schón vòòrm Eerschde Weltkréich e Mann, däär wo mét der Zäit gang éß. Er hat dääne Schdrohsack gebruust, wo er ém Bett hott ónn hat sich e richdich Maddratz fòòr säi Bett kaaeft.

Nòun dann, däär Mann hott e Maaeden òus säiner aarm Verwandschaft, dat wòòr e béßjen òòschéllich; ónn dat hat em de Hòushalding én der Räih gehall. Wie dann der Mann geschdorf éß, hat dat Maaeden dróff gepòuert, dat ätt de gutt Maddratz erwen sóllt. Awwer nää – dòò sénn annere kómm, dääneen hott der Mann alles vermacht, ónn ätt kónnt der läär Schees nòòlaaefen.

Wie dann der Mann begraaf genn éß, dò éß dat Maaeden ant óffene Graaf geträät, hat et Schéppchen én de Hand geholl mémm Grónd fòòr nòòsewerfen ónn saaet:

"Dòu hascht mer däi Óff- ónn Nidderbett nét vermacht, nòu läi bäi de Däiwel!"

* * * * * * * * * * * *

Lebacher Mundart

Wörterbuch

Schreibweise der Lebacher Mundart

Mundarten sind eigene Sprachen. Sie haben eigene Laute, eine von der Hochsprache abweichende Grammatik und Wörter. Jeder Mundartsprecher, der seine Mundart niederschreiben will, kennt die Schwierigkeiten, die bei der Schreibung auftreten.
Die Laute der Lebacher Mundart sind nicht die gleichen wie die der deutschen Standardsprache. Für diejenigen Laute, die im Deutschen keine Entsprechung haben, mußte daher eine besondere Schreibweise festgelegt werden. Diese Schreibweise wurde von den Mitarbeitern an diesem Buch gemeinsam erarbeitet. Folgende Regeln wurden aufgestellt:

1. Sofern es für einen Laut eine Entsprechung im Deutschen gibt, soll er mit demselben Buchstaben geschrieben werden wie im Deutschen. Ausnahmen von dieser Regel sind Wörter, die im Deutschen mit 'chs' geschrieben werden; wir schreiben sie mit x.
Bsp.: Fux (Fuchs).
2. Wörter, die im Deutschen mit einem Dehnungs-h geschrieben werden, behalten dies auch in der Lebacher Mundartschreibung bei.
Bsp.: meh (mehr), séihen (sehen).

Selbstlaute   (Vokale)

Laut	Schreibung	Beispiele
kurzes offenes i	i	vill (viel)
langes geschlossenes i	ie	Dier (Tür)
	ih	ihm (ihm)
kurzes geschlossenes e	é	Kénd (Kind)
kurzes offenes e	e	Bett (Bett)
	ä	Räck (Röcke)
langes geschlossenes e	ee	freem (fremd)
	eh	lehnen (leihen)
langes offenes e	ää	Bräät (Brett)
	äh	drähen (drehen)
kurzes überoffenes e (wie a in englisch 'cat')	ae	aes (als)
langes überoffenes e	aae	braaet (breit)
Murmellaut (betont)	ê	rêm (herum)
Murmellaut (unbetont)	e	en (ein)
kurzes a	a	Bawwer (Beule)
langes a	aa	Naat (Nacht)
	ah	Zahl (Zahl)
kurzes geschlossenes o	ó	Bóll (Schöpfkelle)
kurzes offenes o	o	Dochder (Tochter)
langes geschlossenes o	oo	Roos (Rose)
	oh	froh (froh)
langes offenes o	òò	wòòr (war)
	òh	Dròht (Draht)
kurzes offenes u	u	Bulles (Gefängnis)
langes geschlossenes u	uu	Buud (Bude)
	uh	Fuhr (Furche)

Zwielaute (fallende)

Laut	Schreibung	Beispiele
a + i	ai	Geiß (Ziege)
langes a + i	aai	Aaier (Eier)
a + u	au	Paus (Pause)
langes a + u	aau	Fraau (Frau)
kurzes geschlossenes e + i	éi	fléien (fliegen)
kurzes offenes e + i	äi	däich (dich)
langes offenes e + i	ääi	Frääiläit (Frauen)
Murmellaut + u		
(wie ow in englisch 'low')	óu	Bóu (Bube, Junge)
offenes o + u	òu	Bòu (Bau)

Mitlaute (Konsonanten)

Konsonatenbuchstaben werden im allgemeinen wie in der Schriftsprache geschrieben.
<u>Ausnahmen:</u>
Stimmloses s (selten) am Wortanfang mit ss; Bsp.: Ssandemeeder (Zentimeter).
Wir unterscheiden in der Lebacher Schreibung stimmhaftes s und stimmloses ss, ß zwischen
Selbstlauten; Bsp. misen (müssen); essen (essen), waaßen (wachsen).
Für diejenigen, die sich dieser Schreibung bedienen wollen, hier einige weitere Hinweise:

<u>1. Zischlaute, Reibelaute und Nasenlaute</u>

Schreibung	Beispiele
sch	Désch (Tisch)
schb	Schbill (Spiel)
schbr	Schbròòch (Sprache)
schd	Schdéck (Stück)
schdr	Schdréck (Strick)
s	blòòsen (blasen)
	misen (müssen)
ß	grooß (groß)
	waaßen (wachsen)
ss	Schéssel (Schüssel)
ch	Bòuch (Bauch)
ch	mäich (mich)
x	dix (oft)
	Fux (Fuchs)
ng	séngen (singen)
	gang (gegangen)
nk	Schank (Schrank)
	fänken (fangen)

2. Verschlußlaute

Vor t, s, z, sch, ch schreiben wir pp, tt, ck, wenn Doppelmitlaute bereits im Stamm des Stichwortes vorhanden sind;

Schreibung	Beispiele	Stichwort
pp	róppt (rupft)	róbben
tt	schéttscht (schüttest)	schédden
ck	backt (backt)	baggen

Sonst schreiben wir einfache Mitlaute p, t, k; Bsp.:

p	mipseln (möpseln)
t	Brutsch (Schmollmund)
	Schétz (Feldhüter)
k	bäinääkscht (beinahe)

Vor Selbstlauten schreiben wir b, d, g nach ng, ß, sch, ch sowie nach einfachem oder doppeltem m, n, l, r, f, s; Bsp.:

b	Grómber (Kartoffel)
	déschbedieren (diskutieren)
d	gäängden (gingen)
	Ämder (Ämter)
	kénnden (könnten)
	Aldaar (Altar)
	Bawwerden (Beulen)
	géschde (gehst du)
	bäichden (beichten)
	Dochder (Tochter)
g	Wolgen (Wolken)
	fuhrwergen (ohne System arbeiten)

Nach langem Selbstlaut oder Zwielaut schreiben wir vor folgendem Selbstlaut oder Zwielaut kein p, t, k, sondern b, d, g; Bsp.:

b	besaaebeln (beschmutzen)
d	Blaaeder (Blätter)
g	Hòògen (Haken)

Nach kurzen Selbstlauten schreiben wir vor folgendem Selbstlaut oder Zwielaut kein pp, tt, ck, sondern bb, dd, gg; Bsp.:

bb	Babbel (Mundwerk)
dd	baddersch (schwanger)
gg	Bóggel (Buckel)

Wo in der Schriftsprache qu steht, schreiben wir kw; Bsp.: Kwatsch (Quatsch)

Den Laut f schreiben wir wie in der Schriftsprache mit v oder f; Bsp.:

v	vòòr (vor)
f	fòòr (für)

Den Laut w schreiben wir abweichend von der schriftsprachlichen Schreibung als w; Bsp.: Waas (Vase)

Auslaut (Wortende)

Im Auslaut richten wir uns mit der Schreibung von p, t, k, b, d, g (einfacher oder doppelter Mitlaut) nach der Schriftsprache, wenn es dort entsprechende Wörter gibt; Bsp.:

Schreibung	Beispiele
p	Lómp (Lump)
pp	Sópp (Suppe)
t	Läit (Leute)
tt	Bitt (Bütte)
k	Schnòòk (Schnake);
ck	Méck (Mücke)
b	Schwòòb (Schwabe)
b	ob (ob)
d	Kénd (Kind)
d	Maad (Made)

Im Auslaut schreiben wir keine Doppelmitlaute in folgenden Wörtern:

b	ab (ab)
b	ob (ob)
s	bés (bis)
t	dat (das; es)
m	ém (im)
n	én (in)
n	an (an)
m	am (am)
t	et (es)
t	mét (mit)
m	óm (um)
	vóm (vom)
n	vón (von)
t	wat (was)

<u>Anlaut (Wortanfang)</u>

Im Anlaut schreiben wir p, t, k , b, d, g vor Selbstlauten so, wie sie in der Lebacher Mundart gesprochen werden; Bsp.:

p	p	Pòòrt (Tor)
t	t	Tuur (Tour)
k	k	kómmen (kommen)
b	b	Bään (Bein)
		bótzen (putzen)
d	d	dirfen (dürfen)
		Dier (Tür)
g	g	gutt (gut)

Im Anlaut schreiben wir p, t, k, b, d, g vor n, l, r wie in der Schriftsprache, wenn es dort entsprechende Wörter gibt. Bsp.:

pl	Plätz (Platz)
pr	Pritsch (Pritsche)
bl	Blòòs (Blase)
br	Bròòden (Braten)
tr	Trään (Träne)
dr	Dròht (Draht)
kn	Knecht (Knecht)
gl	Glock (Glocke)
kl	klään (klein)
gr	grooß (groß)
kr	krätzen (kratzen)

<u>Bemerkungen:</u>

1. Gleich werden gesprochen: bl, pl; br, pr; dr, tr; gl, kl; gn, kn; gr, kr; Bsp.: blòò (blau), Plòò (Plage); drétt (Dritt), Trétt (Tritt); glaaewen (glauben), Klaaed (Kleid) u.a.

2. ch wird zwischen Selbstlauten oder Zwielauten stimmhaft gesprochen (stimmhafter Ach-Laut), wenn in der Schriftsprache dafür ein g steht; Bsp.: Kraachen (Kragen) u.a.

Erklärungen zum Wörterverzeichnis

<u>1. Zeichen von besonderer Bedeutung</u>

Ein untergesetzter wagerechter Strich kennzeichnet einen betonten Laut (Selbstlaut oder Zwielaut); z.B. **Geséff** (Gesöff), **gew<u>ee</u>n** (gewesen), **Gem<u>ää</u>n** (Gemeinde). Mehrsilbige Wörter ohne untergesetzten waagrechten Strich sind auf der ersten Silbe betont.

Ein Bindestrich (-) hinter Mz. bedeutet, daß die Einzahl und Mehrzahl des Wortes gleich sind.

Drei Punkte (...) stehen bei Auslassung von Teilen eines Wortes, z.B. **Freggert** *m Mz.* **...rden** (Lausbub), d.h. die vollständige Form der Mehrzahl von **Freggert** ist **Freggerden**.

Runde Klammern schließen ein:

1. auslaßbare Teile, besonders bei Verweisen; z.B. **giff(sch)t** *s.* **genn,** d.h. **giff(sch)t** steht für **gifft** und **giffscht;**

2. Erklärungen zur Bedeutung und/oder Angaben zur Stilschicht, z.B. **Faasentbòòz** *m Mz.* **-en** Maskierter (Fastnacht); **Daebberdómmeldich** *m o.Mz.* Durchfall *(scherzhaft)*

3. Aküzungen (zum Teil)

Schrifttypen

Die mundartlichen Wörter (auch Teile davon), Wendungen und Satzbeispiele sind in Fettschrift geschrieben.

Der schriftsprachliche Text (Übersetzung der mundartlichen Wörter, Wendungen und Texte) sowie Erklärungen sind in nichtfetter Schrift geschrieben.

In Kursivschrift erscheinen

a) grammatische Angaben: z.B. *o.Mz.* (= ohne Mehrzahl);

b) Angaben zur Stilschicht, z.B. *abwertend;*

c) Verweisabkürzungen, z.B. *s. auch* (= siehe auch).

Abkürzungen

Eid = Eidenborn; Stb = Steinberg; Th = Thalexweiler.

ON = Ortsnamen, *VN* = Vornamen.

Bef. = Befehlsform, *Einz.* = Einzahl, *Gw.* = Gegenwart, *m* = männlich, *Mögl.* = Möglichkeitsform, *Mw.* = Mittelwort der Vergangenheit, *Mz.* = Mehrzahl, *o.* = ohne, *s* = sächlich, *Vg.* = Vergangenheit, *w* = weiblich.

Auswahl der Stichwörter und ihrer Formen

1. Aufgenommene Wörter

Wir waren bestrebt, möglichst viele Wörter, die typisch mundartlich sind, in das Wörterverzeichnis aufzunehmen, z.B. **Käimsgreet** (Jammerliese); **Géljen** (Medaillon) u.a.

Aufgenommen wurden auch Wörter, die zum Grundwortschatz gehören, auch wenn sie sich in manchen Formen nicht von den Wörtern der Schriftsprache unterscheiden; z.B. **Bett** *Mz.* **Bedder** (Bett); ferner wurden Wörter, die nicht unbedingt zum Grundwortschatz gehören als Stichwort aufgenommen, wenn mundartliche Wendungen angeschlossen wurden, z.B. **Grénd** *w o.Mz.* Grind; Hautausschlag; **dò kénnschde de Grénd kréin** da könnte man sich schwarz ärgern.

2. Wortformen

Es werden unregelmäßig gebeugte Wortformen angegeben, und zwar beim Hauptstichwort, aber auch als Verweisstichwörter, wenn sie im Alphabet nicht in der Nähe des Hauptstichwortes stehen; z.B. **geween** *s.* **sénn.**

A

Aa A *(Buchstabe);* **wäär Aa saaet, móß aach Abbee saan** wer A sagt, muß auch Abee sagen

Aabenner *m Mz.* - junger Stier; **e Kopp wie e Aabenner hann** einen Kopf wie ein Stier haben

aach auch; *s. auch* **ach**

aader *in:* **aader der Parr; woo èß òuer Maaeden hin gehäiraat? – aader der Parr** wohin hat eure Tochter sich verheiratet? – außerhalb unserer Pfarrei

Aaeberhòòr *s Mz.* **-en** Wimper; **et hat en Aaeberhòòr** sie hat ein Wimpernhaar im Auge, das schmerzt

aaefällich einfältig (Th)

aaeletzich allein; einzig; **wat géschde dann so aaeletzich lòò rêm?** warum gehst du denn so allein spazieren?; **d e aaeletzich Dochder;** die einzige Tochter; **en aaeletzich Péll** ein Mädchen alleine

Aaerem *m o.Mz.* Schwiegersohn

aaerich arg, sehr; ungezogen, frech; **wat éß dat en aaerich Ding!** was ist das für ein freches Kind!

Aaersch *Mz.* - Arsch

Aaerschelchen *s Mz.* **...er** Ärschlein

Aaerwet *w o.Mz.* Arbeit; **méid, hóngerich ónn Äägel vòòr der Aaerwet** müde, hungrig und Ekel vor der Arbeit

Aaeßem *m o.Mz.* Furunkel

aaewel armvoll; was auf einen Arm gepackt werden kann

Aaewes *w Mz.* **-en** Erbse

Aaewesensópp *o Mz.* Erbsensuppe

Äägel *o.Mz.* Ekel

A a i *Mz.* **-er** Ei; **die tónken ze zwaett òus äänem Aai** das sind dicke Freunde, und beide sind sehr sparsam

Aaierriwwelcher *o.Einz.* Suppeneinlagen (selbstgemacht)

Aaierschmeer *w o.Mz.* eine Art Eierschmarren (Brotaufstrich)

Äämätz *w Mz.* **-en** Ameise

Äämer *Mz.* **-n** Eimer

äämòòl einmal

aan an; *s. auch* **an**

ään ein, eine *(betont);* **ään äänzich Kénd** ein einziges Kind; **ään Fraau** eine Frau; *s. auch* **e, en**

aanbändeln anbändeln

äändóun *in:* **nét äändóun sénn** nicht einerlei sein; nicht ganz geheuer sein; **et éß mer nét äändóun** es ist mir nicht einerlei; es ist mir nicht ganz geheuer

ääner cincr; **et hat ääner gefählt** cs hat einer gefehlt

äänerläi einerlei, egal

aanfänken anfangen

aanfréggeln anbringen (nähen, kleben u.a.)

äängängich gleichmäßig; **dòu hascht de Wand lòò scheen äängängich geschdréch** du hast diese Wand schön gleichmäßig gestrichen

aangenn angeben; **giff doch nét so aan, et waaeß doch jeerer, wo de häär-kémmscht** gib doch nicht so an, es weiß doch jeder, wo du herkommst

äänhellich einhellig

äänich einig

ääningen *in:* **vón ääningen** von allein, aus eigenem Entschluß

aankwatschen anquatschen

aanróufen anrufen; **all Haaelijen ém Himmel aanróufen** alle Heiligen im Himmel anrufen

Aanschdand *o.Mz.* Anstand; **däär hat de Aanschdand mémm Schäimléffel gefreß, et bescht éß em langserónner-gelaauf** er hat überhaupt keinen Anstand

aanschdibbeln anstiften (zu etwas)

aanzen wimmern, stöhnen, jammern

Aanzer *m o.Mz.* Jammerlappen; **der Aanzer hat kään Noot, der Prahler hat kää Broot** wer jammert, leidet nicht Not, wer prahlt, hat kein Brot

äänzich einzig

äär er *(betont); s. auch* **er**

Aarand *m o.Mz.* Anstoß, Schubs

Aarem *Mz.* **Aarmen** Arm; Ärmel

aarem, ärmer, ärmscht arm; **a a r e m wie e Kleefchen** bitterarm

ääringscht ernst

Äärjer *o.Mz.* Ärger

äärjern ärgern

Aarschloch *Mz.* **...lächer** Arschloch

ääs *in:* **ääs wie ääs** ein- und dasselbe

ääßisch schmackhaft; **wie éß dat Méddaachessen elòò hòut so ääßich!** wie ist das Mittagessen heute so schmackhaft!

Aau *Mz.* **-en** Auge; **geséihner Aauen** zusehends; **er lóut mémm lénkse Aau én de rechtse Bóxesack** er schaut mit dem linken Auge in die rechte Hosentasche (er schielt); **dòu mischt Aauen wie e Gluck, wenn et blitzt** du machst Augen wie eine Glucke, wenn es blitzt (du siehst sehr erschrocken aus)

Aaueschäin *o.Mz.* Augenschein; **äich hann mòòl den Dochdermann en Aaueschäin geholl** ich habe mir einmal den Schwiegersohn angesehen

ääwen eben

Aawenner *m o.Mz.* Ackerrain, Zufahrt zum Acker

ab ab

Abbee *o.Mz.* Abee, Abort

Abbel *Mz.* **Äbbel** Apfel; **der Abbel fällt nét wäit vóm Bierebaam** der Apfel fällt nicht weit vom Birnbaum *(scherzhaft);* **der Abbel fällt nét wäit vóm Paaerd** der Apfel fällt nicht weit vom Pferd *(scherzhaft)*

Abbelklótz *m Mz.* **-en** Apfel im Schlafrock

Abbelkrótz *m Mz.* **-en** Kerngehäuse

Äbbelschmeer *w o.Mz.* Apfelmus

Äbbelschnétz *o.Einz.* Apfelschnitze

Abbelsien *Mz.* **-en** Apfelsine

Äbbeltratsch *m o.Mz.* Apfelkompott; Apfelkuchen

Abdeegder *m Mz.* **-** Apotheker

Abdeegdersch *w o.Mz.* Apothekerin

Abdeegt *w Mz.* **...gden** Apotheke

abdóun beschimpfen; abkanzeln

abhollen abholen; abnehmen; trinken; **der Kerl lòò, däär héllt ab, dääm bròuch mer kää Berchmannskapp óffsesetzen** der Kerl säuft wie ein Loch

abknabben einsparen, verkürzen

Abräißkallenner *o.Mz.* Abreißkalender; **er hat zóugeholl wie en Abräißkallenner** er hat zugenommen wie ein Abreißkalender

Abrill *o.Mz.* April

abschdrébben abstreifen; **schdrépp emòòl de Gehannstròuwen ab!** streife mal die Johannisbeeren ab!

Abtrétt *o.Mz.* Abtritt, Klo

Abziehbildchen *Mz.* **...er** Abziehbildchen

Ach *o.Mz.* Ach; **mét Ach ónn Krach** mit Ach und Krach

ach auch; *s. auch* **aach**

acheln genüßlich essen

acht acht; **der achde** der achte

achzehn achtzehn

achzich achtzig

Achzichdaalerpaaerd *s.* **Hénner**

Adwentszäit *o.Mz.* Adventszeit

aes *in:* **aes wie** als, wie (Th, Eid); **besser räich ónn gesónd aes wie aarem ónn krank** besser reich und gesund als arm und krank

aewwer aber; *s. auch* **awwer**

Aff *Mz.* **-en** Affe; **e gepossder Aff** ein Stenz

Affegaat *m Mz.* **...aaden** Advokat; **däär hat e Schnéß wie en Affegaat** der hat ein Mundwerk wie ein Advokat

Affenzibbel *m o.Mz.* eingebildeter Mensch

ahddóun beachten, achthaben

ai nun; **ai saae mòòl, éß dat wòhr?** nun sage mal, ist das wahr?

äi, äich ich

Äichel *Mz.* **n** Eichel

Äideborn Eidenborn *(ON)*

Äil *Mz.* **-en** Eule

Äis *o.Mz.* Eis

Äisblóumen *o.Einz.* Eisblumen

Äisegerähms *s o.Mz.* Eisengitter; **dat lòò dat gääng durch et Äisegerähms** diese da ginge mit dem Kopf durch die Wand

Äistietchen *s Mz.* - Waffeltütchen mit Speiseeis

Akt *o.Mz.* Akt; **en Akt machen** einen notariellen Vertrag abschließen

Aldaar *Mz.* **Aldäär** Altar

Aldäärchen *Mz.* **..er** Altärchen

all all, alle

allään allein

Allaarm *o.Mz.* Alarm

älle grell, laut; **mach nét so älle!** mach nicht soviel Radau! (Stb)

allegaaren alle; allesamt

allegebott immerzu, immer wieder, oft; **äich lóuen allegebott óff de Òuer** ich schaue immer wieder auf die Uhr

allemòòl ja, gewiß

ällen unheimlich; **ém Wald éß et ällen** im Wald ist es unheimlich; **dat Kénd hat älle gebréllert** das Kind hat fürchterlich geweint

äller *s.* **alt**

allert munter

alles alles

als als; manchmal; **mer hann uus als Gutzjer kaaef** wir haben uns manchmal Bobons gekauft; **als wie** als; **besser dat lòò als wie gaar näisch** besser dieses als gar nichts; *s. auch* **alt**

alt manchmal; halt, eben; **ém Summer wòòr et alt nét émmer esóu** im Sommer war es halt nicht immer so; *s. auch* **als**

alt, äller, ällscht alt

Ambart *m o.Mz.* Wegrand; Rain (Th)

Ammai *Mz.* **-en** Plaudertasche

Amt *Mz.* **Ämder** Amt

an an; *s. auch* **aan**

Andeewich *m o.Mz.* Endivie(nsalat)

Andert *m Mz.* **...rden** Enterich

Andikréscht *m o.Mz.* Antichrist

Anduddel *m Mz.* **-n** Wurst aus übereinandergezogenen Därmen

Angel *w o.Mz.* Angel; Stachel (Biene u.ä.); **de Angel eròusschaffen** den Stachel entfernen

Angscht *o.Mz.* Angst

anner andere; nächste; **de anner Wóch** nächste Woche

annerschder anders

annerscht anders

Antwort *Mz.* **...rden** Antwort; **wäär dómm fräät, kritt ach en dómm Antwort** wer dumm fragt, kriegt eine dumme Antwort

apsdenaat fein (Mensch); **wie éß der lòò so apsdenaat!** wie ist der so fein!

Äsch *o.Mz.* Asche

äschdermieren (jemanden) achten, ehren (Th)

Äschekòul *w Mz.* **-en** Aschengrube

Äschekräiz *o.Mz.* Aschenkreuz (am Aschermittwoch erhalten die Katholiken in der Kirche ein Kreuzeszeichen aus geweihter Asche auf die Stirn)

Äschekrétzer *m Mz.* **-n** junges Hähnchen

Äscheschubblaad *o.Mz.* Aschenschublade (an Kohlenöfen)

atschee adieu

ätt es *(betont)*; sie (weibliche Person; *betont);* *s. auch* **et, t**

Atzel *w Mz.* **-n** Elster; drolliges Mädchen; **der schdählt wie en Atzel** er stiehlt wie eine Elster

atzelich aufgeweckt (kleines Mädchen)

Audo *Mz.* **-s** Auto

awwäi(l) jetzt; **awwäil awwer!** jetzt aber!; **kómm awwäil awwer sofórt lòò häär!** komm jetzt aber sofort hierher!; *s. auch* **ewäi, wäi**

awwer aber; *s. auch* **aewwer**

B

Baad *Mz.* **Bääder** Bad

Baadbitt *w o.Mz.* Badewanne (früher: Zink-wanne in der Küche)

Baadeaanzuuch *o.Mz.* Badeanzug

baaden baden

bääden beten; **dier Kénner bääden, der Pabbe gétt óff Schwaarzenholz!** ihr Kinder betet, euer Vater geht nach Schwarzenholz! (die Schwarzenholzer waren als Raufbolde verrufen); **dier Kénner bääden, der Pabben dutt de Fäier-wehrkapp aan!** ihr Kinder, betet, der Vater setzt seine Feuerwehrmütze auf! (der Vater geht zu einer Übung bei der Feuerwehr, und danach wird erfahrungs-gemäß der Durst gelöscht)

Baael *w Mz.* **-en** dicke Fliege um weidende Kühe

baaewes barfuß; **baaeweser Kaffee** schwarzer Kaffee *(scherzhaft)*

Bääi *w Mz.* **-en** Biene

bääken erschrecken, angst machen

Baam *Mz.* **Bääm** Baum; **de sischt vòòr lòuder Bääm kä Wald meh** du siehst vor lauter Bäumen den Wald nicht mehr

Bäämchen *Mz.* **...er** Bäumchen

Bäämches *in:* **Bäämches schbillen** eine Art Kinderspiel

Bään *Mz.* **-** Bein; **dääm mach äich mò Bään!** dem mache ich Beine!

Bäär *Mz.* **-en** Bär; **däär éß so flénk wie e Bäär; wemmer mennt, er fällt, dann läit er schón** der ist sehr plump und unbeholfen

bäären schreien

Bäärendreck *m o.Mz.* Lakritz

Bäärwatz *m Mz.* **-en** Schreihals

Baas *w Mz.* **-en** ältere Frau

Bääsjen *s Mz.* **...er** ältere Frau *(Verklei-nerung)*

Bäätglock *o.Mz.* Abendglocke, Aveläuten (um 6 Uhr abends); **wenn de Bäätglock lòut, heeren de Kénner ént Hòus** wenn die Abendglocke läutet, müssen die Kinder zu Hause sein

Bäätsch *w o.Mz.* Stelle, an der zwei Brotlaibe aneinandergebacken sind; **äich haauen der an de Bäätsch** ich haue dir an den Kopf (Th, Eid)

Bäätschkapp *w Mz.* **...kabben** Schirm-mütze

baaupsen laut sprechen; schimpfen

Bääzjen *s Mz.* **...er** Kälbchen

Babbel *w o.Mz.* Mundwerk

babben pappen, kleben

babbich klebrig; unsauber

Bach *w Mz.* **Bäch** Bach

Backoowen *o.Mz.* Backofen

Backschduff *o.Mz.* Backstube

baddersch schwanger; trächtig

Baggaasch *o.Mz.* Bagage; Anhang (Familie u.ä.)

Baggen *Mz.* **-** Backen

baggen backen

Bägger *Mz.* **-** Bäcker

Bäggeräi *o.Mz.* Bäckerei

Bahnhoof *Mz.* **Bahnheef** Bahnhof

Bäi *w Mz.* **-en** Biene; **äich hann ént Bäienéscht geschdochelt** da habe ich mich in ein Wespennest gesetzt

bäi bei

Bäicht *Mz.* **Bäichden** Beichte

bäichden beichten

Bäidel *Mz.* **-n** Beutel

Bäil *o.Mz.* Beil

bäimachen nicht ganz schließen (Tür, Fenster); **de Dier bäimachen** die Tür bis auf einen Spalt schließen

bäimachen, sich sich beimachen, herbeikommen

bäinääkscht beinahe

Bäischbill *o.Mz.* Beispiel

bäißen *Mw.* **gebéß** beißen

Bäißzang *Mz.* **-en** Beißzange; böse Ehefrau *(Schimpfwort)*

Balch *m Mz.* **-e** ungezogenes Kind

baljern raufen

Ball *Mz.* **Bäll** Ball (Tanz)

ball bald; fast

Ballaawer *o.Mz.* Palaver

Ballen *m Mz.* Ball (zum Spielen); Ballen (am Fuß)

ballerich dick, grob; **e ballerich Gesicht** ein dickes Gesicht

Bämbelchen *s Mz.* ...er Bommel

Bämbelchesschdock *m Mz.* ...schdäck Fuchsie

bambeln baumeln

Bändel *s Mz.* -n Band, Schürzenband

Bank *Mz.* **Bänk** Sitzbank

Barrack *Mz.* **Barraggen** Baracke

Baßgäi *Mz.* -en Baßgeige; **der Himmel hängt vóller Baßgäien, wenn de gehäiraat béscht. – Jòò, et sénn aach digge Trómmeln derbäi** der Himmel hängt voller Baßgeigen, wenn du verheiratet bist. – Ja, aber es sind auch dicke Trommeln dabei

Batsch *m o.Mz.* Patsche (Schmutz)

Batschäämer in: **der schdrahlt wie e Batschäämer** er strahlt übers ganze Gesicht

batschaasen plaudern (*abwertend*)

Batschaasersch *w o.Mz.* Schwatzbase

Batschel *w Mz.* -n Mundwerk; geschwätzige Frau

batscheln plappern

batschen ohrfeigen

batzich patzig

Bawwer(t) *w Mz.* ...rden Delle, Beule (Auto u.ä.); **dat Débben éß vóll Bawwerden** der Topf ist voller Beulen

Béck *s.* **Bóck**

bedäierlich bedauernswert; jämmerlich; **et hat so bedäierlich gekrésch, et hat mer so laaed gedòòn** sie hat so jämmerlich geweint, sie hat mir so leid getan

bedaudeln betrügen, hintergehen (Th)

Beddelsack *o. Mz.* Bettelsack; **all fuffzich Jòhr hängt der Beddelsack anner annrer Dier** alle fünfzig Jahre geht ein anderer mit dem Bettelsack

Beddem *s.* **Boddem**

Bedder *s.* **Bett**

bedebbert beschränkt, blöd

beduddeln, sich sich betrinken

Beer *m Mz.* -en Eber

bees böse

béggen bücken

Behmen Böhmen (*ON*)

Béier *m o.Mz.* Bier

béischderlich fürchterlich

Béiwer *m o.Mz.* Biber (Gewebe)

bekäbben begreifen, verstehen; **haschde bekäppt?** hast du es begriffen?

beklopp bekloppt, blöd

Bellebaam *m Mz.* ...bääm Pappelbaum

Béllech *m o.Mz.* Trester

bellen bellen

Béllercher *o.Einz.* Zahndamm, Zahnfleisch (beim Kleinkind)

Béllern *o.Einz.* Zahndamm, Zahnfleisch

béllern weinen, schreien

bén *s.* **sénn**

bénderlich schrill, herzergreifend

Benémmes *s o.Mz.* Benehmen; **se hann uus gutt Benémmes bäibraat** sie haben uns gutes Benehmen beigebracht

Benémmesedäät *w o.Mz.* Benehmen (*scherzhaft*)

bénnen *Mw.* **gebónn** binden

Bénnkétt *w Mz.* ...kédden Kette zum Binden der Wagenladung auf dem Rollwagen

Benzien *m o.Mz.* Benzin

Berch *Mz.* **Berjen** Berg

Berchmann *Mz.* ...läit Bergmann

Berchmannskollen *o.Einz.* Deputatkohlen der Bergleute

berchróff bergauf

berchrónner bergab; **berchrónner helfen all Haaelijen, berchróff hélft kään Däiwel** bergab helfen alle Heiligen (ziehen), bergauf hilft kein Teufel

beréihren berühren

Berrem *s.* **Borrem**

Bérrettchen *s o.Mz.* Barett; Kopfbedeckung des katholischen Geistlichen

Bérschdebénner *o.Mz.* Bürstenbinder; **er**

frißt wie e Bérschdebénner er frißt wie ein Bürstenbinder

bérschden bürsten

Bérscht *Mz.* **Bérschden** Bürste

bés bis

besaaebeln beschmutzen

beschäißen bescheißen; **wie gétt et der dann? (Antwort:) beschéß éß noch geprahlt** wie geht es dir denn? (Antwort:) beschissen zu sagen, wäre geprahlt

beschdechen bestechen; verputzen (Hauswand)

Béschoff *Mz.* **Béscheff, Béschowwen** Bischof

Bêschóng *Mz.* **-en** Böschung

bescht *s.* **gutt**

bescht *s.* **sénn**

besser besser

béssich bissig

béßjen bißchen

betréppst bekümmert

Bett *Mz.* **Bedder** Bett; **er hat sich ént gemachde Bett gelaat** er hat sich ins gemachte Nest gesetzt

Bettlaad *w Mz.* **-en** Bettgestell, Seitenteil (Bett)

Bettsaaicher, Bettsaaier *m o.Mz.* Bettnässer *(derb)* ; Löwenzahn(salat)

betubben betrügen; **der hat uus ganz schee betuppt** der hat uns ganz schön übers Ohr gehauen

Béxenällschder *m o.Mz.* Büchsenältester (Bergbau)

Biddelgänger *m Mz.* **-** Bettler; jemand, der ständig bettelt (Kind bei der Mutter u.a.)

Bidden *s.* **Bitt**

Biebelchen *s Mz.* **...er** Tannenzapfen; Küken

Biebelchessópp *w o.Mz.* eine Art Bohnen-suppe

Bier *w Mz.* **-en** Birne; **dann éß de Bier gescheelt** dann ist die Sache erledigt; **dò éß er abgezòò mét säine siwwe gebaggde Bieren** da hat er sich aus dem Staub gemacht

Biereschnétz *o.Einz.* Birnenschnitze

Biez *w Mz.* **-en** Zopf

Biezjen *s Mz.* **...er** Zöpfchen

Biffee *Mz.* **-s** Büffet

Bild *Mz.* **Biller** Bild

bille bellen (Eid)

Billermacher *m o.Mz.* Fotograf

billich, billijer, billischt billig

Binnes *m Mz.* **e** junger Stier (Eid)

Binnesje *s Mz.* **-r** Stierkalb (Eid); **doordijer Binnes** jemand, der sich affig benimmt (Th)

bipp erschöpft; **äich bén bipp** ich bin erschöpft

Bitsch *w Mz.* **en** 1. Ziege; 2. altes Fahrrad; 3. dicke Murmel (aus Glas oder Metall)

Bitsches *in:* **Bitsches schbillen** mit Murmeln spielen (Kinder)

Bitt *Mz.* **Bidden** Bitte

Bitt *Mz.* **Bidden** Bütte, Wanne

Bitt *s o.Mz.* Platz, an dem man beim Spielen (Verstecken oder Nachlaufen) in Sicherheit ist

biwwern bibbern

blaaden die äußeren Blätter abbrechen (Runkelrüben)

blaaedern blättern

blaaedern, sich sich ausziehen, entblättern

blaaezich ungeschliffen, vorlaut

blääsen den Blasiussegen erteilen; **bescht dòu geblääst word?** hast du den Blasiussegen empfangen?

Blaat *Mz.* **Blaaeder** Blatt

bläich bleich

Bläifedder *w Mz.* **-n** Bleistift

blääiwen *Mw.* **bléif** bleiben

bleed blöde

Bleedmann *Mz.* **...männer** Blödmann *(Schimpfwort)*

Bléimchen *Mz.* **...er** Blümchen

blénn blind; **dò wólle mer mò séihn, hat der Blénn gesaat** da wollen wir mal sehen, sagte der Blinde

blief *s.* **bläiwen**

blitzen blitzen

blòò blau

Blòòder *w Mz.* **-n** Blase (an Händen oder Füßen); **de Sónn schäint Blòòdern** die Sonne scheint sengend heiß

Blòòs *w Mz.* **-en** Blase

blòòsen blasen

Blòòsersch *m o.Mz.* Blaspeter; **e m Blòòsersch säi Digger** Blaspeters Dicker (*scherzhaft auf die Frage:* **wäär wòòr dann dat?**)

Blòòspitt *m o.Mz.* Blaspeter; **wäär wòòr dann an der Hòusdier? - ai der Blòòspitt** wer war denn an der Haustür? - der Blaspeter

blòòzlich bläulich

blóuden bluten; **däär móß blóuden, so lang, wie er lääft** er muß sein Leben lang dafür bezahlen; **er hat geblóut wie e Schwäin** er hat geblutet wie ein Schwein

Blòuel *o.Mz.* Bleuel

blòuen bleuen

Blóum *Mz.* **-en** Blume

Blóumedébben *Mz.* **-** Blumentopf

blóumich blumig

Blóut *o.Mz.* Blut

Bluus *Mz.* **-en** Bluse

Bóck *Mz.* **Béck** Bock; **schduur wie e Bóck** stur wie ein Bock; **er schdinkt wie e Bóck am Méchelsdaach** er stinkt wie ein Bock am Michelstag (z.B. ein Mann, der Wasser und Seife verabscheut)

bóckbäänich bockbeinig

Bóckjes *in:* **Bóckjes schbillen** eine Art Kinderspiel

Bóckschbréngen *o.Mz.* Bockspringen (Kinderspiel)

Boddem *Mz.* **Beddem** Boden; **bläif ómm Boddem!** bleibe auf dem Boden!; *s. auch* **Borrem**

Bódder *m o.Mz.* Butter; **de Bódder wérd ranzich, et Maaede wérd zwanzich** die Butter wird ranzig, das Mädchen wird zwanzig

Bódderfaß *o.Mz.* Butterfaß

bódderlaaedich launisch

Bódderschmeer *w Mz.* **-en** Butterstulle

Bóggel *o.Mz.* Buckel; Höcker; **d e kannscht mer de Bóggel rónner- rutschen ónn mét der Zóng bremsen** du kannst mir den Buckel runterrutschen und mit der Zunge bremsen

bóggeln buckeln

bóggich *in:* **bóggich sénn** Zustand der Ziege, die zum Bock geführt werden muß

Bohnemill *w o.Mz.* Mühlespiel

Bohnerwax *o.Mz.* Bohnerwachs

Bohneschdang *Mz.* **-en** Bohnenstange; hochgewachsener Mensch (*scherzhaft*)

Bohneschdroh *o.Mz.* Bohnenstroh; **dómm wie Bohneschdroh** dumm wie Bohnen-stroh

Bohnensòuf *w o.Mz.* Bohnensuppe

Bóll *w Mz.* **-en** Schöpfkelle

Bóllaau *s Mz.* **-en** blaues Auge (Veilchen)

bóllern Krach machen, poltern

Bómb *Mz.* **-en** Bombe

Bómbetrichder *Mz.* **-** Bombentrichter

Bónd *m o.Mz.* Hefenapfkuchen; *s. auch* **Bóndkóuchen**

Bóndaxt *in:* **mer sóllt mét der Bóntaxt erénhaauen** man sollte mit Knüppeln reinhauen; **däär éß mét der Bóndaxt zóugeschlaa** das ist ein grober Mensch

Bóndkóuchen *m Mz.* Hefenapfkuchen; *s. auch* **Bónd**

Bónker *Mz.* **-n** Bunker

Bòòges *m o.Mz.* Schreckgespenst (Th)

Bool *Mz.* **-en** Bowle

Bòòrkérrech *w o.Mz.* Empore, Orgelbühne (Kirche)

Bòòwelchen *s Mz.* **-er** geschmackloses Kleid

Bòòz *m MZ.* **-en** Maskierter (Fastnacht); Popel

bòòzich scheu, schüchtern

Borratsch *m o.Mz.* Borretsch

Borrem *Mz.* **Berrem** Boden; *s. auch* **Boddem**

Bórren *m Mz.* - Brunnen(trog); **an de Bórre kannschde den Eesel zwéngen, awwer nét zóum Sòufen** zum Brunnen kannst du den Esel zwingen, aber nicht zum Saufen

Borretsch *m o.Mz.* Porree, Lauch; Borretsch (Th)

Bótz *o.Mz.* Putz; Putzsucht (Kleidung); **der Bótz bréngt däich noch êm** d i e Putzsucht und Eitelkeit bringt dich noch um

bótzen putzen

Bótzmachersch *w o.Mz.* Modistin

Bóu *Mz.* **Bóuwen** Bub, Junge

Bòu *o.Mz.* Bau; Gebäude

Bòuch *m Mz.* **Bäich** Bauch; **wat hodde mier éngelaat, wat hodde mier Bäich!** was hatten wir zugelangt, was hatten wir Bäuche!

Bòuchbitt *w o.Mz.* Waschzuber

bòuchen bähen

Bòuchlabben *m o.Mz.* Schweinebauch (Fleisch)

Bòuchweh *o.Mz.* Bauchweh, Leib-schmerzen; **dòu bésch mer so léif wie Bòuchweh** du bist mir so lieb wie Bauchweh (du kannst mir gestohlen bleiben)

bòuen bauen

Bòuer *Mz.* **-n** Bauer; **de dómmschde Bòuern hann de dickschde Grómbern** die dümmsten Bauern haben die dicksten Kartoffeln

Bòusen *m Mz.* - Beule

Bòuz *in:* **der héllt mer de Bòuz ewech** der hält mir die Angst fern

Bòuzemann *m o.Mz.* Popel (Th)

Bóx *w Mz.* **-en** Hose

Bóxesack *m Mz.* **...säck** Hosentasche

braaederchen *s.* **laaederchen**

braaet breit; **wat éß dat so braaet genn!** wie ist die auseinander gegangen (dick geworden)!

braat *s.* **bréngen**

Bräät *Mz.* **Brääder** Brett; **e braaet Bräät** ein breites Brett; **äich hollen dich vòòr et Bräät** ich gehe mit dir vor Gericht

Braddeler *m o.Mz.* Schwätzer

bradden schmollen

Bräi *o.Mz.* Brei; **däär hat bäi mier de Bräi verschótt** mit dem mag ich nichts mehr zu tun haben

bräichden, bräicht, bräischt *s.* **bròuchen**

Bräit *s.* **Bròut**

Brand *o.Mz.* Brand

Braschen *o.Einz.* Schlacke, ausgeglühte Kohle

bratschelich unförmig; **wie éß dat so bratschelich genn!** wie ist sie so dick und unförmig geworden!

Bratteggen *m o.Mz.* Schmollwinkel

Bratzegge *m o.Mz.* Schmollwinkel (Th); **huck däich én de Bratzegge!** setze dich in den Schmollwinkel!

bratzen trotzen, schmollen (Th)

brechen *Mw.* **gebroch** brechen

Bréck *Mz.* **...Bréggen** Brücke

Breesem *m o.Mz.* das Weiche im Brot

Breetchen *Mz.* **...er** Semmel

Bréggeschbòuzer *m Mz.* - Nichtstuer (spuckt von der Brücke)

Bréider *s.* **Bróuder**

bréien brüten; **de Hiehner bréie schón** die Hühner brüten schon

Bréif *o.Mz.* Brief

Bréifjen *Mz.* **...er** Briefchen

Bréih *w o.Mz.* Brühe

bréihen brühen

bréizich brütig (Huhn)

Bréll *Mz.* **-en** Brille

Brémmen *o.Einz.* Ginster

bréngen *Mw.* **braat** bringen

brennen *Mw.* **gebrannt** brennen

Brennessel *Mz.* **-n** Brennessel

brenzen nach Verbranntem riechen; schlecht riechen; nach Urin riechen; **wat dääm säi Kénner émmer brenzen!** wie schlecht dessen Kinder immer riechen!; **in Fóxe Gäßjen hat et gräilich gebrenzt,**

wäil de Männer lòò émmer gepinkelt hann, wenn se òus der Wértschaft kómm sénn in Fuchsen Gäßchen hat es arg nach Urin gerochen, weil die Männer dort immer gepinkelt haben, wenn sie aus der Gastwirtschaft gekommen sind

Bréscht *s.* **Bróscht**

Briggett *Mz.* **-s** Brikett

brónzen brunzen (Großvieh)

bròòchen umgraben (Garten)

Bròòchkäwwert *m Mz.....*rden Junikäfer

Bròòchmòònd *m o.Mz.* Brachmonat (Monat Juni, in dem alle Vorräte fast aufgebraucht waren); **wenn de hóngerich Bròòchmònd nuur schón erêm wäär!** wenn der hungrige Brachmonat nur schon vorbei wäre!

Bròòden *Mz.* **-** Braten

bròòden braten

Broot *Mz.* **Brooden** Brot; **die hann gewónne Broot én der Hott** ihnen fällt alles in den Schoß; **wie éß et, bagge mer et Broot orrer esse mer den Däich?** was machen wir, backen wir das Brot oder essen wir den Teig?

Brootbäidel *Mz.* **-n** Brotbeutel

Brootfrucht *w o.Mz.* Brotgetreide

Broothòògen *m o.Mz.* langer, dünner Mensch *(scherzhaft)*

Brootkórscht *w Mz....*schden Brotkruste

Brósch(t)labben *m o.Mz.* Anzugweste

Bróscht *Mz.* **Bréscht** Brust; **däär éß zóu mier wie e Módder ohne Bróscht** er meint es nicht gut mit mir

bròuchen brauchen; **äich bròuchen, dòu bròuchscht, äär bròuch, mier bròuchen;** *Vg.* **äich bròucht, dòu bròuchtscht, äär bròucht, mier bròuchden;** *Mögl.* **äich bräicht, dòu bräischt, äär bräicht, mier bräichden;** *Mw.* **gebròucht; äich bròuche kää Mann** ich brauche keinen Mann; **er bròuch nét se kómmen** er braucht nicht zu kommen

bròuchen gesundbeten

Bróuder *Mz.* **Bréider** Bruder

Bróut *Mz.* **Bräit** Braut

Bróutklaaed *Mz.* **-er** Brautkleid

Bruddel *m o.Mz.* unsaubere Brühe

Brulljes *in:* **Brulljes machen** angeben; Aufwand treiben; **die machen doch e Brulljes bäi dääm Fescht lòò, als wenn se vón Férschde gäängden abschdammen** die treiben einen Aufwand bei diesem Fest, als ob sie von Fürsten abstammen würden

Brutsch *w o.Mz.* Schmollmund; **zéih doch nét soo e Brutsch!** mach doch nicht so einen Schmollmund!

brutscheln brutzeln

bruusen an die Luft setzen; **gischder òòwend éß er òus der Wértschaft gebruust genn, wäil er sich nét geree'elt hat** gestern abend hat man ihn aus der Gastwirtschaft hinausgeworfen, weil er sich schlecht benommen hat

Bubbach Bubach *(ON)*

Bubbeller *m Mz.* **-n** Schmetterling; Haarschleife; **dat hat e gräilicher Bubbeller ómm Kopp** sie hat eine schreckliche Haarschleife auf dem Kopf

Buddel *Mz.* **-n** Buddel

Buddick *m o.Mz.* Unordnung; verwahrloster Haushalt

Bulles *m o.Mz.* Gefängnis

Bullesje *s Mz.* **-r** kleines Kälbchen (männlich)

Bullewatz *m Mz.* **-en** Zuchteber *(scherzhaft);* dicker Mann *(Schimpfwort)*

Bursch *Mz.* **-en** Bursche, Verehrer; **hat òuer Maaedche schón e Bursch?** hat eure Tochter schon einen Verehrer?

Butzelui *in:* **Butzelui óff de Schebbert** Kuß auf den Mund

D

da jä! los!, mach voran!

Daach *Mz.* **Daa** Tag; **iwwer Daach** tagsüber; **et éß noch kään Daach ém Wénd schdehnblief** alles ist ständigem Wechsel unterworfen; **mer kann de ganzen Daach am Aai pellen, dann haschde de ganzen Daach geschafft** man kann den ganzen Tag an einem Ei pellen, dann hat man den ganzen Tag lang gearbeitet; **mer kann de ganzen Daach am Aai pellen, dann éß et òòwens doch nuur en Aai gepellt** man kann den ganzen Tag an einem Ei pellen, dann hat man abends nicht weiter getan als ein Ei gepellt; **dat lòò äärjert mich noch zehn Daa nòò mäim Dood** das ärgert mich noch zehn Tage nach meinem Tod

Daachlohn *o.Mz.* Tagelohn; **äich kann doch nét ém Daachlohn bees sénn** ich kann doch nicht aus Sympathie zu dir mit deinem Gegner böse sein

daaefen taufen; **de Kaffee éß gedaaeft** der Kaffee ist sehr dünn; **Gedaaefder** mit Wasser verdünnter Kaffee

daaelen teilen; **hann er schón gedaaelt odder sénn er noch aaenich?** habt ihr schon (das Erbe) geteilt oder seid ihr noch einig?

Daaeleräi *o.Mz.* Teilerei, Teilen

Daaeling *s Mz.* **-en** Teil eines Grundstücks

daai überreif; **die Bier die éß schón meh wie méll, die éß schón daai** die Birne ist schon mehr als reif, die ist schon überreif

daaidoddelfett schwammig dick

dääm dem *(betont); s. auch* **em**

däämnòò demnach; je nachdem

dään dcn *(betont);*

däänen den, denen *(betont);* **holl dääne Bóu an der Hand!** nimm den Jungen an der Hand!; **mer hann et dääne Läiden gesaat** wir haben es den Leuten gesagt; *s. auch* **den**

däär der *(betont);* **däär lòò** der da, dieser; **däär Bóu lòò** dieser Junge; *s. auch* **der**

däär der *(Wemfall; betont);* **giff et däär Frau, nét der anner!** gib es der Frau, nicht der andern!; *s. auch* **der**

däärjeenich derjenige

Daau *o.Mz.* Tau (Niederschlag)

daau taub

Dääz *o.Mz.* Dez, Kopf; **äich haauen der an den Dääz** ich haue dir an den Dez

dabber schnell; **kómm dabber bäi mäich!** komm schnell zu mir!; **kómm dabber schnell!** komm schnell!

Dach *Mz.* **Dächer** Dach; **énner jeedem Dach éß en Ach** unter jedem Dach ist ein Ach

dachdeln ohrfeigen, hauen

Dachkaandel *m o.Mz.* Dachrinne; **de béscht eso lang, de kénnscht òusem Dachkaandel sòufen** du bist so groß, du könntest aus der Dachrinne trinken

Dachtraau *w o.Mz.* Traufe

Daebberdómmeldich *m o.Mz.* Durchfall *(scherzhaft)*

Daebberlaauf *m o.Mz.* Durchfall

daebbern mit den Füßen stampfen

Däich *o.Mz.* Teig

däich dich; *s. auch* **dich**

däier teuer

Däifjen *Mz.* **...er** Täubchen; **dat lòò dat hat en Äärschelche wien Däifjen** diese da (dieses Mädchen) hat ein Ärschlein wie ein Täubchen

däin dein; **weh däiner!** wehe dir!

Däissel *w Mz.* **-n** Deichsel

Däiwel *Mz.* **-n** Teufel; **wenn mer des Däiwels gewehnt éß, dann éß et ach én der Hell scheen** wenn man den Teufel gewöhnt ist, dann ist es auch in der Hölle schön; **wenn der Däiwel et Paaerd héllt, dann kann er aach de Zòum hollen** wenn der Teufel das Pferd holt, kann er auch den Sattel holen; **dat Geséff lòò éß bäi den Däiwel gutt** dieses Getränk ist unwahrscheinlich gut; **ätt hat**

gebäät wie der Däiwel sie hat inbrünstig gebetet

Däiwigger *m o.Mz.* Teufel; Teufelskerl; Lausbub; **gäängt däich doch nuur der Däiwigger hollen!** würde dich doch nur der Teufel holen!

Däiwinger Teufel; Teufelskerl; Lausbub

dämben dampfen

dämbich kurzatmig; beschwipst

Damp *o.Mz.* Dampf

dann dann

Danz *Mz.* **Dänz** Tanz

danzen tanzen

Därfer *s.* **Dorref**

darrarraddatschen plappern, lebhaft reden

daß daß

dat das; **dat lòò gefällt mer** dies gefällt mir; **dat kannscht de der én de Haarscht schräiwen** das kannst du dir in den Schornstein schreiben; *s. auch* **et, t**

dat sie *(weibliche Person; betont)*; **dat éß jò nuur e Fòuscht héiher wie e Wutz** sie ist ziemlich klein (Frau); *s. auch* **ätt, et, t**

datjòhr vergangenes Jahr; **datjòhr wòòr nét vill** im vergangenen Jahr war die Ernte schlecht

datschich matschig; zerdrückt (Obst)

datselwich dasselbe

de die *(unbetont)*; **de Frauu** die Frau; **de Läit** die Leute

de du *(unbetont)*; **de kómmscht naes nommòò se schbäät** du kommst wieder zu spät; *s. auch* **dòu**

Débbeflégger *Mz.* - Kesselflicker

Débbelahhes *m o.Mz.* eine Art Kartoffelschmarren

Débben *s o.Mz.* Topf; **dat bleed (doordich) Débben!** das blöde (dumme) Weib!

Débbeschaff *s o.Mz.* Topfregal (für Steintöpfe)

Deck *Mz.* **Deggen** Decke

déck, dégger oft; **dégger wie äämòòl** schon öfter

deederlich geschmacklos, fade; widerlich süß

deetlich zu süß; zu fett; **dat Gebäck es aaerich deetlich** das Gebäck ist zu süß (zu fett)

Deezember *o.Mz.* Dezember; **wenn ach der Deezember nét so klòòr, dann éß am eerschde Jannewaar doch Nòujòhr** ist der Dezember auch nicht so klar, so ist am ersten Januar doch Neujahr

Défdeler *o.Mz.* Tüfteler

Deggel *Mz.* **-n** Deckel; **wenn äich nuur óffem Deggel bläiwen!** wenn ich nur gesund bleibe!

Deggeläichder *o.Mz.* Deckenleuchter (Schlafzimmerlampe)

Deggelchen *Mz.* **...er** Deckelchen

Deggen *s.* **Deck**

deggen decken

dégger *s.* **déck**

Déicher *s.* **Dóuch**

Déier *Mz.* **-n** Tier; **dòu dómm Déier!** du dumme Gans!

den den *(unbetont)*; *s. auch* **dään**

Déng *Mz.* **-er** Ding; **dòu mét däine Hahnekättches Dénger!** du mit deinen ausgefallenen Ideen!

Dengelschdock *m Mz.* **...schdäck** kleiner Amboß

denken *Mw.* **gedaat** denken

dénn dünn

Déppchen *s Mz.* **...er** Töpfchen; **óff jeed Déppche fénnt sich en Deggelchen, nuur fòòr uus Greet nét** auf jedes Töpfchen findet sich ein Deckelchen, nur für unsre Grete nicht; **de Déppcher mét de geschbróngenen Deggelcher, dic hallen am längschden** die Töpfchen mit den gesprungenen Deckelchen halten am längsten; **äich hann mer en Déppche gebroch** ich bin auf den Hintern gefallen

der der; **giff et der Frauu!** gib es der Frau!

der der; **lòò éß der Mann** da ist der Mann

der dir *(unbetont)*; **holl der Flaaden!** nimm dir Kuchen!

der ihr *(unbetont; 2. Pers. Mz.);* **hann der et Broot geß?** habt ihr das Brot gegessen?

der... *z.B.:* **dermeescht** am meisten; **derbescht** am besten

dereerschst zuerst

derénnerschtoowen das unterste zuoberst; durcheinander; *s. auch* **énnerscheeewerscht**

derf... *s.* **dirfen**

dergee'en, dergee'ent dagegen; **äich bén dergee'ent, eegaal, óm wat et sich dräht** ich bin dagegen, ganz gleich, um was es sich dreht

derhääm daheim; **bäi uus éß kääner derhääm, ónn äich schlòòfen** bei uns ist niemand zu Hause, und ich schlafe

Dérmel *m Mz.* **-n** Dummkopf

dérmelich schwindlig; **äänen dérmelich schwätzen** unaufhörlich auf jemanden einreden, ihn 'schwindlig' reden

dernääwen daneben

dernòò danach

deròònt ohne das; **et gétt ach deròònt** es geht auch ohne das

dervòòr davor

derzwéschen dazwischen

Désch *Mz.* **-en** Tisch

Déschbedaader *m o.Mz.* Besserwisser, der gern diskutiert

déschbedieren diskutieren

Déschbedierer *m Mz.* Besserwisser

déschbraat desperat, verzweifelt

Déschdel *Mz.* **-n** Distel

dibbere tippeln (Th)

dich dich; *s. auch* **däich**

dick, digger, dickscht dick

Dickkopp *m Mz.* **...käpp** sturer Mensch

die die *(betont); s. auch* **de**

Dieelhäänsjen *o.Mz.* eine Art Eierspeise

diejeenich diejenige

diemen am Verglühen sein; **de Keerzen hann noch gediemt** die Kerzen haben noch geglüht

Dier *Mz.* **-en** Tür; **wenn jeeder vòòr säiner Dier kehrt, dann éß et Dorref sòuwer** wenn jeder vor seiner Tür kehrt, ist das Dorf sauber

dier dir

dier ihr *(2. Pers. Mz.)*

Dierschlénk *w Mz.* **-en** Türklinke

difdeln tüfteln

Dilldopp *m o.Mz.* Kreisel; **er dräht sich wie en Dilldopp; er danzt wie en Dilldopp** er tanzt ausgezeichnet

dimmeln donnern

Dimmelwedder *s o.Mz.* Gewitter

Dinschdaach *o.Mz.* Dienstag

dinschdes dienstags

dirfen dürfen; *Gw.* **äich derf, dòu derfscht, äär derf, mier dirfen;** *Vg.* **äich dórft, dòu dórftscht, äär dórft, mier dórfden;** *Mögl.* **äich dirft, dòu dirftscht, äär dirft, mier dirfden;** *Mw.* **gedórft**

dißjòhr heuer; **dißjòhr hammer e scheene Summer** heuer haben wir einen schönen Sommer

dit dies; **dit onn dat** dies und das

diwwern arbeiten (hektisch)

dix, dixer oft, öfter

dò da; *s. auch* **dòò**

doch doch

Dochdermann *Mz.* **...männer** Tochtermann, Schwiegersohn

Doddel *m o.Mz.* Trottel, einfältiger Mensch

Dogder *o.Mz.* Doktor, Arzt

Dogderches *in:* **Dogderches schbillen** Doktor spielen *(Kinderspiel)*

dómm dumm; **dòu dómm Hinkel!** *(Schimpfwort)* du dumme Gans!; **der éß so dómm, der bréngt noch kään Naal en de Schnee** der ist so dumm, der kann noch keinen Nagel in den Schnee klopfen; **jeede mòòrje schdétt en Dómmer óff, ó bäi uus derhääm bén äi et** jeden Morgen steht ein Dummer auf, und bei uns zu Hause bin ich es

Dómmbäidel *m Mz.* **-n** Dummkopf

Dómmeldich *in:* **der Dómmeldich hat**

de Hals gebroch, awwer der Langsammlaaufer lääft noch der Eilige hat den Hals gebrochen, aber der Langsame lebt noch

dómmeln, sich sich beeilen

dónkel dunkel

Dónner *o.Mz.* Donner

dónnerjis *in:* **dónnerjis nochemòòl** Donnerwetter nochmal!; **dónnerjiss noch emòòl, jetzt hadder de Waas kabbutt gemach!** Donnerwetter nochmal, jetzt hat er die Vase kaputt gemacht!

Dónnerschdaach *o.Mz.* Donnerstag; **oh Dónnerschdaach!** oh, wie schön!

dónnerschdes donnerstags

dòò da; *s. auch* **dò**

Dood *o.Mz* Tod

Doodelaad *w o.Mz.* Totenbahre

Doodenhémmed *Mz.* **-er** Totenhemd

Dooder, der Doode Toter, der Tote; *s. auch* **Doorer**

Doodewaan *m o.Mz.* Leichenwagen

dòòdraan daran

dòòfòòr dafür

Dòòges *m o.Mz.* Podex, Hintern

Dòòlen *m Mz.* **-** Senkschacht

doordich töricht

Dòòren *m Mz.* Dorn

Doorenhémmedchen *Mz.* **...er** Totenhemdchen (Operationskittel des Patienten; *scherzhaft*)

Doorer, der Doore Toter, der Tote; **dort, wo en Doorer róuht, kann róuhich et Fénschder óffstehn** scherzhafte Bemerkung (nur unter Männern) über einen offenen Hosenschlitz; *s. auch* **Dooder**

doot tot

dòòvón davon

doowen toben

dórf... *s.* **dirfen**

Dórrbach Dörrenbachstraße *(ON)*

Dorref *Mz.* **Därfer** Dorf

dotz *s.* **hitz**

dòu du *(betont); s. auch* **de**

Dóuch *Mz.* **Déicher** Tuch

dòuchen taugen

Dòudéschdel *w Mz.* **-n** Distelart

Dòuf *Mz.* **Dòuwen** Taube

dóun tun; **äich dóun, dòu duscht, äär dutt, mier dóun;** *Mögl.* **äich däät, dòu däätsch, äär däät, mier dääden;** *Bef.* **dóu! dóun!;** *Mw.* **gedòòn; durrert orrer durrert nét?** tut er es oder tut er es nicht?

Dòusch *m o.Mz.* Eile; **äich bén ém Dòusch** ich bin in Eile

dòuschder düster

dòusend tausend

dòuz *s.* **hòuz**

draanhallen, sich sich dranhalten; **hall dich nét draan wie der Matz am Lòuden!** höre endlich auf, so beharrlich zu sein!; **er hällt sich draan wie der Narr am Kääs** er ist sehr beharrlich

drähdich träge, langsam (Mensch)

drähen drehen

Dräht *s.* **Dròht**

dräi drei

dräiezwanzich dreiundzwanzig

dräimòòl dreimal; **dräimòòl gewannert éß so vill wie äämòòl verbrannt** dreimal umgezogen ist so gut wie einmal abgebrannt

dräißich dreißig

Dräißijeramt *o.Mz.* Dreißigeramt (Seelenmesse)

dräizehn dreizehn

drédder *s.* **drétt**

dréggen drücken

dreggisch dreckig; **dreggisch wie e Schwäin** dreckig wie ein Schwein

drêm drum

drêmerêm drumherum

drén drin; drein

drétt dritt, **drédder** dritter

Driesch *m o.Mz.* Wiese; Obstwiese; **äich móss noch óff den Driesch de Äbbel räffen** ich muß noch in die Obstwiese, um die Äpfel aufzulesen

Drieschling *m Mz.* **-en** Champignon

driwwellieren bedrängen; belästigen; **die Kénner lòò, die kénnen ääne mòòl driwwellieren!** diese Kinder sind sehr lästig!

dróff drauf

dróffloßdrääden drauflosmarschieren

Dròht *Mz.* **Dräht** Draht

Drooschel *w Mz.* **-n** Stachelbeeren

Drooschelchen *s Mz.* **...er** pummeliges kleines Mädchen

Drooschelschdock *m Mz.* **...schdäck** Stachelbeerstrauch

Dróss *w Mz.* **-en** Biese; Abnäher; **kómm äich machen der paaer Dróssen ént Klaaed, dann paßt et der besser** komm ich nähe dir ein paar Biesen ins Kleid, dann paßt es dir besser

Dròttlaauf *m o.Mz.* Erkältung, Schnupfen (Th)

Dróufel *w Mz.* **-n** Maurerkelle

dròuschelich üppig (gut) gewachsen (Pflanzen)

dròußen draußen

Druddel *m o.Mz.* Kaffeesatz, schlechter Kaffee

druddelich geronnen (Milch); trübe (Bier)

Drutschelchen *s Mz.* **...er** Mädelchen *(Kosewort)*

Druuschel *w Mz.* **-n** albernes Mädchen *(Schimpfwort)*

Ducksaal *m o.Mz.* Empore (Kirche)

Duddel *w o.Mz.* Kurbel

Duddelkaschden *m Mz.* **-** Instrument (auch Radio) mit Gedudel

duddeln drehen; ein Glas zu viel trinken; **er hat ääne geduddelt** er hat zu tief ins Glas geschaut

Dudderchen *s o.Mz.* quirliges Mädchen; quirlige Frau

duddern emsig arbeiten; **wat hann äich hòut geduddert** ich habe heute wirklich emsig gearbeitet; **dat Fäier hat geduddert** das Feuer hat geknistert

durch durch

durjenanner durcheinander

durr dürr

durrern emsig arbeiten (Th)

durrert *s.* **dóun**

Durscht *o.Mz.* Durst; **Durscht éß schlémmer wie Häämweh** Durst ist schlimmer als Heimweh; **wie gétt et? oh, geh mer loß, en Sack vóll Geld ónn käään Durscht!** wie geht es? ach, hör auf, ich habe die Tasche voll Geld und keinen Durst!

duschuur immer; **äich bén de ganze Mòòrjen Duschuur am Schaffen** ich bin den ganzen Morgen schon am Arbeiten

Dusel *m o.Mz.* Dummkopf *(Schimpfwort)*

dusma ruhig, still, scheu

E

e ein, eine; *s. auch* **en**

é in; *s. auch* **én**

ebbes etwas

eedepeeteede etepetete

eef ehe; *s. auch* **eh**

eegaal egal

Eel *o.Mz.* Öl

eelennich elend

eelich ölig

Eelóng *o.Mz.* Ölung; **de letsch Eelóng** die letzte Ölung

eeninge *in:* **vón eeninge** von allein, aus eigenem Entschluß (Th)

eerschder erster

eerscht erst

Eesel *Mz.* **-n** Esel

Eewen *s.* **Oowen**

eh ehe

Ehmchen *s Mz.* **...er** Oma, ältere Frau

éijen ja

Eldern *o.Einz.* Eltern

êlef elf

êleft elft

ellektrisch elektrisch

ellelang ellenlang; **wat éß dat en ellelanger Minsch!** was ist das ein großer Kerl!

Ellernhólz *s o.Mz.* Erlenholz

elòò hier, da; *s. auch* **lòò**

em dem *(unbetont); s. auch* **dääm**

em einem *(unbetont); s. auch* **ääm**

em ihm*(unbetont); s. auch* **ihm**

ém im

Êmgänger *m o.Mz.* Herumtreiber; **dòu alder Êmgänger, wann géscht dann dòu mòòl hääm?** du Herumtreiber, wann gehst du denn mal nach Hause?

Êmgängersch *w o.Mz.* Herumtreiberin; **dòu alt Êmgängersch! wo de béscht ónn wo de schdéscht, sóll däich doch der Däiwel hollen!** du Herumtreiberin! dich soll doch überall, wo du dich herumtreibst, der Teufel holen!

êmgraawen umgraben

émmer immer

émmes jemand

emòòl einmal; *s. auch* **mòòl**

Éms *s o.Mz.* Festessen; **óff et Éms gehaaescht genn** zum Festmahl geladen werden

emsónscht umsonst; **emsónscht éß der Dood, ónn däär koscht et Lääwen** umsonst ist der Tod, und der kostet das Leben

en ein, eine; *s. auch* **e**

én in; *s. auch* **é**

éndääm gleich, sogleich; **er kémmt éndääm** er kommt gleich

éndämben Sauerteig ansetzen; Hefeteig bereiten

énfähen enfädeln

Énfall *Mz.* **Énfäll** Einfall

Énflazjoon *o.Mz.* Inflation

Énflazjoonsgeld *o.Mz.* Inflationsgeld

eng eng

Engel *Mz.* **-n** Engel

Engelchen *Mz.* **...er** Engelchen; Kommunionskind (Mädchen)

englisch englisch

Énkaaefstasch *Mz.* **-en** Einkaufstasche

Enkel *Mz.* **-n** Enkel

Enkelchen *Mz.* **...er** Enkelchen

Enkelin *Mz.* **-nen** Enkelin

Enkelkénd *Mz.* **...kénner** Enkelkind

énlääen einlegen; tüchtig essen

énmachen einmachen; **et Éngemachde** das Eingemachte (Obst und Gemüse)

Enn *Mz.* **Enner** Ende

énnen unten

énnenaawen unterhalb; **se wohnen énnenaawe vón uus** sie wohnen unterhalb von uns

énner unter

Énnerbóx *w Mz.* **-en** Unterhose

énnerhalf unterhalb; **énnerhalf em Tanneck** unterhalb dem Tanneck

Énnerrock *Mz.* **...räck** Unterrock

énnerscht unterst

énnerschteewerscht durcheinander; **et wòòr alles énnerschteewerscht** es war alles durcheinander; *s. auch* **derénnerscht-oowen**

énnerwääs unterwegs

énnewenzich innen, inwendig

enóff hinauf

énperchen einzäunen

ént ins

entfòòcht eingenickt; **äär eß dääm Häär entfòòcht** er ist eingenickt *(scherzhaft)*

er einer; **óff er Bank** auf einer Bank

er er; *s. auch* **äär**

er ihr *(2. Pers. Mz. unbetont); s. auch* **dier**

er ihr *(3. Pers. Einz. unbetont); s. auch* **ihr**

er ihrer, davon; **gedéllijer Schòòf gehn er vill én ääne Schdall** es gehen viel geduldige Schafe in einen Stall

erbaarmen, sich sich erbarmen

erêm herum

erêmfòòzen herumtrödeln

erén herein; hinein

Erénnerung *Mz.* **-en** Erinnerung

erkläären erklären

erkówwern, sich sich erholen (nach Krankheit)

erkrinn, sich sich erholen *(von einer Krankheit);* **er hat sich nommòòl gutt erkritt** er hat sich wieder gut erholt

erónner herunter; hinunter

eròus heraus; hinaus

eròusschaffen hinausschaffen; entfernen

erschdrämmen ersticken; **äich bén jò ball erschdrämmt** ich wäre ja fast erstickt

ersòufen ersaufen, ertrinken

erwurjen ersticken; **äich bén jò ball erwurcht** ich wäre ja fast erstickt

esóu so; *s. auch* **so, sóu**

éß *s.* **sénn**

essen essen; **äich essen, dòu ischt, äär ißt, mier essen;** *Mw.* **gess; die Läit, die wo bäim Esse schwitzen ó bäim Schaffe kalt hann, dat sénn de Gesóndschden** die Leute, die beim Essen schwitzen und beim Arbeiten frieren, sind die gesündesten; **essen, dier Kénner, e Blénner gääf dòusend Maark, wenn er dat lòò Esse gääng séihn!** eßt, ihr Kinder, ein Blinder gäbe tausend Mark, wenn er dieses Essen sehen könnte!; **geß, gebäät, gepißt ónn dann de Trepp enóff!** eßt, betet, pißt und dann hinauf ins Bett! *(abendlicher Befehl an die Kinder)*

Essich *o.Mz.* Essig

Essichwasser *s o.Mz.* eine Art Limonade an heißen Tagen

et das *(unbetont);* **lòò éß et Bóuch** hier ist das Buch; *s. auch* **dat**

et es *(unbetont);* sie (weibliche Person; *unbetont);* **wat wòòr et so scheen!** was war es so schön!; *s. auch* **ätt, t**

ewäi jetzt; *s. auch* **awwäi(l), wäi**

ewech weg, hinweg

ewechpeffern wegschleudern

Ewwagguierung *o.Mz.* Evakuierung

éwwersch obenauf; oberst

exprää extra, mit Absicht

Exwéller Thalexweiler *(ON)*

F

Faaef *Mz.* **Faaewen** Farbe

faael feil; **dat éß mer nét faael** das gebe ich nicht her

faaelhann feilbieten, verkaufen; **wat hann die scheene Blóume faael!** was haben die schöne Blumen zu verkaufen!

Faaets *w Mz.* **-en** Trompete

faaewich farbig; bunt

Faalscht Falscheid *(ON)*

Faar *s o.Mz.* Farnkraut

Faasebòògen *m o.Mz.* Maskierter an Fastnacht

Faasekéichelchen *s Mz.* **...er** Berliner Pfannkuchen

Faasent *w o.Mz.* Fastnacht

Fäh *w o.Mz.* Nachgeburt (beim Vieh); **dòu alt Fäh!** du Klatschbase!

fähen verlesen, putzen (Linsen, Salat u.a.); **haschde de Lénse gefäht?** hast du die Linsen verlesen?

fähen, sich Nachgeburt abstoßen (Vieh)

fählen fehlen

Fähler *Mz.* **-** Fehler

fahren fahren; **äich fahren, dòu fährscht, er fährt, mier fahren;** *Mw.* **gefahr**

Fahrraad *Mz.* **...rääder** Fahrrad

Fäier *Mz.* **-n** Feier

Fäier *o.Mz.* Feuer

fäierdigroo blitzschnell; **ém Fäierdigroo gehn** in Windeseile gehen

fäierlich feierlich

Fall *Mz.* **Fäll** Fall

fällen *Mw.* **gefall** fallen

Fambeler *m o.Mz.* einer, der sehr unselbständig ist

fambelich unruhig, zapplig

Fammill *w Mz.* **-en** Familie; **er kémmt nòò der Fammill** er ist nicht aus der Art geschlagen

Fammillich *w o.Mz.* Familie

Fäng *o.Einz..* Schläge, Prügel; **de krisch**

däi Fäng! du kriegst Prügel!

Fänkches *in:* **Fänkches schbillen** Fangen spielen

fänken fangen; **äich hann se gefänkt** ich habe Prügel bekommen

Farren *m o.Mz.* Zuchtstier

Fassaan *Mz.* **-en** Fasan

Fatzen *m o.Mz.* **-** großes Stück (Fleisch u.ä.)

Fedder *Mz.* **-n** Feder; **däär kann Feddern én de Lóft blòòsen** dem geht es sehr gut, der hat keine Sorgen, **läicht wie e Fedder** federleicht

feerdich fertig

Feerschdegeld *o.Mz.* Fersengeld; **dääm hann äich Feerschdegeld genn** den habe ich fortgejagt

Feerscht *w o.Mz.* Ferse

Féiderkich *w o.Mz.* Futterküche

féidern füttern

féihlen fühlen

Féiß *s.* **Fóuß**

Féißjen *Mz.* **...er** Füßchen; **hall emò scheen däi Féißche bäim Mòòl!** übertreibe nicht; bleib in deinen Grenzen!; halte Maß!

Feld *Mz.* **-er** Feld

Feldhéihner *o.Einz* Pellkartoffeln in Scheiben auf der Ofenplatte geröstet

Feldhinkel *s Mz.* **-n** Feldhuhn

Fénger *Mz.* **-n** Finger; **die hann émmer de Fénger ém richdijen Loch** die sind sehr gewitzt und geschäftstüchtig

fennef fünf; **se fenneft** zu fünft

fénnen *Mw.* **fónn, gefónn** finden

fennewezwanzich fünfundzwanzig

Fénschder *Mz.* **-n** Fenster

fénschder finster

fer für *(unbetont) s. auch* **fòòr**

Fergel *Mz.* **-n** Ferkel

Fernsehn *o.Mz.* Fernsehen

ferrem kräftig (Mensch); **wat es dat e ferrem Kénd!** was ist das ein kräftiges Kind!

Férschder *Mz.* **-** Förster

Férscht *Mz.* **Férschden** Fürst

Férz *s.* **Fórz**

Féx *s.* **Fóx**

Féxfäier *s o.Mz.* Streichholz

Fiddibus *Mz.* **-sen** Fidibus

fieen, sich sich fügen

Figguur *Mz.* **-en** Figur

fillen füllen

Filljen *s Mz.* **...er** Füllen

finnatzelich übellaunig, trotzig,weinerlich; **lóu der nuur dääne finnatzelije Bóu lòò aan!** schau dir nur diesen trotzigen Bub an!

Finschder *Mz.* **-n** Fenster (Th)

finschder finster (Th)

finzen jämmerlich weinen

Firsich *Mz.* **-en** Pfirsich

Firsichaaerschelchen *s o.Mz.* zarter Popo

fiseln nieseln

Fisem *m o.Mz.* Fluse

Fisemchen *s Mz.* **...er** Fluse *(Verkleinerung)*

Fissääl *s o.Mz.* Schnur, dünnes Seil

Fissemaddende *o.Einz.* Fisimatenten

fissidiere durchsuchen (Th)

Fitzelchen *s Mz.* **...er** kleines Stück (Fleisch u.ä.)

Flaaden *m o.Mz.* Fladen; Obstkuchen; Tolpatsch; Spaßvogel; **der alt Flaaden elòò, wie der sich nommò draanschdellt!** dieser alte Esel, wie der sich wieder benimmt!

Flaaesch *s o.Mz.* Fleisch; **Flaaesch plaggich, kalt naggich, Fórz dómmel dich, er hat dich** Fleisch bloß, kalt nackt, Furz, beeile dich, er hat dich

Flaaeschdaach *in:* **all Flaaeschdaach kómmen** jeden Sonntag kommen

Flaaeschkéichelchen *s Mz.* **...er** Frikadellen

flaaesen übertreiben, angeben

flaarich ungehobelt (Mensch)

flaasen sich freuen; strahlen; **et flaast iwwert ganz Gesicht** sie strahlt übers ganze Gesicht

Flabbes *m Mz.* **-en** Flaps, Flegel

flabbich flapsig

fladdern einen Fladen fallen lassen (Kuh)

fläddiere gut zureden

Fläggerchen *s Mz.* **...er** Feuerchen, Flämmchen

Flamm *Mz.* **-en** Flamme

Flammetsch *m o.Mz.* dünner Fladen (aus Brotteig)

fländiere gut zureden (Th)

Flänsch *w o.Mz.* mürrisches Gesicht; **mach kää soon Flänsch!** mach nicht so ein mürrisches Gesicht!; **er lißt de Flänsch hänken** er macht ein mürrisches Gesicht

Flatsch *w o.Mz.* Tolpatsch; **dòu alt Flatsch!** du Tolpatsch!

flätschern zwinkern; **wie flätschert dat jò mét de Aauen!** wie zwinkert sie mit den Augen!

Flatschnéggel *m o.Mz.* Tolpatsch; Tölpel

flechden flechten

fléck *in:* **fléck aangedòòn sénn** leicht bekleidet sein

Fléckschdéck *Mz.* **...schdégger** Flicken (auf Kleidung u.ä.)

fléggerich leicht bekleidet; **wie éß dat bäi dääm schlechde Wedder so fléggerich aangezòò!** wie ist sie bei diesem schlechten Wetter so leicht bekleidet!

Fleh *s.* **Floh**

fléien *Mw.* **geflòò** fliegen

fléihen *Mw.* **geflòh** fliehen

Flemm *w o.Mz.* depressive Gemüts-verfassung

flénk flink; **flénk wie en Haas** flink wie ein Wiesel

Flitsch *w Mz.* **-en** Flügel; **de Flitschen hänke losen** niedergeschlagen sein

Flitschebòòen *Mz.* **-** Flitzebogen

Flitt *s o.Mz.* Flûte (französisches Weißbrot)

Floh *Mz.* **Fleh** Floh; **émmes de Fleh fänken** jemanden ausfragen; **däär heert jò de Fleh én der Lóft nießen** der hört die Flöhe in der Luft niesen (er hat eine lebhafte Fantasie); **de heerscht de Fleh nießen ónnt Graas waaßen** du hörst die Flöhe niesen und das Gras wachsen

flòu flau

Flòus(er) *w o.Mz.* Sense zum Mähen des Getreides

flòusen mähen (Getreide mit der Sense)

flubben rauchen (Tabak)

fludderich pluderig

Flumm *w o.Mz.* dickes Mädchen; dicke Frau

Flutsch *w o.Mz.* dicke Frau (Th)

fobben foppen

Fócht *w o.Mz.* Freiheit; **wie säi Módder doot wòòr, hoddet fräi Fócht** als ihre Mutter tot war, hatte sie völlige Freiheit

fóffzehn fünfzehn

fóffzich fünfzig

fónn *s.* **fénnen**

fòòr für *(betont); s. auch* **fer**

fòòschen heften (Stoff beim Nähen)

Fòòschgaar *s o.Mz.* Reihgarn

Fòòweler *m Mz.* **-** einer, der dummes Zeug redet

Fòòwelersch *w o.Mz.* eine, die dummes Zeug redet

fòòweln dummes Zeug reden; phantasieren

fòòzen dummes Zeug reden

Fòòzer *m o.Mz.* einer, der dummes Zeug redet

Fòòzersch *w o.Mz.* eine, die dummes Zeug redet

Formkòuchen *m Mz.* **-** Napfkuchen

fórt fort

Fórz *Mz.* **Férz** Furz; **er rennt lòòrêm wie e Fórz én der Lander** er rennt aufgeregt hin und her; **alle Fórz lang** andauernd, häufig

fóudeln pfuschen; täuschen, mogeln

Fóuder *o. Mz.* Futter

Fóuderkolleraaf *w o.Mz.* Futterrübe

fóudernäidisch futterneidisch

Fóuderräif *m o.Mz.* Futterraufe

fòul faul

fóurernäidisch futterneidisch

Fòuscht *Mz.* **Fòuschden** Faust; **dat lòò éß nuur e Fòuscht héiher wie e Wutz** sie ist sehr klein

Fóuß *Mz.* **Féiß** Fuß

Fóußball *o.Mz.* Fußball

Fóx *Mz.* **Féx** Fuchs; **dat éß nét Fóx ónn éß nét Haas** sie hat keine eigne Meinung

frää(sch)t *s.* **fròòen**

Fraacd *w o.Mz.* Frcudc; **dääm äänc säi Laaed éß dääm annern säi Fraaed** des einen Leid ist des anderen Freude

fraaeselich übertrieben, geschmacklos (Kleidung)

Frääiläit *o.Einz.* Frauen

frääiläitsdoordich schürzenjägerhaft; **däär éß esóu frääiläitsdoordich, wenn der Zuuch e Schérz aanhätt, gäängt däär ach noch dääm nòòlaaufen** das ist ein arger Schürzenjäger; wenn der Zug eine Schürze trüge, würde er auch ihm noch nachlaufen

Frääiläitssäit *w o.Mz.* Frauenseite (in der Kirche); **äich gehn én der Kérrech am léifschden óff de Frääiläitssäit** ich gehe in der Kirche am liebsten auf die Frauenseite

Fraau *Mz.* **-en** Frau

Fraauwéschdaach *m o.Mz.* Maria Himmelfahrt

Fräidaach *o.Mz.* Freitag

fräides freitags

fräien Mw. **gefrie** freien; Gefallen haben; **äär frält am Greetchen** er freit um Gretchen; **aan dääm Klaaed dó fräien äich schón lang draan** das Kleid gefällt mir schon lange, ich möchte es mir kaufen

Fräier *Mz.* **-** Freier

Fränd *m Mz.* **-en** Freund

Fräindin *w Mz.* **-nen** Freundin

Fräindschaft *w o.Mz.* angeheiratete Verwandtschaft

franselich fransig

franzeesisch französisch

Franzoos *Mz.* **-en** Franzose

Fräsch *s.* **Frosch**

fratzich frech; grell bunt (Kleidung u.ä.)

Freck *w o.Mz.* Erkältung

freem fremd; **e Freemer** einer, der nicht aus dem Ort stammt ("solang die Sonne scheint auf Erden, kann nie ein Freemer ein Lebacher werden")

fréggeln tüfteln

freggen verrecken

Freggert *m Mz.* **...rden** Lausbubc

fréih früh

fréiher früher

Fréihjòhr *o.Mz.* Frühjahr

fressen fressen; **äich fressen, dòu frischt, äär frißt, mier fressen;** *Mw.* **gefreß**

frieren *Mw.* **gefròòr** frieren

Frippchen *s Mz.* **...er** leichtes Mädchen

frischt *s.* **fressen**

frißt *s.* **fressen**

Fròò *Mz.* **-en** Frage

fròòen fragen; *Gw.* **äich fròòen, dòu frääsch, äär fräät, mier fròòen**

Frosch *Mz.* **Fräsch** Frosch

Frucht *w o.Mz.* Frucht, Getreide; **d e Frucht schdétt dissjòhr gutt** das Getreide wächst dieses Jahr gut

Fubbes *m o.Mz.* Blödsinn; schlechter Schnaps (Th)

fuddeln mogeln

Fuhr *w Mz.* **-en** Furche; Fuhre; **e Fuhr braaeder fahren** eine Furche mehr umpflügen; **kómm, mer fahren noch e Fuhr Grómbern!** laß uns noch eine Fuhre Kartoffeln fahren!; **mét dääm lòòen éß kää richt Fuhr se fahren** mit dem da kann man nicht auskommen; **däär gétt é kääner Fuhr** der hält sich an keine Ordnung

fuhrwergen ohne System arbeiten

Fullaar *m Mz.* **-n** dünner Schaal

Fullaarchen *s Mz.* **...er** dünner Schal *(Verkleinerung)*

110

Funsel *w Mz.* **-n** Funsel

fuschen heimlich abschreiben (Schule); **wäär fuscht, kritt e Sex** wer abschreibt, bekommt eine Sechs

Fuschzeddel *m Mz.* **-n** Spickzettel

fuseln nieseln

Futsch *w o.Mz.* Zentrifuge; *s. auch* **Fuu**

futscheln betrügen (Kartenspiel) (Th)

futschen zentrifugieren (Milch)

Fuu *w Mz.* **-n** Zentrifuge; *s. auch* **Futsch**

fuuen zentrifugieren

G

Gaaeschel *w Mz.* **-n** Peitsche

Gaaeschelréimen *m o.Mz.* Peitschenschnur

Gaaeschelwitschen *o.Einz.* Peitschenhiebe

gääf... *s.* **genn**

Gaagelchen *s Mz.* **...er** Ei *(Kindersprache)*

gääl gelb

Gäälmännje *s Mz.* **...er** Grünfink

gääng... *s.* **gehn**

Gaar *o.Mz.* Garn

gäär gern

Gaardedierchen *Mz.* **...er** Gartentürchen

Gaardegrääbchen *s Mz.* **...er** Gartenhäckchen; **kratz wie e Gaardegrääbchen** lebhaft und munter

Gaardekrott *w o.Mz.* kleines Mädchen *(scherzhaft)*

Gaarden *Mz.* **Gäärden** Garten

Gäärscht *o. Mz.* Gerste; **dääm hann äich de Gäärscht geschniet** dem habe ich die Meinung gesagt

gaauen mit den Augen betteln

gaaupsen gähnen

Gääwel *o.Mz.* Giebelwand (Seitenwand des Hauses); **hanner jetz de Gääwel beschdoch?** habt ihr jetzt (auch) die Seitenwand eures Hauses verputzt?

gaffelich flatterhaft, affig

Gaggelche *s Mz.* **-r** Ei *(Kindersprache)* (Th)

gäh steil, jäh

Gäi *Mz.* **-en** Geige

gäien geigen; **nét nuur gäien, et móß ach geféngert genn** nicht nur geigen, es muß auch gearbeitet werden

gäipsen nach Luft schnappen

Gaiß *w Mz.* **-en** Ziege; **mer kann de Gaiß nuur schdräichen, wenn se Méllech gifft** man kann die Ziege nur melken, wenn sie Milch gibt; **mer kann de Gaiß an de Bach zwéngen, mer kann se awwer nét zwéngen, ze sòufen** man kann die Ziege zwingen, an den Bach zu gehen, aber man kann sie nicht zwingen, zu saufen; **däär lòò, däär schwätzt e Gaiß bóggich** der kann sehr überzeugend reden; **er kann de Gaiß zwéschen de Horre késsen** er kann die Ziege zwischen die Hörner küssen (er hat ein sehr schmales Gesicht)

Gäiz *o.Mz.* Geiz

Galjenhólz *o.Mz.* Galgenholz

Galjer *o.Einz.* Hosenträger

Gallopschdään *m Mz.* **-** Hohlblockstein

gammer gesund, kräftig

Gang *Mz.* **Gäng** Gang; Flur; **so gehn de Gäng én anner Läits Hòusgäng** so gehen die Gänge in anderer Leute Hausgänge *(Wortspiel)*

gang *s.* **gehn**

gangbäänich gelenkig, nicht steifbeinig; **äich móß jeeden Daach ròusgehn, dermét äich gangbäänich bläiwen** ich muß jeden Tag spazierengehen, damit ich nicht steifbeinig werde

Gans *Mz.* **Gäns** Gans

Gänsenaai *Mz.* **-er** Gänseei

Gansert *m Mz.* **...den** Gänserich

Gänsjen *Mz.* **...er** Gänschen

ganz ganz

Garnidduur *Mz.* **-en** Garnitur

Gaß *Mz.* **Gassen** Gasse; **de Kénner**

schbillen óff der Gaß die Kinder spielen auf der Straße

Gawwel *Mz.* **-n** Gabel

gawweln gabeln (aufladen von Heu)

Gebääns *s o.Mz.* Beine

Gebäät *s o.Mz.* Gebet; Beterei

Gebäck *o.Mz.* Gebäck

Gebéck *s o.Mz.* Kiefer (Schädelknochen) (Th)

Gebéß *Mz.* **Gebésser** Gebiß

gebéß *s.* **bäißen**

gebllden gemustert; **e gebllden Handdóuch** ein gemustertes leinenes Handtuch

gebónn *s.* **bénnen**

gebrannt *s.* **brennen**

gebroch *s.* **brechen**

gebròuchen gebrauchen; **de béscht fòòr alles se hann ó fòòr näisch se gebròuchen** du bist für alles zu begeistern, aber für nichts zu gebrauchen

gedaat *s.* **denken**

Gedanke *Mz.* **-n** Gedanke; **die gutt Gedanken ónn die lahm Gaißen, die kómmen émmer hénnenòò** die guten Gedanken und die lahmen Ziegen kommen immer hinterher

gedda? gelt?, nicht wahr?

Gedéich *s o.Mz.* Tücher, Weißzeug; **dat hat vill Gedéich** sie hat eine schöne Aussteuer

gedéllen, sich sich gedulden; *s. auch* **gedóllen, sich**

gedéllich geduldig

Gedéngs *s o.Mz.* Getue; Freundschaft (Th); **wat hann die e Gedéngs meddenanner!** was haben die für eine gute Freundschaft!

gedicht dicht, nahe; **de wòòrscht gedicht derbäi** du warst nahe dran

Gedóld *o.Mz.* Geduld

gedòllen, sich sich gedulden; *s. auch* **gedéllen, sich**

gedòòn *s.* **dóun**

gedórft *s.* **dirfen**

gedòucht gebückt; niedergeschlagen

gee'en gegen

Geeren *m o.Mz.* Schoß; **kómm óff mäi Geeren, äich hòuwelen dich e béßjen!** komm auf meinen Schoß, ich knuddele dich ein bißchen!

Gefaaesch *in:* **mét émmes e Gefaaesch hann** mit jemandem sehr eng befreundet sein

Gefaarersch beiderseitige Schwiegereltern der Kinder

gefahr *s.* **fahren**

gefällen gefallen; **mer mǒß sich vill gefällen losen, wemmer scheen éß** man muß sich viel gefallen lassen, wenn man schön ist (Schönheit muß Not leiden)

geflòh *s.* **fléihen**

geflòò *s.* **fléien**

gefónn *s.* **fénnen**

gefreß *s.* **fressen**

gefrie *s.* **fräien**

gefròòr *s.* **frieren**

Géft *o.Mz.* Gift

Géftnuddel *o.Mz.* Giftnudel

Géftschésser *m o.Mz.* Giftzwerg

geggich närrisch

geh! *s.* **gehn**

Gehaaeks *s o.Mz.* Hinterland eines Ortes; **däär kémmt òusem Gehaaeks** er kommt von außerhalb unseres Orte *(abwertend)*

gehaat *s.* **hann**

gehaau *s.* **haauen**

Gehäiraaden *o.Einz.* Gericht aus Kartoffeln und Mehlklößchen

Gehäischnis *s o.Mz.* Zuwendung, Gemütlichkeit

gehäit *in:* **gehäit ónn geplòòt sénn** gequält und geplagt sein

gehall *s.* **hallen**

Gehannstròuwen *o.Einz.* Johannisbeeren

Gehichder *m o.Einz.* Krampf (wenn Kinder zahnen)

gehn gehen; *Gw.* **äich gehn, de géscht, er gétt, mer gehn;** *Mögl.* **äich gäängt, de gäängscht, er gäängt,**

mer gäängden; *Bef.* geh!, gehn!; *Mw.* gang

gehnlosen gehenlassen; **los en gehn, et éß e Freemer!** laß ihn in Ruhe, es ist ein Fremder! *(scherzhaft)*

geh<u>ó</u>lf *s.* **helfen**

geh<u>o</u>ll *s.* **hollen**

geh<u>oo</u>f *s.* **heewen**

geh<u>oo</u>rt *s.* **heeren**

geh<u>ó</u>ut *s.* **héiden**

geh<u>ò</u>uzt *in:* **gehòuzt ó geschbòuzt** sehr ähnlich; **dat Kénd éß säi Pabbe gehòuzt ó geschbòuzt** das Kind ist seinem Vater wie aus dem Gesicht geschnitten

Gekr<u>a</u>ngel *s o.Mz.* Nörgelei

gekr<u>é</u>sch *s.* **kräischen**

Gel<u>ää</u> *s o.Mz.* Gelege (bei eierlegenden Vögeln)

gel<u>ää</u> *s.* **läien**

Gel<u>ää</u>sch *s o.Mz.* Anwesen; **dat lòò éß alles mäiner aaeletzisch Dochder ihr Gelääsch** dies alles ist das Anwesen meiner einzigen Tochter

gel<u>aa</u>t *s.* **lääen**

gel<u>aa</u>uf *s.* **laaufen**

Geld *o.Mz.* Geld; **et Geld läit óff der Schdròòß, mer bròuch sich nuur se béggen** das Geld liegt auf der Straße, man braucht sich nur zu bücken; **derhääm hat mer kä Geld ó én der Wértschaft bräicht mert** zu Hause hat man kein Geld und im Gasthaus könnte man es brauchen

Gel<u>e</u>cks *s o.Mz.* Leckerei

gel<u>e</u>ddert geschlaucht, müde

Gel<u>é</u>mps *s o.Mz.* Gelumpe

Gel<u>é</u>ng(s) *s o.Mz.* Gelünge (Lunge, Herz, Leber)

gel<u>e</u>rrert geschlaucht, müde (Th)

Gel<u>é</u>schde *o.Einz.* Gelüste

gel<u>é</u>schderich eßlüstern (auf etwas Besonderes)

Gel<u>é</u>schderichkaaeden *o.Einz.* Leckereien

gel<u>é</u>schdich eßlüstern (auf etwas Gutes)

Geljen *s Mz.* ...er Medaillon

gell? gelt?, nicht wahr?

geller? gelt?; nicht wahr?

geloß *s.* **losen**

Gelschder *m o.Mz.* raffgieriger Mensch

gelschdrich sehr sparsam

Gelschdrichkaaet *w o.Mz.* äußerste Sparsamkeit

Gelz *w Mz.* -e scharfes Messer

gelzen gelzen, verschneiden (Ferkel)

Gelzer *m o.Mz.* Mann, der die Ferkel verschneidet

gem<u>aa</u>ch langsam, gemächlich

Gem<u>ää</u>ch *s o.Mz.* Gemächte

Gem<u>ää</u>n *w o.Mz.* Gemeinde

gem<u>ää</u>nerhand meistens, gewöhnlich

gemach *s.* **machen**

gemahnen gemahnen, erinnern, vorkommen; **de gemahnscht mäich sóu an däi Mammen** du erinnerst mich sehr an deine Mutter; **wie gemahnscht de mäich?** wie kommst du mir vor? *(tadelnd)*

gem<u>ä</u>llich langsam, bedächtig

gem<u>a</u>nnt *s.* **mennen**

Gem<u>é</u>is *o.Mz.* Gemüse

Gem<u>é</u>it *o.Mz.* Gemüt; **et éß mer ant Geméit gang** das ist mir sehr nahe gegangen

gem<u>é</u>itlich gemütlich

Gem<u>e</u>lder *s o.Mz.* Plunder; alter Kram; **näischt wie alt Gemelder** nur nutzloser Plunder

Gem<u>é</u>mmel *s o.Mz.* Gerücht

gem<u>é</u>tscht *in:* **gemétscht sénn** übellaunig sein

Gem<u>ò</u>òrjen! guten Morgen

gem<u>ó</u>scht *s.* **misen**

Géms *in:* **de Géms fällt ääm ab** man ist sehr eßlüstern; **de Géms óff ebbes (Guddes) hann** Lust auf etwas (Gutes) zu essen haben

gen<u>aa</u>elt genagelt; **genaaelde Schóuh** genagelte Schuhe

Gen<u>aa</u>t gute Nacht; **Genaat, Greet, óff der Fénschderbank läit et Geld!** gute Nacht, Grete, auf der Fensterbank liegt das Geld!

genannt *s.* **nennen**

genn geben; werden; *Gw.* **äich genn, dòu giffscht, äär gifft, mier genn;** *Mögl.* **äich gääft, dòu gääfscht, äär gääft, mier gääfden;** *Bef.* **giff!, genn!;** *Mw.* **genn; äich genn der Broot** ich gebe dir Brot; **de giffscht Lehrer** du wirst Lehrer; **er gifft vón der Mamme gehäämelt** er wird von der Mutter liebkost

gepéff *s.* **päifen**

gerannt *s.* **rennen**

geraschd noch rüstig im Alter

Gereeschelden *o.Einz.* Bratkartoffeln (aus Pellkartoffeln)

Gerémbel *o.Mz.* Gerümpel

Geréngelden *o.Einz.* eine Art Pellkartoffeln

geréß *s.* **räißen**

gerief *s.* **räiwen**

gerieh *s.* **réihen**

geriet *s.* **räiden**

geróch *s.* **réichen**

geróuf *s.* **róufen**

gerwen gerben; erbrechen; **er hat gutt gegerbt** er hat heftig erbrochen

geschbónn *s.* **schbénnen**

geschbróng *s.* **schbréngen**

geschdallt *s.* **schdellen**

geschdann *s.* **schdehn**

Géschdehénnermich *m o.Mz.* Gehrock

géschderich gierig

geschdoch *s.* **schdechen**

geschdòhl *s.* **schdählen**

geschdónk *s.* **schdénken**

geschdorf *s.* **schderwen**

geschdréch *s.* **schdräichen**

Geschdréiz *s o.Mz.* Stroh (verstreutes)

Geschérr *o.Mz.* Geschirr

geschéß *s.* **schäißen**

geschétt geschieht (Th)

geschien *s.* **schäinen**

geschlòòf *s.* **schlòòfen**

Geschmaaes *s o.Mz.* Geschmeiß, Ungeziefer

Geschmack *Mz.* **...mägger** Geschmack; de Geschmägger sénn verschéiden; **däär ään ißt gäär Gómmern, der anner gétt gäär én de Hohmes** die Geschmäcker sind verschieden; der eine ißt gern Gurken, der andere geht gern ins Hochamt

geschmäcklich geziert, vornehm tuend

geschméß *s.* **schmäißen**

geschniet *s.* **schnéiden**

geschónn *s.* **schénnen**

geschóß *s.* **schießen**

geschótt *s.* **schédden**

geschrief *s.* **schräiwen**

géscht *s.* **gehn**

Geschwier *Mz.* **-er** Geschwür

Geschwischder *w o.Mz.* Geschwister; **mäi Módder säi Geschwischder Fergel** entfernte Verwandte (*scherzhaft*)

Geschwischderkénd *s Mz.* **...kénner** *o.Einz.* Kind der Schwester oder des Bruders (Nichte, Neffe)

geschwóll *s.* **schwéllen**

geschwómm *s.* **schwémmen**

geséckscht *in:* **mäiner geséckscht!** du liebe Zeit!

Geséff *o.Mz.* Gesöff

geséihn *s.* **séihn**

Geselljes *in:* **ään Geselljes** ein- und dasselbe

Gesicht *Mz.* **Gesichder** Gesicht

gesinn sehen; **äich gesinn, de gesicht, er gesitt, mer gesinn;** *Mw.* **gesinn;** *s. auch* **séihn**

Gesocks *o.Mz.* Gesocks, Gesindel, Pöbel

geséff *s.* **sòufen**

gesóllt *s.* **sóllen**

gesónd gesund; **léiwer gesónd ónn räich als wie aarem ónn krank** lieber gesund und reich als arm und krank

gesóng *s.* **séngen**

geß *s.* **essen**

getraa *s.* **traa'en**

getrief *s.* **träiwen**

getrónk *s.* **trénken**

gétt *s.* **gehn**

getubbt bekloppt; unvernünftig

getubbt getupft

Gewääschder *s o.Mz.* allerhand Gerümpel, Hausrat

gewaaß *s.* **waaßen**

Gewalt *o.Mz.* Gewalt; **mét Gewalt heeft mer e Gaiß erêm** mit Gewalt läßt sich alles bewerkstelligen

Gewäx *s o.Mz.* Gewächs

geween *s.* **sénn**

gewénnen *Mw.* **gewónn**

gewies *s.* **wäisen**

gewónk *s.* **wénken**

gewòò *s.* **wéien**

geworf *s.* **werfen**

gewóscht *s.* **wéssen**

Gewwel *m o.Mz.* Tabak minderer Qualität (selbst gepflanzt und am Giebel getrocknet)

Gewwel *o. Mz.* Giebel; Kopf *(scherzhaft)*; **äich haauen der an de Gewwel** ich haue dir eine runter

gezòò *s.* **zéihen**

Gezòòres *s o.Mz.* Zores

gezwóng *s.* **zwéngen**

gibbergääwich sehr freigebig

giff... *s.* **genn**

Giggel *m o.Mz.* Hochmut

Ginselberch Ginselberg*(ON)*

girksen knarren (Tür u.ä.); **Lies, Lies der Schdobbe girkst!** Liese, Liese, der Korken quietscht! *(Sprechgesang fröhlicher Zecher, wenn eine Flasche geöffnet wird)*

gischder gestern

glaaewen glauben

Glaas *Mz.* **Glääser** Glas; **wat éß heller wie Glaas? – der Trobben ónner der Mammen ihrer Naas** was ist heller als Glas? – der Tropfen unter Mutters Nase

gladdich glatt; **gladdich wie en Aal** aalglatt

Glatz *w Mz.* **-en** Glatze; **Glatz mét Vòòrgaarden** Bubenhaarschnitt, wobei auf dem kahlgeschorenen Kopf nur ein Büschel Haare über der Stirn stehen blieb *(scherzhaft)*

Gléck *o.Mz.* Glück

glécklich glücklich

gléggen glücken

Glidd *Mz.* **Glidder** Glied

Glidderräißen *s o.Mz.* Rheumatismus

gliedich glühend

glitschich glitschig, rutschig

Glock *Mz.* **Gloggen** Glocke

Gloggenhäisjen *s o.Mz.* Portikus in der Kirche unterm Glockenturm

Gluck *Mz.* **Gluggen** Glucke; **de lóuscht wie e Gluck, wenn et dimmelt** du machst ein Gesicht wie eine Glucke, wenn es donnert

Glunsch *w Mz.* **-en** Schaukel

glunschen auf dem Stuhl hin- und herwippen; **óff de Kicheschdéihl kénnen der mäintwee'e glunschen, awwer óff de Schdéihl én der Schduff gifft nét geglunscht** auf den Küchenstühlen könnt ihr meinetwegen wippen, aber auf den Stühlen im Zimmer wird nicht gewippt

Gluusen *w o.Einz.* glühende Kohlen; Glut

gluusen glühen; fiebrig sein

Góld *o.Mz.* Gold

Góldfassaan *Mz.* **-en** Goldfasan; politischer Leiter der NSDAP

Góldschdéck *o.Mz.* Goldstück *(auch Kosename)*

Góldschdròòß Mottenerstraße *(ON)*

gómben schlummern, dösen

Gómmer *w Mz.* **-n** Gurke; wuchtige Nase *(scherzhaft)*

Gónn *w o.Mz.* Gunst, Gefallen; **dääm dóun äich doch de Gónn nét aan ónn fròòn nommò** dem tue ich doch nicht den Gefallen, nochmals zu fragen

Gòòd *w Mz.* **-en** Patin

Gòògert *m Mz.* **...rden** Hahn; Tannenzapfen

Gorres *s.* **Gott**

Gosch *Mz.* **-en** Gosche, Mund, Maul

Gott *o.Mz.* Gott; **òuf zu Gott, bäim Däiwel éß kään Trooscht** auf zu Gott, beim Teufel ist kein Trost!; **laaeder Gotts** leider Gottes; **die lose Gorres Wasser iwwer Gorres Land laaufen** die lassen Gottes Wasser über Gottes Land laufen; **se kenne kää Gott ó kää Gebott** sie kennen keinen Gott und kein Gebot

graad gerade

graadselaaeds zum Trotz, trotzdem

Graaed *w o.Mz.* Hohlweg

Graaesjen *Mz.* ...er Gräschen

Graaewen *s.* **Graawen**

Graaf *Mz.* -en Graf

Graaf *Mz.* **Graaewer** Grab

Graas *Mz.* **Graaeser** Gras

Graätsch *w Mz.* -en großer Schritt

graätschen einen großen Schritt über etwas hinwegmachen

Graawen *Mz.* **Graaewen** Graben

graawen graben

graäzich verdorben, ranzig (Butter u.ä.);

graäilich schrecklich; sehr; **et wòòr graäilich scheen** es war sehr schön; **se kónnde graäilich scheen mòòlen** sie konnten sehr schön malen

Grammetscheleräi *w o.Mz.* Nörgelei

grammetscheln nörgeln

Gréckelmòus *o.Mz.* Grille

Grees *w Mz.* -en Großmutter (Gresaubach)

greescht *s.* **grooß**

greeßer *s.* **grooß**

Gréffelschaaed *w Mz.* -en Griffelkasten

Gréif *w Mz.* **Gréiwen** Griebe (Schmalz)

Gréifjen *s Mz.* - ungepflegtes Mädchen

gréin grün

Gréiweschnéß *w o.Mz.* Ausschlag am Mund

Grénd *w o.Mz.* Grind; Hautausschlag; **do kénnschde de Grénd kréin** da könnte man sich schwarz ärgern; **de béscht läschdich wie de Grénd ó verdräht wie Galjenhólz** du bist so lästig wie Grind und so verdreht wie Galgenholz

Gréndkopp *Mz.* ...käpp Grindkopf *(auch Schimpfname)*

Gréndschérwel *w Mz.* -n von der Natur benachteiligtes Mädchen

grénsich klein, verkümmert, schwach; frech

Grießbräi *o.Mz.* Grießbrei

Griseln *in:* **de Griseln gehn mer òus** es schaudert mich

Grómber *w Mz.* -n Kartoffel; **de Grómbern lòò haschde awwer schlecht gescheelt, dòò sénn jò noch de Aauen drén – oh wat, däänen sénn se eerscht ém Débben òffgang** diese Kartoffeln hast du aber schlecht geschält, da sind ja noch die Augen drin – ach was, denen sind sie erst im Topf aufgegangen

Grómberkäwwert *m Mz.* ...rden Kartoffelkäfer

Grómberkéichelchen *s Mz.* ...er Reibekuchen

Grómberkròut(fäier) *s o.Mz.* Kartoffelkraut(feuer)

Grómberrapp *w o.Mz.* Kartoffelreibe

Grómberschdeeßer *m o.Mz.* Kartoffelstampfer

Grómberscheeler *m o.Mz.* Kartoffelschäler

Grómbersópp *w o.Mz.* Kartoffelsuppe

Grómberwaffeln *o.Einz.* Kartoffelwaffeln

Grómbier *w Mz.* -e Kartoffel (Th)

grómmeln grummeln, murren

Grómmet *m o.Mz.* Grummet (zweiter Grasschnitt)

Grónselchen *s Mz.* ...er nicht besonders schönes Mädchen

Gròòben *w Mz.* - vierzinkige Hacke

gròòbich unwohl, übel

Grooß *w o.Mz.* Großmutter

grooß, greeßer, greescht groß

Grooßmódder *Mz.* -n Großmutter

Grooßpabben *m Mz.* - Großvater

Grooßschool *w o.Mz.* Volksschule (Grund- und Hauptschule)

gròòzen nach Schimmel riechen; **é m Keller gròòzt et** im Keller riecht es nach Schimmel

gròulen, sich sich fürchten

Gruuf *Mz.* **Gruuwen** Grube
Guggeln *o.Einz.* Guckerchen, Äugelchen; **wat hat ätt schee blòò Guggeln!** was hat es (das Kind) schöne blaue Äugelchen!
Gugguck *o.Mz.* Kuckuck
Gurratz *m o.Mz.* gieriger Mensch (Th)
gutt, besser, bescht gut
Gutzjen *s Mz.* **...er** Bonbon; Weihnachtsgebäck; **kómm mò lòò häär, de krischt e Gutzjen!** komm mal her, du bekommst ein Bonbon!
Guur *w o.Mz.* Gier (beim Essen)
guurich gierig (beim Essen)

H

Hääbchen *s Mz.* **...er** Töpfchen; Nachttopf
hääbern unsicher gehen
Haaed *m Mz.* **-en** Heide; Zigeuner
Haaed *s Mz.* **-er** Kopf (Kohl)
Haaed *w o.Mz.* Heide(kraut)
Haaedebaaewel(chen) *s o.Mz.* 'Heidenbärbel(chen)' *(scherzhaft);* **kómm, dòu Haaedebaaewelchen, äich flechden der mò nommò de Biezen** komm, du Heidenbärbelchen, ich flechte dir nochmal die Zöpfe
Haaedebóu *Mz.* **-wen** Zigeunerjunge; **Pittche, mach de Laade zóu, lòò hénne kémmt en Haaedebóu!** Peterchen, mach den Laden zu, dort hinten kommt ein Zigeunerjunge!
Haaedekénd *s Mz.* **...kénner** ungetauftes Kind; **de krischt en Haaedekénd kaaef** du darfst die Patenschaft für ein Heidenkind übernehmen (für einen einmaligen Betrag von 21.- DM an die Mission)
haael heil, gesund
haaelen heilen
haaelich heilig
Haaelichbäätsch *w Mz.* **-en** Betschwester *(abwertend)*
Haaelijer, der Haaelije *Mz.* **-n** Heiliger

Haaescheläit *o.Einz.* Bettler; Tagelöhner
haaeschen 1. heißen, beauftragen; 2. betteln; 3. einladen; **óff e Fescht haaeschen** zu einem Fest einladen
Haaescherläit *o.Einz..* in den Augen der Bauern alle diejenigen, die kein Land und keinen Misthaufen besaßen *(abwertend)*
Haaesel *m Mz.* **-n** Haselnußstrauch
Haaesjen *Mz.* **...er** Häschen; **gifft Gott en Haaesjen, gifft er aach e Graaesjen** schenkt Gott ein Kindchen, sorgt er auch für Nahrung
häägeln häkeln
Haalegger *m o.Mz.* Habicht; **däich sóll doch der Haalegger hollen!** dich soll doch der Teufel holen!
Hääloch *s Mz.* **...lächer** Versteck im Haus, wo vor Diebsgesindel und feindlicher Soldateska die Wertsachen verwahrt wurden
hääm heim
häämeln streicheln, liebkosen
häämlich geborgen, gemütlich
Häämraaes *o.Mz.* Heimreise
Häär *m Mz.* **-en** Pastor; Herr; **an de Häären ónn am Werrer kann mer näischt machen** gegen die Herren und gegen das Wetter ist man machtlos
häär her
haar! har! (ruf an Pferde: links!)
Häärd *m o.Mz.* Herd
Häärd *w Mz.* **-en** Herde; **en Häärd Läit ónn e Laschder Minschen** eine Menge Leute und eine Menschenherde; **mäi Grooß hott en Häärd Kénner** meine Großmutter hatte viele Kinder; **er sitt nét ónn heert nét ónn gétt kääner Häärd nòò** er fügt sich in keine Ordnung
Häärenaaersch *m o.Mz.* einer, der den hohen Herren in den Allerwertesten kriecht
Haarich *m o.Mz.* Habicht; **däich sóll doch der Haarich hollen!** dich soll doch der Kuckuck holen!
Hääring *Mz.* **-en** Hering
Haarscht *m o.Mz.* Rauchfang; Räucherkammer; **dat kannscht de der**

én de Haarscht schräiwen das kannst du dir in den Schornstein schreiben

Haarz *o.Mz.* Harz

Haarzbaggen *m o.Mz.* Schmierfink

Haarzkräämer *m o.Mz.* unsauberer Mensch

Haas *Mz.* **-en** Hase; **dääm hann äi emòòl gewies, wo de Haasen häärlaufen** dem habe ich es tüchtig gegeben

Haasebroot *s o.Mz.* Rest vom Pausenbrot des Vaters,das er den Kindern heimbringt

Hääß *w Mz.* **-en** Fuß; Unterschenkel; **wat hat dat schlecht Hääßen!** was hat sie so schlechte Füße!

Haau Heu; **wenn de satt Haau bescht, dann bròuchschde kä Schdroh** wenn du genug Heu hast, brauchst du kein Stroh (sei zufrieden mit dem,was du hast); **Haau machen** alle Arbeiten, die mit dem Einbringen des Heus zusammenhängen; **Haau róbben** Heu mit der Heugabel aus dem Heustock herausreißen und damit zugleich aufflockern

Haau *w o.Mz.* Hacke

Haaublóumesäggelchen *s Mz.* **...er** Säckchen mit Heublumen (als Heilmittel gegen Gicht u.ä.); **en Haaublóumensäggelchen hélft dääm ääne fòòr dit, dääm annern fòòr dat, ónn dem annern iwwerhaaupt nét** ein Heublumensäckchen hilft dem einen für dieses, dem andern für jenes und dem dritten überhaupt nicht

haauen *Mw.* **gehaau** hauen

Haaugawwel *w Mz.* **-n** Heugabel

Haaugròòben *m Mz.* Gerät zum **Haauróbben**, bestehend aus einem Holzstiel mit einer Eisenspitze

Haauhupsert *m Mz.* **...rden** Heuschrecke

Haaumòònd *o.Mz.* Heumonat (Juli)

Haaupscht *m Mz.* **...schden** Chef

Haauróbben *s o.Mz.* Heurupfen; **der verschdétt so vill dervón wie de Katz vóm Haauróbben** der versteht davon überhaupt nichts

Haauschbróng *m o.Mz.* Heuschrecke; schwächliches Kind *(scherzhaft)*

Haauschdall *m o.Mz.* Heustall (meist über dem Stall befindlicher Teil der Scheune)

Haauschdock *m o.Mz.* Heustock, Heuboden

Haawel *s Mz.* **-n**. Handvoll

Haawen *m Mz.* **-** Topf, **der Haawe laaift ball iwwer!** jetzt reicht es aber!

hääwes heimlich, verstohlen, insgeheim; hinterlistig

hädden *s.* **hann**

haggen hacken; **de béscht nét gehackt ó nét gehäift** mit dir ist nichts los

Hahn Hahn *(ON)*

Hahnekättches *in:* **Hahnekättches Dénger** ausgefallene Ideen

Hähninger *m Mz.* Bewohner vom Ortsteil Hahn

Häia *w o.Mz.* Heia; Kinderwiege; Kinderbett; **én de Häia gehn** in die Heia gehen; schlafengehen *(Kindersprache)*

häifen häufen

häiraaden heiraten; **wäär et zwaett Mòòl häiraat, éß et nét wäärt, daß em de Eerscht geschdorf éß** wer zum zweiten Mal heiratet, hat es nicht verdient, daß ihm die Erste gestorben ist

Häiser *s.* **Hòus**

häiser heiser

Häisjen *Mz.* **...er** Häuschen; **et éß kään Häisjen so klään, et éß e Kräizjen drén** es ist kein Häuschen so klein, es ist ein Kreuzchen drin ; **et Häisje mét Herz** das Häuschen mit dem Herz in der Tür (der Abort im Freien) *(verhüllend)*

Häit *s.* **Hòut**

Halfschdeeßjen *s Mz.* **...er** kleiner Hut

half, halwer halb; **mach et Glaas half vóll!** fülle das Glas zur Hälfte!; **e halwer Kóuchen** ein halber Kuchen

hallen halten; **äich hallen, dòu hällscht, äär hällt, mier hallen;** *Mw.* **gehall**

Hals *Mz.* **Häls** Hals

Hamm *m Mz.* **-en** Schinken

Hammer *Mz.* **Hämmer** Hammer

Hand *Mz.* **Hänn** Hand; **er éß wie en Hand am Läif** er ist praktisch veranlagt und sehr hilfreich; **se lääwe vón der Hand én de Zant** sie leben von der Hand in den Mund

Handhaaf *w o.Mz.* Handgriff am Pflug

hängen hängen

Hanjoob Hansjakob *(VN)* ; **der lißt de Hanjoob mét sich machen** der läßt sich alles gefallen

hänken hängen

hann haben; *Gw.* **äich hann, dòu hascht, äär hat, mier hann;** *Vg.* **äich hott, dòu hottscht, er hott, mier hodden (horren);** *Mögl.* **äich hätt, dòu hättscht, äär hätt, mier hädden (härren);** *Mw.* **gehaat; wenn äich nuur hann, die annern kénne waarden** wenn ich nur habe, die andern können warten

Hänn *s.* **Hand**

Hansbiebchen *s Mz.* **...er** Marienkäfer (Eid)

Hänsch *m Mz.* **-en** Handschuh

Hänsch *w o.Mz.* Klatschbase, die jedem nach dem Mund redet; **dat éß en alt Hänsch** das ist eine schlimme Klatschbase

Hanspéppchen *s Mz.* **...er** Marienkäfer *(auch Kosename)*

hart hart; laut; **schwätz nét so hart!** sprich nicht so laut

Hartgebaggener *m o.Mz.* Melone, steifer Herrenhut; **er hott de Hartgebaggenen aan** er hatte die Melone auf

hartschdreechich hartgesotten

Haschbel *Mz.* **-n** Haspel

hascht *s.* **hann**

hat *s.* **hann**

hätt, hättscht *s.* **hann**

Hawwer *m o.Mz.* Hafer; **dääm hann äi emòòl gutt Hawwer genn** dem habe ich mal tüchtig die Meinung gesagt; **er hott schwäär Hawwer gehaat, dò hoddem de Alt die Gäärscht ge-** schniet ó de Moort geschaaft, dòò-mét wòòr awwer aach dann de Bier gescheelt er war stockbesoffen, da hat seine Frau ihn tüchtig ausgeschimpft und ihm die Meinung gesagt, damit war die Sache dann erledigt

hawwernäidisch futterneidisch

Hawwerschläim *o. Mz.* Haferschleim

hébben hüpfen

Heck *Mz.* **Heggen** Hecke

Heef *o.Mz.* Hefe

Heefdäichpópp *w Mz.* **...póbben** Gebildbrot (in Puppenform)

Heefkéichelchen *s Mz.* **...er** Berliner Pfannkuchen

heekscht *s.* **hooch**

heeren *Mw.* **geh<u>oo</u>rt** hören; gehören, müssen

Heewamm *w o.Mz.* Hebamme

heewen *Mw.* **geh<u>oo</u>f** heben

Heft *Mz.* **Hefder** Heft

Héft *Mz.* **Héfden** Hüfte

Heggebankert *m o.Mz.* Bankert *(Schimpfwort)*

Heggen *s.* **Heck**

Hehl *Mz.* **-en** Höhle

héi hier; **der éß héi** der ist hier (mit Geste des "Vogelzeigens") = der ist verrückt

héiden *Mw.* **geh<u>ó</u>ut** hüten

héiher *s.* **hooch**

Héit *s.* **Hóut**

helfen helfen; **äich helfen, dòu hélfscht, äär hélft, mier helfen;** *Mw.* **geh<u>ó</u>lf**

Hell *w o.Mz.* Hölle; **én der Hell sóllschde brennen, bäi leebendijem Läif!** in der Hölle sollst du brennen, bei lebendigem Leib!

hell hell

héll(sch)t *s.* **hollen**

héllich hungrig; *s. auch* **hillsch**

Hémmed *Mz.* **-er** Hemd

Hémmedskraachen *o.Mz.* Hemdskragen

Hémmedslabben *m o.Mz.* Hemdslappen (unterer Rücken beim Herrenhemd); **dò**

schlétt der Hémmedslabbe Fäier das geschieht in höchster Eile

Henkelmann *Mz.* **...männer** Henkelmann; Bierkrug

Hénn *s.* **Hónd**

hénnen hinten; **et langt hénnen ó vòòren nét** es recht einfach nicht; **Vòòrsicht, däär éß nét hénne wie vòòren!** Vorsicht, der ist nicht ehrlich!

hénnenén hintenhinein

hénnerém hintenherum; **kómm hénnerém, vòòren éß zóu!** komm zur Hintertür herein, vorn ist zugeschlossen; **schwätz nét so vill hénnerém, saae gläich, wat de willscht!** rede nicht so lange drumherum, sage gleich,was du willst!

hénnenòò hinterher

Hénner *Mz.* **-n** Hintern; **et hat en Hénner wie e Lascht Graas** sie hat einen dicken Hintern; **dòu hascht en Hénner wie en Achzichdaalerpaaerd** du hast einen Hintern wie ein Ackergaul

hénner hinter; **dat schwätzt so vill hénner sich wie vòòr sich** sie redet unentwegt

hénnerfällich hinfällig, elend, krank

hénnerhott zu spät dran; **ätt éß émmer hénnerhott** sie ist immer zu spät

hénnerléschdich hinterlistig

hénnern hindern; **mäich hénnern hòut de Biller an der Wand** mich regt heute alles auf

hénnernanner hintereinander; in Streit geraten; **sénn er schón widder hénnernanner?** zankt ihr euch schon wieder?

hénnerrécks hinterrücks; rückwärts

hénnerschtvòòr das Hinterste nach vorn gedreht; **de hascht däi Hémmed hénnerschtvòòr aan** du hast dein Hemd verkehrt herum an

hénnerwärts hinterhältig

Hénnerwénd *m o.Mz.* Ostwind; **wenn et räänt vóm Hénnerwénd, dann räänt et ohne Schént** wenn es mit Ostwind

regnet, dann regnet es tüchtig

hénnewidder hinten dagegen; **bés hénnewidder** bis hintenhin; bis zum äußersten

Hépsbään *s Mz.* Bein, auf dem das Kind beim Hüpfspiel gerade hüpft

Hépsjes *in:* **Hépsjes schbillen** Hüpfspiele machen (Kinder)

Herbscht *o.Mz.* Herbst

Hermeskäil Hermeskeil *(ON)*

Hermeskäiler *m o.Mz.* kräftiger Spazierstock

Herr *Mz.* **-en** Herr

herrnòò danach; nachher

Herz *Mz.* **-en** Herz; **Herz am Faaedemchen** Tränendes Herz (Blume)

Herzblaaetchen *s o.Mz.* Herzblättchen *(Kosename)*

Herzblatt *s o.Mz.* Herzblatt *(Kosename)*

Herzbubbern *s o.Mz.* Herzklopfen

Herzdrigger *o.Einz..* eine Art Kartoffelklöße

Herzjen *s Mz.* **...er** Herzchen *(auch Kosename)*

Herzkwetscher *o.Einz..* eine Art Kartoffelklöße

Hétz *o.Mz.* Hitze; **de fléiend Hétz** die fliegende Hitze

Héwwel *m o.Mz.* 1.Hebel; 2. Grobian; 3.großes Stück (Brot u.ä.)

Hexel *s o.Mz.* Sauerkraut und Kartoffelpüree vermischt (oft Montagsgericht)

Hiehnchen *Mz.* **...er** Hühnchen

Hiehner *s.* **Huhn**

Hiehneraai *Mz.* **...er** Hühnerei

Hiehnereggen Gegend von Vogelsang und Schwalbenweg in Lebach *(ON)*

Hiehnerhòut *w o.Mz.* Gänsehaut; **dat éß so kälzich, äich hann jò richdich Hiehnerhòut kritt** das ist ja so kalt, daß ich eine Gänsehaut bekommen habe

Hiehnerlaaeder *w Mz.* **-n** Hühnerleiter

Hiehnerläis *o.Einz.* Hühnerläuse

Hiehnersaddel *w o.Mz.* Hühnerstange

Hierekaschden *m o.Mz.* Schädelhöhle

Hieren *s o.Mz.* Hirn, Gehirn

Hierennarr *m Mz.* **-en** Narr

Hiereschmeer *w o.Mz.* Brotbelag aus Hirn und Eiern

hiereverbrannt hirnverbrannt

Hierzemann *m Mz.* **...männer** Hirsch-käfer

hillsch hungrig; *s. auch* **héllich**

Himbeer *Mz.* **-en** Himbeere

Himmel *o.Mz.* Himmel

hin hin

Hin- ónn Häärbóx *w o.Mz.* Hose, die auf dem Weg zur Arbeit und zurück getragen wurde

Hin- ónn Häärmonduur *w o.Mz.* Kleidung, die auf dem Weg zur Arbeit und zurück getragen wurde

Hink *m o.Mz.* Henkel

Hinkel *s Mz.* **-n** junges Huhn; **dómm Hinkel!** dumme Gans! *(Schimpfwort)*

Hinkelchen *s Mz.* **...er** Küken

Hinkelchesgrómbern *o.Einz.* Suppe aus einer braunen Einbrenne, gewürzt mit Lorbeerblatt und Essig

hint heute; **hint hott äich e schlechden Daach** heute hatte ich einen schlechten Tag; **hint naaat hann äich gutt geschlòòf** heute nacht schlief ich gut

Hipphòus *s o.Mz.* Hüpfspiel der Kinder; **Hipphòus schbillen** ein Hüpfspiel machen

Hipphòusschdään *m Mz.* - Steinchen, das man zum Hüpfspiel braucht

Hißjen *m o. Mz.* Gerichtsvollzieher (früher: Steuereinnehmer) (Eid)

Hißjer *m o. Mz.* Gerichtsvollzieher (früher: Steuereinnehmer)

Hiwwel *m o.Mz.* Hügel

hitz *in:* **hitz ónn dotz ónn iwwerall** hier und da und überall

Hoddel *w Mz.* **-n** leiterähnlicher Aufsatz am vorderen Ende vom Rollwagen; Einsteckleiter am Heuwagen

Hodden *s.* **Hott**

hodden *s.* **hann**

Hoffahrtsbendel *m o.Mz.* Stenz; eitle Person

Hoffahrtsbénsel *m o.Mz.* eitle Person

Hohmes *w o.Mz.* Hochamt

hólbrich holprig

Hollänner *o.Mz.* Holländer; vierrädriges Kinderfahrzeug

hollen holen; **äich hollen, dòu héllscht, er héllt, mer hollen;** *M w.* **gehóll**

Hollunner *m o.Mz.* Hollunder

Hólz *Mz.* **Hélzer** Holz

Hólzklétzjen *Mz.* **...er** Holzklötzchen

Hólzplätsch *Mz.* **-en** hölzerner Schläger (eine Art Tischtennisschläger)

Hónd *Mz.* **Hénn** Hund; **uuser Hónd bäißt némmes Freemes** unser Hund beißt keinen Fremden *(scherzhaft);* **em béssijen Hónd wérft mer besser e Knochen hin, wie merm ääne wechhéllt** einem bissigen Hund wirft man besser einen Knochen hin, als daß man ihm einen wegnimmt; **wenn der Hónd nét geschéß hätt, dann hätt er den Haas gefänkt** wenn der Hund nicht geschissen hätte, hätte er den Hasen gefangen; **dat lòò éß en Hónd, säi Vadder wòòr schón en Hónd** er ist ein Hund, sein Vater war schon ein Hund; **der Hónd leckt der de Schnéß** du hast die Gelegenheit verpaßt; **fahr dich nét so óff wie en Hónd an der Kétt!** benimm dich nicht wie ein Hund an der Kette!; **de kémmscht mer vòòr wie e laaefijer Hónd** du bist wohl mannstoll; **schépp mer noch äämòòl, dòu rooder Hónd, eh t Méddaach lòut!** tu mir noch einmal auf, du roter Hund, ehe es Mittag läutet!

Hóndsaaersch *m o.Mz.* Mispel

Hóndsbròòden *m o.Mz.* Dreckskerl *(Schimpfwort)*

Hóndsfórzen *o.Einz.* Hundefürze; **wenn der dat nét schmackt, dann freß Hóndsfórzen!** wenn dir das nicht schmeckt, dann friß Hundefürze!

Hónger *o.Mz.* Hunger; **äich hann Hónger! – leck Salz, dann krischde Durscht** ich habe Hunger! – lecke Salz, dann kriegst du Durst!; **äich hann en Hónger, äich kénnt e gefillt Paaerd essen ónn e Ländchen Sallaat!** ich habe solchen Hunger, daß ich ein gefülltes Pferd und ein Beet Salat verspeisen könnte!; **äich hann Hónger (Durscht) wie e Paaerd** ich habe Hunger (Durst) wie ein Pferd; **Hónger hann äich käänen, awwcr wo éß äicr Grcct?** Hungcr habc ich keinen, aber wo ist eure Grete? (fragt ein stürmischer Freier)

hóngerich hungrig; geizig

Hóngerläider *o.Mz.* Hungerleider, geiziger Mensch

Hóngrijer, der Hóngrije *Mz.* - Hungriger, der Hungrige

hónnert hundert

Hónnich *m o.Mz.* Honig; Marmelade, Gelee

hónzen nach Hund riechen

hooch, héiher heekscht hoch

Hoochsétz *o.Mz.* Hochsitz

Hoofgeréng *s o.Mz.* Hof und Garten innerhalb der Grenzen eines Bauernhofes

Hòògen *Mz.* - Haken

Hòòr *Mz.* - Haar

hòòrewiedich sehr wütend

hòòrich haarig

Hòòrsipp *o.Mz.* Haarsieb

Hornéggersch *w Mz.* -en Hornisse

Horreklòòs *m o.Mz.* sturer Mensch

Horrekopp *m Mz.* ...käpp Starrkopf

Horren *s. Mz.* - Horn; Kuhhorn; **dat hat esóu vill Wäärt, wie de Kóuh ént Horre gepetzt** das hat keinen Zweck, das ist aussichtslos

horren *s.* **hann**

Hoschbes *m Mz.* -en unruhiges Kind

Hott *w Mz.* **Hodden** Hotte, Kiepe; **wäär äämòòl de Hott aanhänkt, hat se fòòr émmer aan** wer einmal die Last oder Verantwortung auf sich nimmt, der hat sie für immer

hott *s.* **hann**

hott! hott! (Ruf an Zugtiere: rechts!); **er gett nét hott ónn nét haar** er fügt sich in keine Ordnung; **er éß nét hott, nét haar** er ist heute so, morgen so

hottscht *s.* **hann**

Hòufen *Mz.* - Haufen

Hòus *Mz.* **Häiser** Haus; **däär hott uus et Hòus éngelaauf, bés er dat lòò hott** er ist so oft gekommen und hat nicht locker gelassen, bis cr das hattc, was cr wollte

Hóuschdegutzjen *Mz.* ...er Hustenbonbon; **jòò - Hóuschdegutzjen!** ja, Pustekuchen!

hóuschden husten

hòusen haushalten; **de Fraau lòò kann nét hòusen** diese Frau kann nicht haushalten

hòusen schimpfen; **se hòust de ganzen Daach mét mier** sie schimpft den ganzen Tag mit mir

Hòushalding *w o.Mz.* Haushalt

Hòusmacher *w o.Mz.* Hausmacherwurst

Hòusschdélpchen *s Mz.* ...er bestickte runde Männermütze, die nur im Haus getragen wird

Hóut *Mz.* **Héit** Hut; **däär waaeß, wo er säin Hóut hinhänkt** er ist berechnend

Hòut *Mz.* **Häit** Haut

hòut heute

Hóutgesicht *o.Mz.* Hutgesicht; **en Hóutgesicht ónn e Klaaederläif** ein Hutgesicht und eine gute Figur *(scherzhaft für eine schöne Frau)*

hòuz *in:* **hòuz wie dòuz** ein- und dasselbe

hòutsedaachs heutzutage

hòuwelen knuddeln, drücken und küssen

Huddel *o.Mz.* Hudel; Schwierigkeiten

huggen sitzen; **er hat äänen huggen** er hat einen sitzen (ist betrunken); **lòò hugge mer, ó dehääm fällen de Kénner naggisch vón der Oowebank** da sitzen wir, und zu Hause fallen die Kinder nackt von der Ofenbank *(scherzhaft);* **lòò hugge mer, ó derhääm kénnt mer läien** da sitzen wir, und zu Hause könnte man liegen *(scherzhaft);* **lòò hugge mer, ó derhääm laaift de Miet ab** da sitzen wir, und zu Hause läuft die Miete ab *(scherzhaft);* **mer hugge lòò, wie derhingeschótt** wir sitzen hier todmüde; **huggen Òuch, Herr Paschdoor, Dier sénn doch méid wie en Hónd ónn hann de Bòuch vóll Äärjer** setzen Sie sich, Herr Pastor, Sie sind doch müde wie ein Hund und haben den Bauch voll Ärge

Huhn *Mz.* **Hiehner** Huhn; **dòu béscht mer so léif wie en Huhn, wo fórt lää'e gétt** du bist mir so lieb wie ein Huhn, das in fremde Nester legt; **d e huckscht dòò wie e bréizich Huhn** du sitzt da wie ein Huhn, das brütet

Huhwäller *m Mz.* - Hochwälder; **e n Huhwäller Knubbeschballer** e i n Hochwälder Baumstumpfspalter *(Neckname für die Hochwälder)*

Hupp *in:* **ääm én de Hupp trääden** jemandem in den trete Hintern treten

Hupp *w o.Mz.* aus Weiden gemachte kleine Flöte

hupsen hopsen

Hurras *m o.Mz.* Wildfang

Huuf *Mz.* **-en** Huf

huufen hufen; Rückzieher machen; **huuf zeréck!** huf! (Befehl an Zugtier, zurück zu gehen); **eerscht wóllschde métgehn, ónn dann haschde gehuuft** e r s t wolltest du mitgehen, und dann hast du einen Rückzieher gemacht

Huurt *w Mz.* **...rden** Horde (Gestell zum Trocknen von Obst)

Huwwel *m o.Mz.* Hobel

Huwwelbank *w .o.Mz.* Hobelbank

Huwwelschbään *o.Einz.* Hobelspäne; eine Art Krapfen (Gebäck)

Huwwerbään *s o.Mz.* Überbein

I

idderichen wiederkauen

Iddi *m Mz.* **-s** Idiot, Dummkopf

Ielingen Illingen *(ON)*

ihm ihm *(betont); s. auch* **em**

ihr ihr *(3.Pers. w Einz.; 3. Pers. Mz.; betont); s. auch* **er**

irden irden; **irden Débben** Steintopf

ischt *s.* **essen**

ißt *s.* **essen**

iwwel übel

iwwer über

iwweräämòòl plötzlich

iwwerall

Iwwerbään *o.Mz.* Überbein

iwwerdääm währenddessen

iwwerdóun, sich sich übernehmen; sich überanstrengen; **äich hann mäich hòut nommòòl iwwerdòòn** ich habe mich heute wieder überanstrengt

Iwwergänger *m o.Mz.* Hagestolz

iwwerhaaupt überhaupt

iwwerich übrig

i w w e r k ó m m e n überko mmen; **e t Kräischen hott mich iwwerkómm** ich mußte plötzlich weinen

iwwermòòr übermorgen

Iwwerraschung *Mz.* **-en** Überraschung

iwwerròòlichmòòr überübermorgen

iwwerschdehn überstehen

iwwerzäidich überreif

i w w e r z w e r c h überzwerch, mürrisch; mißgelaunt

J

jä weg; ab; **wie äich em nòògang sénn, dòò éß er jä** als ich ihm nachging, um ihn zu stellen, machte er sich aus dem Staub

jaaen jagen, wegjagen

Jachd *o.Mz.* Jagd; Lärm (Geschrei, Toben)

jachden herumtoben (Kinder); **heeren óff se jachden, sónscht jaaen äich òuch fórt!** hört auf, zu lärmen, sonst jage ich euch weg!

Jächder *Mz.* - Jäger

Jaggerliesjen *s o.Mz.* geschäftige Frau; geschäftiges Mädchen; **dat éß e Jaggerliesjen; et éß nie derhääm, et jaggert émmer ém Dorref erêm** sie ist nie zu Hause, immer ist sie im Dorf unterwegs

jaggern eilen; kutschieren; **et éß mémm Kénnerwäänchen durch et Dorref gejaggert** sie ist mit dem Kinderwagen durchs Dorf kutschiert

Jannewaar *o.Mz.* Januar

jeed jede, jedes; **jeed Fraau** jede Frau; **jeed Kénd** jedes Kind

jeeder jeder

jeederääner jeder, ein jeder

jeedi jede

jémmenäischen! jemine! *(Ausruf der Verwunderung)*

Jéngelchen *Mz.* **...er** Jüngelchen

jeremnäisches! jemine! *(Ausruf der Verwunderung)*

jesses! jemine!

jetz(t) jetzt

jinger, jingscht *s.* **jóng**

jò ja; *s. auch* **jòò**

Jóch *o.Mz.* Joch

Joggel *m o.Mz.* einfältiger Mensch; Narr; **mét dääm kammer de Joggel machen** den kann man zum Narren halten; der läßt sich alles gefallen

Jòhr *Mz.* **-en** Jahr; **äich winschen òuch e guddes Jòhr, e ganzen Sack vóll Gaißenhòòr, zóugeschéß ónn zóugefròòr ónn óffgehoof bés en anner Jòhr** ich wünsche euch ein gutes Jahr, einen ganzen Sack voll Ziegenhaar, zugeschissen und zugefroren und aufgehoben bis zum nächsten Jahr *(Neujahrsspruch)*

Jòhrgang *Mz.* **...gäng** Jahrgang

jóng, jinger, jingscht jung

Jóngen *o.Einz.* junge Leute, Jugendliche

Jónglicht *s o.Mz.* Neumond

jòò ja; *s. auch* **jò**

Jòòbach Jabach *(ON)*

jòòmern jammern (Mensch)

jòunern winseln (Hund)

jòunzen maunzen (Katze)

Jubbefäller *m o.Mz.* lästiger Mensch

Jubben *m o.Mz.* Joppe, Herrenjacke

Juch *s o.Mz.* hölzernes Joch, an das die Eimer gehängt werden, um Wasser vom Brunnen zu holen

Judd *Mz.* **-en** Jude; **der Judd haßt et Gemémmel** der Jude haßt das Gerücht

Juddeschwäns *o.Einz.* Klöße aus rohen und gekochten Kartoffeln (etwa fingerlang)

juggeln gemächlich fahren (Kutsche u.ä.)

juschdemang genau *(Umstandswort)*

juscht genau; richtig; **er éß nét ganz juscht** er ist nicht richtig im Kopf

juuzen jauchzen, grell auflachen

K

kä, kää kein, keine; *s. auch* **kään**

Kaader *Mz.* - Kater

kaaefen *Mw.* **kaaef(t)** kaufen

kääm keinem

kääm... *s.* **kómmen**

kaamsen jammern, leise klagen

Kaamsgreet *w o.Mz.* Jammerliese

kään kein, keine; *s. auch* **kä, kää**

Kaandel, Käändel *m o.Mz.* Dachrinne

kääner keiner

kääni keine (*w Einz.*)

käär wählerisch, empfindlich; **de béscht nét käär, de frischt alles** du bist nicht wählerisch, du frißt alles

Käären *m Mz.* - Kern (Obst)

Kaarer *Mz.* - Kater

Kaarsamschdaach *o.Mz.* Karsamstag

Kaart *Mz.* **Kaarden** Karte; **de Kaart**

vergenn einen großen Fehler machen; **de lóuscht jò drén, wie wenn de de Kaart vergenn hättscht** du machst ein Gesicht, als ob es dir die Petersilie verhagelt hätte

Kaarwóch *o.Mz.* Karwoche

Kääs *m o.Mz.* Käse; **wäißer Kääs** Quark

kääsich käsig; **dat Kénd éß kääsich wäiß ém Gesicht** das Kind ist sehr blaß im Gesicht

Kääskéscht *o.Mz.* Schlitten (aus Kistenholz selbst gebastelt)

Kääskóuchen *Mz.* - Käsekuchen

Kääsmodden *w o.Einz.* Quark (selbstgemacht, im Gärprozeß)

Käässchmeer *w o.Mz.* Quark(stulle); **et éß so bläich wie e Käässchmeer** sie ist sehr blaß

kaauen kauen; **de kaauscht so vón oowenerónner – schmackt et der nét?** du kaust so widerwillig – schmeckt es dir nicht?

Kaaugummi *m o.Mz.* Kaugummi

kabbaabel fähig; **béscht dòu noch ganz kabbaabel?** bist du noch ganz bei Sinnen?

Kabbéisjen *Mz.* ...er Kabäuschen

Kabbell *Mz.* ...en Kapelle

Kabben *s.* **Kapp**

kabbern kupfern

Käbbert *o.Mz.* Kopfsprung

Kabbes *m o.Mz.* Weißkohl

Kabbes, blòòer (rooder) *m o.Mz.* Rotkraut; **sòurer Kabbes** Sauerkraut

Kabbeshaaed *s Mz.* -en Kohlkopf

Kabbeskopp *m o.Mz.* Kohlkopf; Dummkopf *(Schimpfwort)*

Kabbesschroot *w o.Mz.* Krauthobel

Kabbestierdes *s o.Mz.* Kartoffelpüree mit Sauerkraut

Kabbottche *s o.Mz.* kleinerer Hut (Th)

Kabbotthóut *o.Mz.* Kapotthut

Kabbòun *Mz.* -en Kapaun; **däär hat e Kopp wie e Kabbòun** der hat ein rotes, aufgedunsenes Gesicht

Kabbuff *s o.Mz.* kleiner Raum, Abstellkammer

kabbutt kaputt

Kaddäiser *o.Einz.* Kartäuserklöße

Kaddissem *m Mz.* - Katechismus

Kaddlett *s Mz.* ...edden Kotelett; **dat lòò éß e Kaddlett wien Abtréttsdeggel** das ist ein Kotelett wie ein Abtrittsdeckel; *s. auch* **Kóddlett**

kaddoolisch katholisch; **de Kaddoolischen** Katholiken

Kaffee *o.Mz.* Kaffee; **däär Kaffee éß so dinn, däär kammer em Eesel ént Ohr schédden, däär laaift bés Tréier, ohne rêmselóuen** der Kaffee ist so dünn, den kann man einem Esel ins Ohr schütten, der läuft bis Trier, ohne umzuschauen

Kaffeesippchen *Mz.* ...er Kaffeesiebchen

Kaffeesópp *w o.Mz.* Milchkaffee mit Brot- oder Brötchenstücken darin

Kagge *o.Mz.* Kacke; dummes Geschwätz

kaggen kacken

Käil *o.Mz.* Keil.; **däär schwémmt doch wie en äiserner Käil** der schwimmt wie ein Stück Eisen

Käilchen *s Mz.* ...er kleine Kuhle

Käimchen *in:* **et Käimche kémmt ääm** das Wasser läuft einem im Mund zusammen

käimsen klagen (bei Krankheit)

Käimsgreet *w o.Mz.* Jammerliese

Kälbcher *in:* **de Kälbcher anbénnen** sich übergeben (nach zu viel Alkoholgenuß)

Kalf Mooses *s o.Mz.* Kalb Moses, Dummkopf *(Schimpfwort)*

Kallef *Mz.* **Kälwer** Kalb

Kallenner *o.Mz.* Kalender

Kalleschdään Kaltenstein *(ON)*

Kallòumes *m o.Mz.* Unsinn; **Kallòumes machen** sich aufspielen

kalwen kalben

kalwich schwerfällig

kälzen kälten, frösteln machen; **dat Läinebeddóuch lòò dat kälzt, äich hätt gäär léiwer änt òus Béiwer** dieses Leintuch kältet, ich hätte lieber ein Biberbettuch

kälzich frösteln machend (Leintuch u.ä.)

Kammuffel o.Mz. Kamuffel, Dummkopf

Kann Mz. -en Kanne

kann... s. kénnen

Kännjen Mz. ...er Kännchen

kannt s. kennen

Kaplòòn Mz. **Kaplään** Kaplan

Kapp w Mz. **Kabben** Mütze, Kappe

Käpp s. Kopp

Kärf s. Korref

Kärfjen Mz. ...er Körbchen

Käschdebaam m Mz. ...bääm Kastanienbaum

Kaschden Mz. - Kasten

Käschden w o.Einz. Kastanien

Käschtjen Mz. ...er Kästchen

Kassern Mz. -en Kaserne

K a t z Mz. -en Katze; **dääm lòò schlaaeft de Katz de Maan nét fórt** der (die) hat sich hautsatt gegessen; **dat lockt de Katz vóm séiße Rahm** sie ist sehr beredsam; **es gétt òufwärts, hat de Katz gesaat, wie se de Schbatz én der Schnéß hott, ónn éß mémm den Dachkaandel enóff** es geht aufwärts, sagte die Katze, als sie den Spatz im Maul hatte, und kletterte mit ihm an der Dachrinne hinauf; **mer kaaeft kä Katz ém Sack** man kauft nicht die Katze im Sack

katzbaljen, sich sich katzbalgen

Katzekäpp o.Einz. Katzenköpfe (Straßenpflaster)

Katzekotz in: **e Katzekotz schwätzen** dummes Zeug reden

Käwwert m Mz. ...rden Käfer

Käwwich Mz. -en Käfig

Kédden s. Kétt

Keenich m Mz. -e König

Keerz Mz. -en Kerze

Kehl m Mz. -cher Kohlpflanze

Kéichelchen Mz. - kleiner Kuchen

kéihl kühl

Kéisjen s Mz. ...er Damenhut ohne Rand; Kopfteil des Hutes; **dier schdétt dat**

Kéisje lòò nét, dòu bròuchscht en Hóut mét Rand dir steht dieser randlose Hut nicht, du brauchst einen mit Rand; **däär Hóut lòò paßt mer nét, dat Kéisjen éß se eng** dieser Hut paßt mir nicht, der Kopf ist zu eng

Keller Mz. -n Keller

Kellerbohnen o.Einz. saure Bohnen

Kellerkabbes s o.Mz. Sauerkraut

kémm... s. kómmen

Kémp s. Kómp

Kémpchen s Mz. ...er Tasse (henkellos)

Kénd Mz. **Kénner** Kind; **Kénner ó Narren saan de Wòhrhaaet** Kinder und Narren sagen die Wahrheit; **fréiher hodden all Kénner Schnuddelnaasen, hòutsedaachs hann all Schnuddelnaase Kénner** früher hatten alle Kinder Rotznasen, heute haben alle Rotznasen Kinder; **wenn et Kénd én de Pétz gefall éß, deckt mer en zóu** wenn das Kind in den Brunnen gefallen ist, deckt man ihn zu

Kéndbeddersch w o.Mz. Wöchnerin

Kéndjen Mz. **Kénnercher** Kindchen

Kénndaauf o.Mz. Kindtaufe

Kénndaaufsgutzjer o.Einz. Bonbons bei der Taufe

kénnden s. kénnen

kennen Mw. **kannt** kennen

kénnen können; **äich kann, dòu kannscht, äär kann, mier kénnen**; Vg. **äich kónnt, dòu kónnscht, äär kónnt, mier kónnden**; Mögl. **äich kénnt, dòu kénnscht, äär kénnt, mier kénnden**; Mw. **kónnt**

Kénner s. Kénd

Kénnercher s. Kéndjen

K é n n e r w ä ä n c h e n s Mz. ...er Kinderwagen (Verkleinerung)

Kénnerwéllen in: **Kénnerwéllen éß Kälwerdreck, ónn wäär et dutt, dat éß e Geck** Kinderwillen ist Kälberdreck und wer ihm nachgibt, ist ein Narr

Kénnerzäit w o.Mz. Kindheit

kénnich kundig
kénnisch kindisch
Kénschtler *Mz.* - Künstler
Kerft *w Mz.* **Kerfden** Kerbe
Kérmesdaach *o.Mz.* Kirmestag
Kernsaaef *o.Mz.* Kernseife
Kérrech *Mz.* **-en** Kirche
Kérref *w Mz.* **Kérwen** Kirmes; **óff de Kérref laaden (haaeschen)** zur Kirmes einladen; **dòò hat däär mäich óff de Kérref gelaad** da hat er mir den "Götzgruß" entboten
Kérsch *Mz.* **-en** Kirsche
Kérschtcher *o.Einz.* Bratkartoffeln (aus rohen Kartoffeln)
Kérschtchesgrómbern *o.Einz.* eine Art Bratkartoffeln
kértscht *s.* **kórz**
Kérwen *s.* **Kérref**
kérzer *s.* **kórz**
Kêschder *o.Mz.* Küster; *s. auch* **Kóschder**
Késcht *w Mz.* **Késchden** Kiste; Kornkasten
Késsen *Mz.* - Kissen
Kétt *Mz.* **Kédden** Kette
Kich *Mz.* **-en** Küche
Kichenhäärd *o.Mz.* Küchenherd
Kicheschmuddel *w o.Mz.* schmuddelige Hausfrau
Kiddel *Mz.* **-n** Kittel
Kieelchen *Mz.* **...cher** Kügelchen
kiggelen kichern
Kinkerlitzjer *o.Einz.* Kinkerlitzchen
Kinniwaaesi *w o.Mz.* Hebamme
Kinno *Mz.* **-s** Kino
Kippchesnòòdel *w Mz.* **-n** Stecknadel
Kirjóff *m o.Mz.* Kirchhof, Friedhof
Kiß *o.Mz.* Kies
Kittchen *s o.Mz.* Gefängnis
Kiwwel *m Mz.* **-n** Kübel; **ääm de Kiwwel wäschen** jemandem gründlich Bescheid sagen
Klaaed *Mz.* **-er** Kleid
Klaaederhólz *s o.Mz.* Kleiderbügel

Klaaederhòògen *Mz.* - Kleiderhaken
Klaaederläif *m o.Mz.* gute Figur (Frau)
klään klein
Kläänichkaaet *Mz.* **...kaaeden**
Kläänkusiene *w Mz.* **-n** Tochter meines Vetters oder meiner Base
Kläänkusing *m Mz.* **-en** Sohn meines Vetters oder meiner Base
kläämachen zerkleinern
klääwen kleben
klabbaschdern verkleben; beschmieren
Klabben *s.* **Klapp**
Kläbber *w Mz.* **-n** Klapperinstrumente der 'Kläbberbóuwen'
Kläbber *w o.Mz.* Mundwerk
Kläbberbóuwen *o.Einz.* Meßdiener, die an Karfreitag und Karsamstag Mittags und abends mit den 'Kläbbern' durch die Straßen gehen und die Glocken ersetzen, die 'nach Rom geflogen' sind und am Ostermorgen mit dem Segen des Papstes zurückkehren
kläbbern kläppern (Eier u.a.)
Klabbuschdergreetchen *s o.Mz.* schrullige Frau *(Schimpfwort)*
Klack *in:* **sich de Klack treffen** sich übernehmen; **sich de Klack troff hann** Pech gehabt haben; **de Klack vóll hann** übermäßig gegessen (getrunken) haben
Klack *w Mz.* **Klaggen** altes Gewehr
Klafder *s o.Mz.* Klafter; Grobian; **ald Klafder!** dumme Kuh!
Klapp *Mz.* **Klabben** Klappe
Klätsch *w Mz.* **-en** Quaste
Kledden *s.* **Klett**
Kledderwòò *w o.Mz.* Vorrichtung an beiden Seiten der Egge, um zwei Ortscheite anzubringen
Kleefchen *s Mz.* **...er** Tabakspfeife *(Verkleinerung)*
Kleemenzje *s Mz.* **-r** Pickel am Hals; Zitze
Kleesòòmeverwandschaft *w o.Mz.* weitläufige Verwandschaft; **Kleesòòmeverwandschaft iwwer siwwen Eggen** sehr weitläufige Verwandtschaft
Kleeß *s.* **Klooß**

Klégger *m Mz.* **-den** Murmel; **Kléggerde schbillen** mit Murmeln spielen

Kléggert *Mz.* **...rden** Klicker, Murmel

Kléngel *m Mz.* **-n** Wollstrang

Klett *Mz.* **Kledden** Klette

Klétz *s.* **Klótz**

Klétzjen *Mz.* **...er** Klötzchen

Klewwerbäpp *w o.Mz.* schmutzige Frau; schmutziges Mädchen (Th)

klewwerich klebrig

Klobbaaetsch *w Mz.* **-en** Teppichklopfer

klobben klopfen

Klómbatsch *m o.Mz.* Gerümpel, wertloses Zeug

Klómben *Mz.* **-** Klumpen

Klóngel *m Mz.* **-n** Knäuel

Klooschder *Mz.* **Kleeschder** Kloster

Klooß *Mz.* **Kleeß** Kloß

Kloowen *m o.Mz.* 1. Kloben; 2. Tabakspfeife; 3. unhöflicher Mensch

klótt wählerisch (beim Essen)

Klótz *Mz.* **Klétz** Klotz

Klòuschder *s Mz.* **-n** Vorhängeschloß; **wenn de nét ball róuhich béscht, krischde e Klòuschder an däi Mäilchen** wenn du nicht bald ruhig bist, kriegst du ein Vorhängeschloß an dein Mäulchen

Kludder *m o.Mz.* schwabbelige Masse

kludderich schwabbelig; wabbelig

kluxen kluckern

knaatschen nörgeln, jammern; schmatzen (beim Essen)

knaatschich unwirsch, weinerlich

Knaatschsuuse *w Mz.* **-en** Jammerliese

Knäipchen *s Mz.* **...er** kleines Messer

Knäisjen *s Mz.* **...er** Endstück vom Brotlaib; Köpfchen *(scherzhaft)*

knallen knallen

Knäpp *s.* **Knopp**

Knäppchen *Mz.* **...er** Köpfchen; Knospe; **lóu emòòl, awwäi éß et Knäppchen öffgang!** jetzt entwickelt sich das Kind; **e gesónd Knäppchen** ein gesundes Kindchen

knaschdich knauserig

Knascht *o.Mz.* Knast

knébbeln draufhauen

knébben knüpfen, knoten

knébbich heikel; **e knébbich Sach** eine Heikle Angelegenheit

Knecht *o.Mz.* Knecht; Freund; **kómm, Knecht, mer gehn äänen trénken!** komm, Freund, wir gehen ein Glas trinken!

Knechtchen *o.Mz.* Knechtchen *(Anrede für kleinen Jungen)*

Knéddelen *o.Einz.* Mehlknödel

Knél *Mz.* **-n** Knie

knéien knien

Knéifer *Mz.* **-n** Kneifer

Knéikéihl *w o.Mz.* Kniekehle

Knélles *m o.Mz.* Knirps (liebevoll für einen kleinen Jungen); **der klää Knélles kann schón allään laafe** der kleine Junge kann schon allein laufen (Th)

knéschbeln knispeln

Knéwwel *o.Mz.* Knebel; Zugeinrichtung am Heuwagen

kniggerich knickig

Knippchen *s o.Mz.* 1. kleiner Hügel; kleiner Knoten; 2. kräftiges Kind; **wat éß dat lòò e gesónd Knippchen!** was ist das ein kräftiges Kind!

Knippchen *s o.Mz.* Anfang und Endstück vom Brot

Knócheflégger *o.Mz.* Knochenflicker (Orthopäde oder Heilpraktiker)

Knoddel *w Mz.* **-n** Kotkügelchen; Frau, Mädchen *(Schimpfwort)*; **haau ab, alt (dómm) Knoddel** hau ab, dumme Gans

knoddeln herumwerkeln

knoodern undeutlich sprechen

Knoorscht Knorscheid *(ON)*

Knopp *Mz.* **Knäpp** Knopf; **äich lose mer doch vón dier kää Knopp an de Bagge nähen** ich lasse mich doch von dir nicht zum Besten haben

Knóschteggen *m Mz.* **-** Dreckecken

knòuben schlecht und recht eine handwerkliche Arbeit tun

Knòuber *m o.Mz.* Dillettant (handwerklich)

Knòusekopp *m Mz.* **...käpp** Dickkopf

Knòusen *m o.Mz.* Anfang und Endstück vom Brot; Kopf *(scherzhaft)*

Knòusert *m Mz.* **...rden** Geizhals

Knubben *in:* **e Knubbe machen** einer Schicht fernbleiben

Knubben *m Mz.* **-** 1. Baumstumpf; 2. Glas Schnaps; 3. Knoten

knubben stoßen; schwänzen (Schulunterricht u.a.)

Knubbeschballer *m Mz.* **-** Hochwälder *(Spitzname)*

knuschbrich knusprig

kóbbeln tauschen, kuppeln (Waren)

Kóbber *o.Mz.* Kupfer

kochen kochen

Kochert *m o.Mz.* Maß einer warmen Mahlzeit

koddern Schleim laut hustend auswerfen

Kóddlett *Mz.* **...edden** Kotelett; **dòu béscht e Kerl wie e Kóddlett – bekloppt vón zwaai Säiden** du bist ein Kerl wie ein Kotelett – von zwei Seiten bekloppt; *s. auch* **Kaddlett**

Kohldamp *o.Mz.* Kohldampf; Heißhunger

Kollekaschden *o.Mz.* Kohlenkasten

Kollen *o.Einz..* Kohlen

Kolleschdaauf *o.Mz.* Kohlenstaub

Kolleschépp *w Mz.* **...schébben** Kohlenschaufel; **säi róuhich, sónscht krischde de Kolleschépp óff de Kopp!** sei still, sonst kriegst du die Kohlenschaufel auf den Kopf!

Kómbäär *m Mz.* **-en** Arbeitskollege

Kómbel *Mz.* **-n** Kumpel, Arbeitskollege; Freund

kómm *s.* **kómmen**

Kommeedee *in:* **kää Kommeedee machen** keine Schwierigkeiten machen; kein Aufsehen erregen

Kommeedeemann *m Mz.* **...männer** Schausteller; **et gétt unn, hat der Kommeedeemann gesaat, dò hadder säi Fraau geschwaart** es fängt an, hat der Schausteller gesagt und hat seine Frau geschlagen

kómmen kommen; **äich kómmen, dòu kémmscht, äär kémmt, mier kémmen;** *Mögl.* **äich käämt, dòu käämscht, äär käämt, mier käämden;** *Bef.* **kómm!, kómmen!;** *Mw.* **kómm; kémmschde hòut nét, kémmschde mòòr** kommst du heute nicht, kommst du morgen

kómmelosen sich zu seinem Nachteil verändern; **er hat schwäär kómmegeloß** er ist sichtlich gealtert

Kómmet *o.Mz.* Kummet

Kómp *m Mz.* **Kémp** Futtertrog

Kónfidduur *w o.Mz.* Marmelade; Konfitüre; Gelee

kónnscht *s.* **kénnen**

kónnt *s.* **kénnen**

Kónscht *o.Mz.* Kunst

Konsorden *o.Einz.* Gleichgesinnte

Koof *w Mz.* **Koowen** Rabe, Krähe

Kòòr *s o.Mz.* Korn, Roggen

kòòren kosten, probieren

Kòòrkaschden *m Mz.* **...käschden** zusammengestellte Korngarben

Kòòrscht *Mz.* **...schden** Karst

Koowen *s.* **Koof**

Koozebóggel *in:* **émmes óff de Koozebóggel hollen** jemanden Huckepack tragen

Kopp *Mz.* **Käpp** Kopf; **die hann de Käpp vóll Fleh ónn iwwer Naat et Broot nét ém Hòus** die haben große Pläne und kein Geld, sie zu verwirklichen; **däär hat kää Kopp ó kään Hieren** der hat überhaupt keinen Verstand

Koppdóuch *Mz.* **...déicher** Kopftuch

Koppkéssen *Mz.* **-** Kopfkissen

Kóppler *m o.Mz.* Kuppler; wer ein Tauschgeschäft macht

Koppnéß *o.Einz.* Kopfnüsse

Korref *Mz.* **Kärf** Korb

Korrefmacher *o.Mz.* Korbmacher

korrern Schleim laut hustend auswerfen

Kórschd *w. Mz.* **-en** Brotkruste

kórz, kérzer, kértscht kurz
koschden kosten
Kóschder *o.Mz.* Küster; *s. auch* **Kêschder**
kotzen kotzen
Kóuchen *Mz.* - Kuchen; **bäi däänen éß émmer alles Kóuchen ó Flaaden** bei denen ist immer alles in bester Ordnung
Kóuh *Mz.* **Kéih** Kuh; **noch nie hat e Kóuh am Kallef gesóff** noch nie hat eine Kuh am Kalb getrunken (sagt eine Mutter, die nichts von ihren Kindern haben will); **de Kóuh sóll nét vergessen, daß se aach mòòl Kallef wòòr** die Kuh soll nicht vergessen, daß sie auch mal ein Kalb war; **de Kéih, die wo de Schwanz dermeescht verhammelt hann, die schleen am wäitschden òus** die Kühe, die den schmutzigsten Schwanz haben, schlagen am weitesten aus
Kóuhbéien *m Mz.* - Kuhkette
Kóuhbòuer *m Mz.* **-n** kleiner Bauer
Kóuhbróuder *in:* **dääm säi Módder säi Kóuhbróuder dat wòòr en Ox** er ist ein Dummkopf
Kóuhhòut *o.Mz.* Kuhhaut; **däär liet, dat gétt óff kä Kóuhhòut** der lügt, das geht auf keine Kuhhaut
Kóuhkätt *w o.Mz.* Kuhmagd; **äich hann meh Aerwet wie et Kóuhkätt am Kérmesdaach** ich habe mehr Arbeit als die Kuhmagd am Kirmestag; **dòu béscht gemóschdert wie et Kóuhkätt am Ooschdersónndaach** du bist sehr geschmacklos angezogen
Kóuhnòuder *s o.Mz.* Kuheuter
Kòul *Mz.* **-en** Kuhle, Grube, Loch; **er kémmt òus kääner Kòul** er ist langsam bei der Arbeit, er bringt nichts zuwege
kòum kaum
Kòumert Kaumet *(ON)*
Kòuwen *m o.Mz.* Bienenkorb (aus Stroh und Weiden geflochten); Hochfrisur *(scherzhaft)*
kòuwen verschroben, alt
Kòuzekäpp *o.Einz.* Kaulquappen

Kówwerko *m o.Mz.* kurzer Mantel
Kraaes *o.Mz.* Kreis
kraaeschen schreien; **kraaesch nét so hart mét mier!** schrei mich nicht so laut an!
Kraanen *m Mz.* - Kran, Wasserhahn; **der Kraanen tréppst** der Wasserhahn tropft
krääng... *s.* **kréin**
kräazich ranzig (Butter); stickig, muffig (Keller u.ä.); übellaunig (Mensch)
Krach *o.Mz.* Krach
krachen krachen
Kraddel *m o.Mz.* Dünkel
Kraddel *w Mz.* **-n** Zwickel an Hosen; zwischen den Beinen
kraddelich krakelig; krumm (Beine); **dat hat kraddelich Gebääns** sie hat krumme Beine
kraddeln linkisch gehen
krähen krähen
Krähnaau *s Mz.* **-en** Hühnerauge; **hòut dóun mer de Krähnaaue weh, mer kréin anner Wedder** heute tun mir die Hühneraugen weh, wir bekommen bestimmt anderes Wetter
Kräid *o.Mz.* Kreide; **e gammer Kräid** ein gesundes Aussehen
Kräider *s.* **Kròut**
kräischen *Mw.* **gekrésch** kreischen, schreien, weinen
Kräit *w o.Mz.* Hahnenkamm
Kräiz *Mz.* **-er** Kreuz
Kräizfäier *o.Mz.* Kreuzfeuer; **é m Kräizfäier** sehr schnell
Kräizwääch *o.Mz.* Kreuzweg
Kräizwääschdazjoonen *o.Einz.* Kreuzwegstationen
Kräizweh *o.Mz.* Kreuzschmerzen
Kramben *m Mz.* - Krampen, Haken
Kramben *m o.Mz.* altes Pferd
Krambeschóuh *m Mz.* - Schnürschuhe
Kramp *Mz.* **Krämp** Krampf
kramschen hart zugreifen
Krangeler *m o.Mz.* Nörgeler
Krangelersch *w o.Mz.* Nörglerin

krangelich nörgelnd, weinerlich

krangeln nörgeln, weinerlich klagen

krängerlich kränklich

kratz lebhaft; **e kratz Maaedchen** ein lebhaftes Mädchen

krätzen kratzen

Kratzféißjer *o.Einz.* Kratzfüße; **äich kann doch vòòr dier nét noch Kratzféißjer machen** ich kann doch vor dir nicht noch Kratzfüße machen

krätzich kratzig (bei Wolle)

Krätzjen *s Mz.* **...er** Schiffchen, Krätzchen

krawweln krabbeln; klettern; **òh krawwel mer de Bóggel róff!** steig mir den Buckel rauf!

Krawwitsch *in:* **äänen am Krawwitsch hollen** jemanden beim Schlafittchen kriegen

Krébbelbésser *m o.Mz.* Nörgler; rechthaberischer Mensch

Krébben *s .* **Krépp**

krebben, sich sich ärgern (über jemanden)

Krebbert *m Mz.* **...rden** krüppeliges Obst; kleiner Lausejunge

Krech *m Mz.* **-en** Falte, Knick

krechen falten, knicken

Kréggelmòus *w o.Mz.* Grille

Kréibank *w Mz.* **...bänk** Krügebank

Kréich *m o.Mz.* Krieg

Kréich *s .* **Króuch**

Kréikräämer *m o.Mz.* fahrender Händler (mit Steingutware u.a.)

kréin kriegen, bekommen; *Gw.* **äich kréin, dòu krischt, äär kritt;** *Mögl.* **äich kräängt, dòu kräängscht, äär kräängt, mier kräängden;** *Mw.* **kritt**

Krémmel *m Mz.* **-n** Krümel; **ä ä m Krémmel én de Kääs machen** jemanden Steine in den Weg legen; **äich hann kää Krémmel Broot ém Hóus** ich habe kein Stück Brot im Haus; **äich hann e Krémmel én der Schdróß** ich habe einen Krümel im Hals

Krémmelkóuchen *m Mz.* **-** Streuselkuchen

krémmelwiedich sehr wütend

krémmelwierich sehr wütend (Th)

Krêmmes *m Mz.* **...en** Knotenstock

Krépp *Mz.* **Krébben** Krippe

Kréppchen *Mz.* **...er** Krippchen

Kréschdaach *m Mz.* **..daa** Weihnachtstag

kreschen falten, knicken; **haschde däich gekrescht?** hast du dir weh getan? (Th)

Kréschkénd *o.Mz.* Christkind

Kréschkénnjesfeerjen *o.Einz.* Weihnachtsferien

Kréschkénnjeswaar *w o.Mz.* billiges Zeug

Krésch *Mz.* **Kréschden** Christ

kréschtlich christlich

krétzeln kritzeln

kriddelich pedantisch; empfindlich

kriddesieren kritisieren; **mer móß et eerscht besser machen, eh mer kriddesiert** man muß es erst besser machen, ehe man kritisiert

Kripser *w o.Mz.* Neckname für Einwohner von Hüttersdorf

krischt *s .* **kréin**

kritt *s .* **kréin**

kriwweln kribbeln, kitzeln

kriwwesen kitzeln (Th)

Krobbert *m Mz.* **-rden** Lausejunge

krobbich armselig, klein; krüppelig

Krodden *s .* **Krott**

Krómbel *w Mz.* **-n** Falte, Runzel

krómbelich zerknittert

krómbeln knittern

krómm krumm; **sich krómm- ónn bógglichlachen** sich krummlachen

krómmlääen, sich sich krummlegen, äußerst sparsam sein

Kroonläichder *m Mz.* **-** Kronleuchter (Wohnzimmerlampe)

kròòzelich krakelig

kròòzeln kritzeln; krakelig schreiben

Krott *w Mz.* **Krodden** Kröte; **däich sóll doch de Krott petzen!** dich soll doch das Mäuschen beißen!

Króuch *m Mz.* **Kréich** Krug

kròuden Gras rupfen oder schneiden für die Tiere; Grünfutter mit der Hand oder Sichel rupfen

Kròuder *Mz.* **-n** Krauter

Kròut *Mz.* **Kräider** Kraut

Kruwwel *w Mz.* **-n** Krolle, Locke

kruwwelich lockig, kraus

kuinieren kujonieren, schikanieren

Kulla *(VN)* Nikolaus

Kullang *m o.Mz.* Straßenrinne

kurschden tüchtig essen; **lóu mòòl, wat se de Schmeere kurschden!** schau mal, wie sie die Stullen essen!

Kurscht *w o.Mz.* Brotkruste

Kurwel *w Mz.* **-n** 1. Kurbel; 2. runder flacher Weidenkorb zur Aufnahme des vorgeformten Brotteiges

Kusiene *Mz.* **-n** Cousine, Base

Kusing *Mz.* **-en** Cousin, Vetter

Kusingskénner *o.Einz.* Kinder des Cousins oder der Cousine; **mier sénn Kusingskénner** wir haben gemeinsame Urgroßeltern

Kuuel *Mz.* **-en** Kugel

kwaagen quaken; dummes Zeug reden

Kwäär-durch-de Gaarden eine Art Gemüsesuppe

kwäären stöhnen

Kwaddel *w Mz.* **-n**. Quaddel

Kwanden *o.Einz..* Quanten (Hände; Füße)

Kwatsch *o.Mz.* Quatsch, Unsinn

kwatschen quatschen

Kwatschkopp *Mz.* **...käpp** Quatschkopf

Kwellesjen *s Mz.* **...er** Pellkartoffel

Kwetsch *Mz.* **-en** Zwetsche

Kwetschbäidel *m o.Mz.* Quetschkasten, Quetschkommode; langsamer Mensch; **wat éß dat e Kwetschbäidel!** was ist das ein langsamer Mensch!

Kwetscheschmeer *w o.Mz.* Zwetschenmarmelade

Kwetschentaart *w o.Mz.* Zwetschenkuchen

Kwetschkaschden *o.Mz.* Quetschkasten, Quetschkommode

L

Lääbdaach *s o.Mz.* Lebtag; *s. auch* **Lebsdaach**

Laad *w o.Mz.* Sarg

laaden laden, einladen, aufladen

Laaed *o.Mz.* Leid; **dääm Äänen säi Laaed éß dääm Annern säi Fraaed** des Einen Leid ist des Andern Freude

laaed leid; **et dutt mer laaed** es tut mir leid

Laaeder *Mz.* **-n** Leiter

laaeder leider

laaederchen leider *(Verkleinerung)*; **ach laaederchen, ach laaederchen, mäi Daael gifft émmer braaederchen** ach leider, ach leider, mein Teil wird immer breiter (Klage eines Erben, dessen Konkurrenten nach und nach wegsterben)

Laaederwäänchen *s Mz.* **...er** Handwagen; kleiner Heuwagen mit Leitersprossen

laaedich überdrüssig, leid, lustlos; **äich bén dat Wedder lòò laaedich;** ich bin das Wetter so leid; **äich bén de Aaerwet lòò laaedich** ich bin diese Arbeit leid

Laaedichkaaet *w o.Mz.* Überdruß; **oh Laaedichkaaet, verlos mäich nét, äich bròuch däich jeeden Daach** o Überdruß, verlaß mich nicht, ich brauche dich jeden Tag! *(scherzhaft)*

Laaedlääwer *m o.Mz.* Griesgram

laaedschdällich bockbeinig

laaedschdärrich bockbeinig (Th)

laaefich 1. dünnflüssig; 2. läufig (Hund)

lääen *Mw.* **gelaat** legen

laaerich überdrüssig, leid, lustlos; **äich bén laaerich wie e Bóck** ich bin lustlos wie ein Bock

Laaetsaael *s Mz.* **-er** Leitseil

Lääfkóuchen *o.Mz.* Lebkuchen

Laai *w Mz.* **-en** Schiefertafel

Laaiendegger *m o.Mz.* Dachdecker

läär leer

lääsen lesen

Laatschen *Mz.* - Latschen

laatschen latschen

Laauf *o.Mz.* Laub

Laaufdaebber *m o.Mz.* Durchfall

laaufen laufen; **äich laaufen, dòu laaifscht, äär laaift, mier laaufen;** *Mw.* **gelaauf**

Lääwen *Mz.* Leben; **all säi Lääwen** sein Leben lang; **säi Lääwen nét** niemals; nie und nimmer; **hammier e Lääwe gee'en de Dómmen!** was haben wir ein Leben im Vergleich zu den Dummen!

lääwen leben

labberich fade (Speise); unpäßlich

Labbes *m Mz.* -en hochgewachsener junger Kerl

labbeslang sehr groß gewachsen (Mensch); **e labbeslanger Kerl** ein langer Kerl

Lächer *s.* **Loch**

Lackweerich *m o.Mz.* Latwerge (Fruchtmus), Zwetschen-, Birnenmarmelade; *s. auch* **Leckweerich**

Laggaai *in:* **mét émmes en Laggaai hann** mit jemandem ein Liebesverhältnis haben

lahm lahm

Lähm *o.Mz.* Lehm

lahmen lahmen

Lähmzäichen *s Mz.* - Narbe

Läibwäsch *o.Mz.* Leibwäsche

Läich *w Mz.* -en Leiche; Totenbahre; **er läit óff Läich** er ist aufgebahrt

Läich *w o.Mz.* Beerdigung; **er/ätt hott e schee Läich** es war eine feierliche Beerdigung

Läichder *Mz.* -n Leuchter, Lampe (Schlafzimmerlampe)

Läichenéms *s o.Mz.* Totenmahl; Leichenschmaus

läien *Mw.* **gelää** liegen

Läiendeggersch *in:* **doordich sénn wie Läiendeggersch Zéggel** närrisch sein wie Leiendeckers Ziege, sehr närrisch sein

Läierkaschden *o.Mz.* Leierkasten; Radio u.ä.; **mach mòòl dääne Läierkaschden òus!** stell mal das Radio ab!

läiern leiern; **de läierscht mer de ganzen Daach de Kopp vóll** du liegst mir den ganzen Tag schon in den Ohren

Läiersack *m o.Mz.* unzufriedener Mensch *(Schimpfwort)*

Läif *Mz.* **Läiwer** Leib; **Läif ónn Lääwen** Leib und Leben

Läif- ónn Seelbóx Hemdhose

Läifchen *s o.Mz.* Leibchen (Kinder)

Läindóuch *Mz.* ...déicher Leintuch

Läinebeddóuch *s Mz.* ...déicher Leintuch

Läis *s.* **Lòus**

Läisbändel *m Mz.* -e jemand, der Läuse hat *(Schimpfwort)*

Läiskamm *Mz.* ...kämm Läusekamm, Staubkamm; **Läiskämm, Schdräichschdóuhl ó Schoolersäck** Tante-Emma-Laden

Läisknagger *m Mz.* Pedant *(Schimpfwort)*

Läiskòul *w o.Mz.* Genick *(scherzhaft);* **äich haauen der én de Läiskòul, daß der Heeren ónn Séihn vergétt** ich gebe dir eine Ohrfeige, daß dir Hören und Sehen vergeht

Läit *o.Einz.* Leute; Menschen; **uus Läit** meine Verwandten (Blutsverwandtschaft); **iwwer uus Läit losen äich näischt kómmen** über meine Verwandten lasse ich nichts kommen; **mét de Läit schwätzt mer, ónn mét em Véih fährt mer** mit den Menschen redet man, und mit dem Vieh fährt man

Läitsgehäier *s Mz.* -n Quälgeist *(Schimpfwort)*

Läiwer *s.* **Läif**

Lämmes *in:* **vóm Lämmes gepéckt sénn** spinnen, verrückt sein; doof sein; **der lòò, däär éß doch vóm Lämmes gepéckt!** der ist doch doof!

Lämmesjen *s Mz.* ...er Schäfchen

Lamp *Mz.* **Lamben** Lampe

Lambenoolich *s o.Mz.* Petroleum

Ländchen *s Mz.* ...er Gartenbeet; e

Ländchen Sallaat ein Beet Salat

Lander *w Mz.* **-n** Laterne

lang, länger, längscht lang; **däär éß so lang, däär kénnt de Mòònd késsen** der ist so lang, er könnte den Mond küssen

Längden *s.* **Längt**

langen langen; reichen

längen (Suppe u.ä.); **läng de Sópp, mer kréin Besóuch!** länge die Suppe, wir bekommen Besuch!

langsamm langsam

Langsammlaaufer *s.* **Dómmeldich**

langschtgehn vorbeigehen; **er gétt langscht** er geht vorbei

Längt *w Mz.* **Längden** Länge

Lanswéller Landsweiler *(ON)*

läpsch fade (Speisen); langweilig, unlustig (Mensch); **der éß doch so läpsch, mét dem éß näischt aansefänken** der ist so langweilig, mit dem ist nichts anzufangen

Läsch *w o.Mz.* Hochofenschlacke

Laschder *m Mz.* **-** Laster, Lastwagen;

Laschder *s o.Mz.* Laster

Laschder *s o.Mz.* Menge; **e Laschder Läit wòòre kómm** eine Menge Leute waren gekommen

läschdich lästig

Lascht *w Mz.* **Laschden** Last; Traglast (auf dem Kopf)

latzen, sich sich laben, sattessen

Lawwoorschéssel *w Mz.* **-n** Waschschüssel

Laxem *m o Mz.* Zwetschenmarmelade

Lébben *s.* **Lépp**

lébbendich lebendig; **die hollent vón de Lébbendijen, wäil mer vón den Dooden näischt meh kritt** man schröpft die Lebenden, weil man von den Toten nichts mehr bekommt

Lebsdaach *in:* **säi Lebsdaach** immer, all sein Leben lang; **er hat säi Lebsdaach näischt gedòucht** er war immer ein Taugenichts; *s. auch* **Lääbdaach**

Leckweerich *m o.Mz.* Latwerge;

Fruchtmus; *s. auch* **Lackweerich**

Leckweerichschmeer *w o.Mz.* Stulle mit Zwetschenmus

Ledder *o.Mz.* Leder; **vón anner Läits Ledder éß gutt Réime schnäiden** aus anderer Leute Leder ist gut Riemen schneiden

léddich ledig

Leebach Lebach *(ON)*

Leef *Mz.* **Leewen** Löwe

Leerchen *s Mz.* **-** Lerche; **dat lòò hat kratz Aauen, éß mónder wie e Leerchen ónn hat lang Fénger, dat kréin mer óff** das Kind hat wache Augen, ist munter wie eine Lerche und hat lange Finger, das päppeln wir auf (sagt man bei schwächlichen Säuglingen)

Leetsch *w Mz.* **-en** Hütte; einfaches Haus *(Schimpfwort);* **de Kénner bòuen sich Leetschen** die Kinder bauen sich Baumhütten

Leewemäilchen *Mz.* **...er** Löwenmäulchen

Leewen *s.* **Leef**

léfden lüften; an die Luft setzen; **däänen hann äich geléft** dem habe ich's gezeigt

léfdich luftig; windig

Léffel *Mz.* **-(e)n** Löffel; **däär sitt esóu schlecht òus, äich glaaef, er gifft ball de Léffel ab** der sieht so schlecht aus, ich glaube, er gibt bald den Löffel ab (stirbt bald)

leggen lecken

lehnen leihen; borgen

lehren lernen; lehren

Lehrer *Mz.* **-** Lehrer

Lehring *w Mz.* **-en** Lehrerin

léif, léiwer, léifscht lieb; **de béscht mer so léif wie e Huhn, wo fórt lääe gétt** du bist mir so lieb wie ein Huhn, das seine Eier anderwohin legt

Lenkbaam *m Mz.* **...bääm** Untergestell eines Wagens

lénks links; **er hat zwaai lénkse Hänn** er hat zwei linke Hände (er ist handwerklich ungeschickt)

lénksen linken, täuschen

Lénksert *m Mz.* **...rden** Linkshänder

Lénkstòòtsch *w Mz.* **-en** Linkshänder

Lénn *Mz.* **-en** Linde

Léns *Mz.* **-en** Linse

lénsen linsen

Lénseschballer *m o.Mz.* Pedant *(Schimpfwort)*

Lépp *Mz.* **Lébben** Lippe

lerrern ledern, verprügeln; **äich bén gelerrert** ich bin erschöpft

lerrern, sich sich überessen; **däär hat sich so gelerrert, daß mer ne hann mise bénnen önn méddem Schdrohwésch abräiwen** er hat sich so vollgefressen, daß wir ihn (wie eine Kuh) binden und mit einem Strohwisch abreiben mußten *(scherzhaft)*

letscht letzt

Lewwer *Mz.* **-n** Leber; **Lewwer önn Lóng, Aarschloch önn Zóng, alles gesónd** Leber und Lunge, Arschloch und Zunge, alles gesund (Bericht eines Facharztes an den Hausarzt)

Lewwerknéddelen *o.Einz.* Leberklöße

Lewwerwurscht *o.Mz.* Leberwurst

Lichderschdock *m o.Mz.* Leuchter

Licht *Mz.* **Lichder** Licht

Lichtméß *o.Mz.* Lichtmeß; **Lichtméß, Schbénne vergeß, am hellen Daach se Naad geß** Lichtmeß, Spinnen vergessen, am hellen Tag Abendbrot gegessen (am 2. Februar, Maria Lichtmeß, werden die Tage länger)

Lidd *Mz.* **Lidder** Lied

Liddannäi *o.Mz.* Litanei

Liddchen *s Mz.* **...er** Liedchen; **kómm, mer séngen e paaer Liddcher!** komm, wir singen ein paar Lieder!

Lidder *s.* **Lidd**; *s. auch* **Lirrer**

lienen *Mw.* **gelòò** lügen; **der lòò der liet et Blòò vóm Himmel** der lügt das Blaue vom Himmel

Liener *m Mz.* **-** Lügner

Lienersch *w o.Mz.* Lügnerin

Lieschen *o.Einz.* Schilf

Liooner(wurscht) *w o.Mz.* Lyoner Wurst

Lirrer *s.* **Lidder**

lischt *s.* **losen**

lißt *s.* **losen**

liwwerich pappig schmeckend

liwwern liefern; **äich hann hòut noch näischt geliwwert** ich habe heute noch nichts geleistet; **äich bén geliwwert** ich bin kaputt

liwwern pappig schmecken (Lammfett u.ä.)

Loch *Mz.* **Lächer** Loch; **däär lòò säift wie e Loch** der säuft wie ein Loch

Lóft *o.Mz.* Luft

logger locker

Lómbaazi *m o.Mz.* Lausejunge

Lómben *m Mz.* **-** Lappen; Lumpen

Lómbenzäich *o.Mz.* Gesindel; Lumpenzeug;

lómbich lumpig; **dòu lómbijer Kerl!** du Lump!

Lómp *m Mz.* **Lómben** Lump

Lóng *o.Mz.* Lunge

Lóngemóus *s o.Mz.* eine Art Lungenhaschee; Gericht aus Herz und Lunge

lòò da, hier; **lummò lòò, lòò läit et!** schau mal da, hier liegt es! *s. auch* **elòò**

lòò, -en dasig, hiesig; **die lòòen sénn fòòr nix ze gebròuchen** diese da sind zu nichts zu gebrauchen

lòòdróff darauf

lòòfòòr dafür

Loogus *Mz.* **-en** Lokus

Loogusbréll *w Mz.* **-en** Abortbrille

lòòletscht neulich

lòòlich lauwarm

lòòrêm hier herum; **wenn de lòòrêm géscht, géschde richdich** wenn du hier herum gehst, gehst du richtig

Loschie *o.Mz.* Logis

losen lassen; *Gw.* **äich losen, dòu lischt, er lißt, mer losen;** *Mw.* **gelòß;** *Bef.* **los! losen!**

loß! los!; **geh mer loß!** laß sein!, hör auf

damit!; **loß ónn leddich** frei und ledig; **mer sénn óff hääm loß** wir haben uns auf den Heimweg gemacht

lotzen lutschen (am Daumen)

lòu lau

lòuden läuten; **ebbes lòuden heeren** von etwas hören (Gerüchte)

lòuder lauter

lóuen schauen; **lóu emò lòò, lòò läit ebbes!** schau mal hier, da liegt etwas!; **jetz kannschde lóuen, wie de gesischt!** jetzt sieh zu, wie du fertig wirst!

lòuern lauern; **lòuern ónn pòuern** auf der Lauer liegen; gespannt warten

lòuren läuten

Lòus *Mz.* **Läis** Laus

Lòusbóu *Mz.* **...bóuwen** Lausbub

lòuschdern lauschen

Lòusert *m Mz.* **...rden** Lausbub

Lòusknagger *m o.Mz.* Dreckskerl *(Schimpfwort)*

Lòuskramben *m o.Mz.* Lümmel, Lausejunge, *(Schimpfwort)*

Lòuskrombe *m o.Mz.* Lausbub (Th)

lòut laut

Lubben *s.* **Lupp**

Lucht *w o.Mz.* Gesichtsfeld; **geh mer òus der Lucht!** geh weg, du versperrst mir die Sicht!

Luddersche *m Mz.* **-n** Protestant

Lunnen *m Mz.* **-** Lünse, Achsnagel

Lupp *m Mz.* **Lubben** Lutscher; Sauger an Babyflasche

Luttloch *s Mz.* **...lächer** Luke; kleines Fenster

Luuder *o.Mz.* Luder

Luwwies Luise *(VN)*;

Luxeburch *(ON)* Luxemburg

M

ma nun, aber; **ma nòun** nun denn; **m a nòun dann - kómm, wéi gehmer!** nun komm, laß uns jetzt gehen!

Maad *Mz.* **Maaed** Mädchen; **mäi Maad** mein liebes Mädchen; **de Maaed, die wo päifen ónn de Hiehner, wo krähen, däänen sóll mer de Hals óff de Bóggel drähen** Mädchen, die pfeifen und Hühnern, die krähen, soll man beizeiten den Hals umdrehen

maadich madig

Maaedchen *Mz....er* Mädchen; **äich séihn léiwer e jóng Maaedchen naggich wie en alt Fraau én de beschde Klaaeder** ich sehe lieber ein junges Mädchen nackt, als eine alte Frau in den besten Kleidern; **et éß e Maaedchen wie e Schuwwelraaedchen** das ist ein flinkes Mädchen; **mäi Maaedchen!** mein Mädchen! *(Kosewort)*

Maaeden *s Mz.* **-** erwachsenes Mädchen

Maai *o.Mz.* Mai (Monat)

Maai *w o.Mz.* geselliges Plaudern im Freien oder im Haus; **se hann Maai kritt** man hat sich bei ihnen zum Plaudern versammelt

Maai-Aandacht *s* Maiandacht

Maaien *o.Einz.* Birkenbäumchen als Schmuck in den Straßen bei Fronleichnamsprozessionen

maaien miteinander plaudern

Maaieräi *w o.Mz.* geselliges Plaudern im Freien oder im Haus

Maaikräitchen *s o.Mz.* Waldmeister

Maaischdiffchen *s o.Mz.* Stube, in der sich die Lebacher zum Plaudern trafen

Maan *Mz.* **Mään** Magen; **däär hat e Maan, däär vertrétt Schóuhnaael; ónn däär lòò hat e Maan, däär vertrétt en éngelaat Kellertreppchen** der hat einen Magen, der Schuhnägel verträgt; und jener hat einen Magen, der ein eingelegtes Kellertreppchen verträgt *(scherzhaft)*

Määnd *s.* **Mòònd**

Määning *w o.Mz.* Meinung; **däär hat uus de Määning gesaat, daß de Läis vón uus gekrawwelt sénn** der hat uns gründlich die Meinung gesagt

Maargen *o.Mz.* Marken (Lebensmittel u.ä.)

M a a r k o o f *w Mz.* ...oowen R a b e ; Eichelhäher

Maart *m Mz.* **Märkt** Markt

machen machen; *Vg.* **äich machen, dòu mischt, äär micht, mier machen;** *Mw.* **gem<u>a</u>ch**

M a d d<u>äi</u>s *in:* **am letschde Maddäis** Matthäi am letzten

Mähl *o.Mz.* Mehl

mählich mehlig; **de Sòòß schmackt mählich** die Soße schmeckt nach Mehl

mahnen mahnen

mäich mich; *s. auch* **mich**

Mäilchen *Mz.* **...er** Mäulchen

Mäiler *s.* **Mòul**

mäin mein, meine

mäiner meiner

mäint meines

Mäis *o.Mz.* Mais

Mäis *s.* **Mòus**

Mäisbroot *o.Mz.* Maisbrot

Mäisjen *Mz.* **...er** Mäuschen; **m ä i Mäisjen** mein Mäuschen *(Kosewort)*

Mäisjer *m o.Einz.* Berliner Pfannkuchen

maj<u>òò</u> - majaa ja *(betont)*

Mall<u>äär</u> *o.Mz.* Malheur

Mammen *w o.Mz.* Mutter

Mann *Mz.* **Männer** Mann; **de Männer sóllen alles essen, awwer se bròuchen nét alles se wéssen** d i e Männer sollen alles essen, aber sie brauchen nicht alles zu wissen

M ä n n j e n *s Mz.* **...r** Männlein; **héps, héps, Männje, héps ent Pännje, héps widder ròus, ónn dòu béscht òus!** hüpf', hüpf', Männlein, hüpf' ins Pfännlein, hüpf' wieder raus, und du bist aus! *(Abzählreim)*

Mannskerl *o.Mz.* Mann

Mannsläit *o.Einz.* Männer; **Mannsläit – Pansläit, der bescht dòucht näischt** Männer – Penner, der beste taugt nichts

Manzen *w o.Mz.* Kuheuter

Märder *Mz.* **-** Mörder

Märkt *s.* **Maart**

Marri<u>ea</u> Geburtsmaart *m o.Mz.* Mariä Geburtsmarkt

maschdich mastig, üppig (Essen); gut genährt; **maschdich Fóuder** üppiges Futter (Gras); **e maschdich Kóuh** eine fette Kuh

Masch<u>i</u>nn *Mz.* **-en** Maschine

m a s c h<u>i</u>n n e n dreschen (mit der Dreschmaschine)

Masgeball *o.Mz.* Maskenball

Massick *m o.Mz.* Starrkopf; unehrlicher Mensch *(Schimpfwort)*

Matsch *o.Mz.* Matsch, nasser Straßenschmutz; weiche Masse

Matz Matthias *(VN)*

Méchel Michel *(VN)*

Méchelsdaach *o.Mz.* Michaelstag

Méck *w Mz.* **Méggen** Fliege

Méddaach *Mz.* **-en** Mittag; Nachmittag; **der heert et némmeh Méddaach lòuren, wenn em der Schwengel an de Kopp schlétt** er steckt tief in der Arbeit; er ist völlig verschuldet

Méddaachlòuden *s o.Mz.* Mittagläuten

méddaachs mittags

Medden *o.Mz.* Mette

m é d d e n mitten; **ómm médden Désch** mitten auf dem Tisch

méddenanner miteinander; *s . auch* **métnanner**

méddes mittags

meechlich möglich

Meerdesdaach *w o.Mz.* Martinstag (der 11. November)

Meerdesgans *Mz.* **...gäns** Martinsgans

Meerdeskérref *w o.Mz.* Martinskirmes

Meerzebach Merzenbach *(ON)*

meeschdens meistens

M e e w e l *Mz.* **-n** Möbel; **dòu ald**

Schdéck Meewel! du dummes Stück! *(Schimpf-wort)*

Meffert *m Mz.* **...rden** Tunichtgut

Méggen *s.* **Méck**

meh mehr; *s. auch* **vill**

mehzen nach 'mehr' schmecken; **dat Esse lòò mehzt** das Essen schmeckt ausgezeichnet, davon möchte man noch mehr essen

méid müde; **äich bén so méid wie dòusend Därfer** ich bin so müde wie tausend Dorfer (todmüde); **äich bén ze méid, fòòr "Broot" se saan, dòòfòòr saan äich "root"** ich bin zu müde, um "Brot" zu sagen, deshalb sage ich "rot"

Méih *w o.Mz.* Mühe

méll weich, gar gekocht (Fleisch)

Méllech *o.Mz.* Milch

Méllechbreetchen *Mz.* **...er** Semmel

Méllechdébben *s Mz.* - Milchtopf

Méllechsópp *w o.Mz.* kleinwürflige Semmel oder Brot in Milch eingeweicht

mellen melden

méllich gemächlich, langsam; **nuur méllich, ónn bléíf óffem Borrem!** nur langsam, bleib auf dem Boden!

mémm mit dem; mit ihm

Memme *w Mz.* **-n** Memme, weibliche Brust *(derb)*

Mengfrucht *s o.Mz.* Mischgetreide

Méngsjen *w Mz.* **...er** Meise

Menkenkes *s o.Mz.* Menkenke; **mach kää Menkenkes!** mach keine Menkenke!

mennen *Mw.* **gemaant** meinen

mer man

mer mir *(unbetont); s. auch* **mier**

mer wir *(unbetont); s. auch* **mier**

méschden Mist aufs Feld fahren

Méschdepuddel *m o.Mz.* Jauche

Méscht *w o.Mz.* Mist, Misthaufen; **er éß fòul wie Méscht** er ist stinkfaul

Méschtbähr *w Mz.* **-en** Misttrage

Méschthòufen *Mz.* - Misthaufen

Méß *Mz.* **Méssen** Messe *(kirchlich)*

Méßdéiner *Mz.* **Méssendéiner** Meß-

diener, Ministrant

Messer *Mz.* **-n** Messer

mét mit

méthollen mitnehmen; **dat lòò holle mer mét, sónscht kémmt et fórt** das nehmen wir mit, sonst geht sonst geht es verloren (sagten früher die Bergleute, wenn sie unter Tage etwas mitgehen ließen)

métmachen mitmachen

métnanner miteinander; *s . auch* **méddenanner**

Métt *o.Mz.* Mitte

Méttwóch *o. Mz.* Mittwoch; **hòut éß Méttwóch, ónn mier hann de halwe Bódder noch** heute ist Mittwoch, und wir haben noch die halbe Butter

Mibbesjen *s Mz.* **...er** Kleinchen; Hündchen

mich mich; *s. auch* **mäich**

mielich möglich; **éß dat dann mielich!** ist das denn möglich!

mienen mögen; *Gw.* **äich maan, dòu maanscht, äär maan, mier mienen;** *Mögl.* **äich mient, dòu mienscht, äär mient, mier mienden;** *Mw.* **gemaant; mienscht dòu mäich, wenn äich däich mient?** möchtest du mich, wenn ich dich möchte?

mier mir *(betont); s. auch* **mer**

mier wir *(betont); s. auch* **mer**

Miffelchen *s Mz.* **...er** kleines mundfertiges Häppchen

Mill *Mz.* **-en** Mühle

Mill *o.Mz.* Müll

Millebach *m* Mühlenbach *(ON)*

Millepaaedche *s Mz.* **-r** Grashüpfer (Th)

mindeschdens mindestens

Minsch *m Mz.* **-en** Mensch

Minsch *s Mz.* **-er** Weibsbild; Frau

Minz *Mz.* **-en** Münze

Minz *o.Mz.* Kleingeld; **äich hann de Sack vóll Minz** ich habe die Tasche voll Kleingeld

Minzgeld *s o.Mz.* Kleingeld

Minzgeldtaaß *w o.Mz.* Tasse, in der das

Kleingeld aufbewahrt wird; **holl der ebbes òus der Minzgeldtaaß!** hole dir Geld aus der Tasse mit dem Kleingeld!

mipseln möpseln

misen müssen; *Gw.* **äich móß, dòu móscht, äär móß, mier misen;** *Vg.* **äich móscht, dòu móscht, äär móscht, mier móschden;** *Mögl.* **äich mißt, dòu mischt, äär mißt, mier mißden;** *Mw.* **gemóscht**

Misseer *w o.Mz.* Unglück; **et éß e Misseer mét dääm Wedder** das ist ein furchtbares Wetter

Modden *s.* **Mott**

Moddeberch *m o.Mz.* Lungenheilanstalt *(scherzhaft)*

Módder *Mz.* **-en** Mutter; **et éß kää Módder so aarem, se hat émmer noch e béßje waarem** es ist keine Mutter so arm, sie hält immer noch ein bißchen warm

Módderdéier *s Mz.* **-n** Muttertier; **dat éß jò e Módderdéier** sie ist eine fürsorgliche Mutter *(scherzhaft)*

Móddergoddes *o.Mz.* Muttergottes

Móddergoddesgrott *o.Mz.* Muttergottesgrotte

Módderklétzjen *w o.Mz.* Stück Abfallholz, das die Bergleute aus der Grube mit nach Hause brachten (als Brennmaterial)

Móddersches *s.* **Vaddersches**

módderseelenallään mutterseelenallein

Mohrekopp *Mz.* **...käpp** Mohrenkopf (Gebäck)

Mollee *m o.Mz.* Angeber; **de Mollee machen** angeben, prahlen

Molles *m Mz.* **-en** Stier; kräftiger Mann *(scherzhaft)*

Mómmes *m o.Mz.* Zaster, Geld

mónder munter; **mónder wie e Leerchen** munter wie eine Lerche

Monduur *w o.Mz.* Kleidung

Mooden *o.Mz.* Mode; **dat éß bäi uus nét Mooden** das ist bei uns nicht Sitte

Mòòl *s o.Mz.* Fleck, Zeichen

mòòl mal, einmal; *s. auch* **emòòl**

mòòlen malen

Mòòler *o.Mz.* Maler; Anstreicher

Mòònd *Mz.* **Määnd** Monat

Mòònd *o.Mz.* Mond; **én der Palz dréggen se òòwens de Mòònd mét der Schdang óff de anner Säit** in der Pfalz drücken sie abends den Mond mit der Stange auf die andere Seite *(scherzhaft)*

mòòr morgen

Moord *w Mz.* **-en** Möhren; **Moorden ónn Grómbern durjenanner** Eintopf aus Möhren und Kartoffeln

mòòrsemòòrjen morgen früh; **mòòrsemòòrjen, wenn et nét räänt, gehmer én de Grómbern** wenn es morgen früh nicht regnet, gehen wir in den Kartoffelacker

Moos *o.Mz.* Moos

Mòòß *o.Mz.* Maß; **et Mòòß éß vóll** das Maß ist voll

Mord *o.Mz.* Mord

móschden *s.* **misen**

Móschder *m o.Mz.* Senf

Móschder *s Mz.* **-** Muster

Móschderdéppchen *s Mz.* **...er** geschmacklos gekleidete weibliche Person

móschdern mustern; **dat éß gemóschdert wie t Greet ém Herbscht** sie ist sehr geschmacklos gekleidet

móscht *s.* **misen**

móß *s.* **misen**

Mott *Mz.* **Modden** Motte

Mott Hofgut zur Motte *(ON)*

motzen motzen, schmollen

Mótzen *m Mz.* Jacke (Th)

mòu mau; **et éß mòu, lòu ónn flòu** es ist beschissen

Móuder *w Mz.* **-n** Muttertier (nur Kaninchen)

Mòuer *Mz.* **-n** Mauer

Mòuerwóllef *m Mz.* **...wéllef** Maulwurf

Móul *w Mz.* **-en** Mulde; Backtrog

Mòul *Mz.* **Mäiler** Maul, Mund; **die hann et Mòul vóll Méggen ónn**

iwwer Naat et Broot nét ém Hòus
sie haben große Pläne und kein Geld, um
sie zu verwirklichen; **wäär et waaeß,**
hällt et Mòul wer es weiß, der schweigt
Mòulaff *Mz.* -en Besserwisser; **Mòulaffe**
faaelhallen Maulaffen feilhalten;
schdéscht dòò ónn hällscht nommò
Mòulaffe faael! du stehst da und hältst
wieder Maulaffen feil!
mòulen maulen
mòulfeerich mundgerecht (Bissen)
mòulferdich schlagfertig
Mòulfeschder *m o.Mz.* vorlauter
Besserwisser
Mòulgäi *w o.Mz.* Mundharmonika
mòunzen quengeln
Móurerbòòz *s Mz.* -en Mutterkalb; **der**
säift wie e Móurerbòòz der säuft wie
ein Mutterkalb
Móus *s o.Mz.* Mus; Grünkohl
Mòus *Mz.* **Mäis** Maus; **bäi dääne**
kómmen de Mäis òusem Kiche-
schrank ónn hann Träänen én den
Aauen sie sind bettelarm
mòuscheln mauscheln, mogeln
mòusdood mausetot
Mòusohr *s o.Mz.* Mausohr (Salat)
Móut *o.Mz.* Mut
móutwéllich mutwillig
Mubbes *m Mz.* -en kleiner Hund
Muck *in:* **äänen óff der Muck hann** auf
jemanden böse sein
Muffkopp *m o.Mz.* wortkarger, mürrischer
Mensch
muggelich mollig, rundlich
Mummes *m o.Mz.* Geld, Pinkepinke
Mums *o.Mz.* Mumps
Munch *w o.Mz.* Obstversteck (im Heu zum
Nachreifen)
munchen dösen; ein Nickerchen machen
munscheln kuscheln (Th)
Musick *o.Mz.* Musik; Tanzvergnügen
Muumje *o.Mz.* Mumie
muxen, sich sich mucksen
muxmäisjeschdill mucksmäuschenstill

N

nää nein
nääbern, sich sich nähern
Naadegäljen *s Mz.* ...er Nachtigall
Naaelchen *Mz.* ...er Nägelchen; Gewürz-
nelke
Naaelcher *o.Einz.* Flieder (Federnelken)
naaes wieder; **dann mach äich et alt**
naaes nommò dann mache ich es halt
noch einmal
naaeseln näseln
nääkscht nächst
nääkscht, nääkschder, nääkscht nah;
kómm béßjen nääkschder bäi mich
bäi! rücke ein bißchen näher her zu mir!
Naal *Mz.* **Naael** Nagel; **däär bréngt**
noch kä Naal én de Schnee der ist
handwerklich sehr ungeschickt
Naas *Mz.* -en Nase; **däär trétt de Naas**
so hooch, däär kénnt òusem
Dachkaandel trénken der trägt die Nase
so hoch, daß er aus der Dachrinne trinken
könnte; **dòu hascht e Naas, dòòmét**
kénnschde Keerzen òustónken du hast
eine lange, spitze Nase
Naasefahrraad *s o.Mz.* Brille *(scherzhaft)*
Naat *o.Mz.* Nacht; **se Naat essen**
Abendbrot essen
Naatmòhl *o.Mz.* Abendmahl; Kommunion
Naatmòhlskamraad *m Mz.* -en Gefährte
bei der Ersten Heiligen Kommunion
Naatmòhlskapp *w Mz.* ...kappen Mütze
der Kommunionbuben
Naatmòhlskénd *s Mz.* ...kénner Kom-
munionkind
naats nachts
Naatsdéppchen *Mz.* ...er Nachttöpfchen
Naatsdésch *m o.Mz.* Nachtschrank
nääwen neben
nääwennòusgehn einen Seitensprung
machen
Nääz *m o.Mz.* Nähgarn, Zwirn
Nääzrélljen *s Mz.* ...er Garnrolle
(Verkleinerung)

Nadd<u>uu</u>r *Mz.* **-en** Natur; Charakter, Wesen; **er hat e Nadduur wie e Päärd** er ist sehr robust (körperlich und seelich)

naggich nackt

Nähdersch *w o.Mz.* Näherin

nähen nähen

näidisch neidisch; **däär éß so näidisch, däär gääf en Aau dróm, wenn der anner käänt hätt** der ist so neidisch, er gäbe ein Auge her, wenn dafür ein anderer keines hätte

Näimärder *m o.Mz.* boshafter Mensch

näin neun; **óm näin gétt jeeder bäi säin, awwer schbäädeschdens óm zehn mise mer gehn** um neun Uhr geht jeder zu seinen (Nachbarn) zum Plaudern, aber spätetens um zehn müssen wir (wieder nach Hause) gehen

Näinder *m o.Mz.* Novene

näinenzw<u>a</u>nzich neunundzwanzig

näint neunt

näinzehn neunzehn

näinzich neunzig

näischt nichts; **fòòr näischt** umsonst; **däär hat doch gaar näischt se schwätzen, däär danzt doch, wie ätt päift** der hat doch gar nichts zu sagen, der tanzt doch, wie sie pfeift

nannern<u>òò</u>machen sich beeilen

Narr *Mz.* **-en** Narr; **e Narre gefreß hann aan ääm** an jemanden einen Narren gefressen haben; **däär éß e Narr én säi Sack** der ist nur auf seinen Profit aus

naß naß

natzelich weinerlich (Kleinkind) (Th)

Nawwel *Mz.* **-n** Nabel; **äär gétt mer graad bés an de Nawwel** er geht mir gerade bis zum Nabel (kleine Person)

Néckla Nikolaus *(VN)*

Néckl<u>ää</u>sje *s o.Mz.* Nikolaus *(Verkleinerung)*

Néckl<u>òò</u>s *m Mz.* **-en** Nikolaus

Néckl<u>òò</u>sdaach *o.Mz.*

néddemò nicht einmal

nédder nieder; **äich haauen däich óff**

ónn nédder ich werde dich tüchtig verprügeln

Needen *s.* **Noot**

Néggel Nikolaus *(VN)*

némmeh nicht mehr; **dat Klaaed éß némmeh vóm Beschden** dieses Kleid ist schon ziemlich abgetragen

nêmmes niemand

nén hinein; herein

nennen *Mw.* **gen<u>a</u>nnt** nennen

nennenswäärt nennenswert

Néschdel *m Mz.* **-n** Schnürsenkel

Néscht *Mz.* **Néschder** Nest; **däär hat sich ént gemachde Néscht gehuckt** der hat sich ins gemachte Nest gesetzt

Néschtkwaak *m Mz.* **...kwaagen** Nesthäkchen; wer als letzter morgens aufsteht

Néß *s.* **Nóß**

Nessel *Mz.* **-en** Nessel; **dò hott äich mäich awwer én de Nessele gehuckt** da hatte ich mich aber in die Nesseln gesetzt

nét nicht

netzen gießen (Garten)

netzich feucht (Wetter)

Netztasch *w o.Mz.* Einkaufsnetz

Nibbes *m o.Mz.* Kinderspiel, wobei ein zugespitztes Holzstäbchen mit einem Stock weggeschlagen wird

nießen niesen

Niggutt *m o.Mz.* Nichtsnutz

nimmeh nicht mehr

nix nichts

noch noch

nómmen nur; **nómmen jä!** jetzt aber dalli!

nommò noch mal; wieder; **nommò naaes** schon wieder; **er éß schón nommò naaes schdaaewich** er ist schon wieder mal betrunken

nommòòl noch einmal

Nónn *Mz.* **-en** Nonne; **dòòfòòr hat e Nónn gebäät** das ist nochmal gut gegangen; **dat lòò éß so schlémm, dò mise zwaai Nónne bääden** das ist so schlimm, da müssen alle Heiligen helfen

Nónneférzjen *w Mz.* **...er** Nonnenseufzer (Gebäck, eine Art Krapfen)

nòò nach

Nòòber *Mz.* **-n** Nachbar

Nòòbersch *w o.Mz.* Nachbarin

Nòòberschaft *o.Mz.* Nachbarschaft

Nooden *s.* **Noot**

nòòenanner nacheinander

nòòhäär nachher

Nòòlaaifer *m o.Mz.* Anhänger (am Auto)

nòòméddes nachmittags

Noot *Mz.* **Needen** Not, **én der Noot frißt der Däiwel Méggen** in der Not frißt der Teufel Fliegen

Noot *Mz.* **Nooden** Note

Nòòz *in:* **Nòòz ónn Nääz** Nadel und Zwirn *(Schustersprache)*

Nóß *Mz.* **Néß** Nuß

nóssen ohrfeigen

nòu neu

Nòuben *o.Einz.* Naupen; Gelüste; **der Herrgott hat mer de Fraau geholl, jetz sóll er mer aach de Nòuben hollen** der Herrgott hat mir die Frau genommen, jetzt soll er mir auch die Gelüste nehmen

Nòubewasser *s o.Mz.* Schnaps *(scherzhaft)*

Nòuder *m o.Mz.* Euter

Nòudermatz *m* "Eutermatz" (Neckname eines Milchkontrolleurs im 1. Weltkrieg mit Vornamen Matthias)

nòudern Euter entwickeln; **et Bòòz nòudert** dem Kalb wächst das Euter

Nòujòhr *o.Mz.* Neujahr

Nòujòhrschdaach *o.Mz.* Neujahrstag

nòun dann! nun denn!

Nuddel *Mz.* **-n** Nudel

nuur nur

O

ó und; *s. auch* **ónn**

o! o!

ob ob

odder oder; *s. auch* **orrer**

óff auf; **óff se!** auf sie drauf!

óffdaggeln, sich sich auftakeln, herausputzen; **die hat sich nommò óffgedaggelt** die hat sich wieder aufgetakelt

óffem auf dem; auf ihm; *s. auch* **ómm**

Ófferschdehung *o.Mz.* Auferstehung

Óffgaawen *o.Einz.* Schulaufgaben

óffgehn aufgehen

óffgrapschen auffangen (Ball)

óffheewen aufheben

óffhollen aufnehmen (Geld); aufholen; **mer hann nommòòl mise Geld óffhollen** wir mußten nochmal Geld aufnehmen

óffknäbben aufknöpfen

ófflääen, sich sich anlegen, Streit suchen

óffmachen aufmachen; öffnen

óffmuggen aufbegehren

óffpassen aufpasen

óffsässich aufsässig

Óffschdand *o.Mz.* Aufstand; **mach kään Óffschdand!** rege dich nicht auf!

óffschdibbeln aufhetzen; anstiften

óffsetzen aufsetzen

ófft auf das; auf es

oh! oh!

Òhl *w Mz.* **-en** Schusterahle

ohne ohne

Ohr *Mz.* **-en** Ohr; **äich haauen der hénnert Ohr, daß der Heeren ónn Séihn vergétt** ich haue dir hinter die Ohren, daß dir Hören und Sehen vergeht

Ohrebämbelchen *s. Mz.* **-er** Ohrring

ojjää! o je!

ojjee o je!

olleck! o je! *(Ausruf der Verwunderung, des Schreckens u.a.)*

óm um

Ómgang *o.Mz.* Umgang; **wat hascht**

dòu fier e schlechden Ómgang! was hast du einen schlechten Freundeskreis!

ómm auf dem; auf einem; *s. auch* **óffem**

ómsónscht umsonst

ónääwen uneben; **er éß nét ónääwen** er ist nicht uneben; **kään ónääwener Minsch** ein umgänglicher Mensch

Óndéier *o.Mz.* Untier; grobschlächtige Frau *(Schimpfwort)*

Óngedanken *in:* **ebbes én Óngedanke machen** etwas geistesabwesend tun; **dò hann äich én Óngedanken däär ganze Kóuche gefreß** da habe ich völlig geistesabwesend den ganzen Kuchen aufgegessen

Óngedóld *o.Mz.* Ungeduld

óngehaaescht ungeheißen; unaufgefordert; **et éß óngehaaescht kómm** sie ist gekommen, ohne eingeladen zu sein

óngelää ungelegen; **de kémmscht mer hòut ganz óngelää** du kommst mir heute sehr ungelegen

óngemannt ängstlich zumute; **et wòòr mer ganz óngemannt** es war mir ganz ängstlich zumute

óngutt ungut

Ónkel *Mz.* **-n** Onkel

Ónkròut *Mz.* **Ónkräider** Unkraut

ónn und; *s. auch* **ó**

ónnen unten

Ónnerbóx *w Mz.* **-en** Unterhose

ónneren intensiv irgendwo etwas tun; **de Kénner hann hòut de ganzen Daach an der Bach geónnert** die Kinder haben heute den ganzen Tag am Bach gespielt

Ónnerricht *o.Mz.* Unterricht

Ónnerschdann *o.Mz.* Unterstand

ónverschäämt unverschämt

Ónzucht *o.Mz.* Unzucht

Ooba *o.Mz.* Opa

Òòlich *s o.Mz.* Öl; **et laaift erónner wie Òòlich** es läuft herunter wie Öl

Ooma *o.Mz.* Oma

Òòrjel *o.Mz.* Orgel

Òòs *o.Mz.* Aas; raffinierte Frau *(Schimpf-*

wort)

Ooschderaai *Mz.* **-er** Osterei

Ooschderbäicht *w o.Mz.* Osterbeichte

Ooschderhaas *Mz.* **-en** Osterhase

Ooschdermòòrjen *o.Mz.* Ostermorgen

Ooschdern *w o.Mz.* Ostern

Ooschdernéscht *o.Mz.* Osternest

Ooschdersónndaach *o.Mz.* Ostersonntag

Ooschderzäit *o.Mz.* Osterzeit

òòschéllich armselig, häßlich (Th)

òòschòòrich armselig, mickrig, kümmerlich

Oowedier *o.Mz.* Ofentür

Oowen *Mz.* **Eewen** Ofen

oowen oben

Òòwend *Mz.* **-er** Abend

oowenerêm obenherum; **se wòòren oowenerêm blooß ónn plaggich** sie waren oben ohne

ooweneróff obenhinauf, nach oben; **dier Kénner, jetz machen òuch ooweneróff!** ihr Kinder, geht jetzt nach oben in eure Betten!

oowenerónner obenherunter, von oben; **kómmen oowenerónner, der Désch éß gedeckt!** kommt herunter, der Tisch ist gedeckt!

òòwens abends

Oowerohr *o.Mz.* Ofenrohr

Order *w o.Mz.* Nachricht, Bescheid; **giff mer Order, wenn de kémmscht** schicke mir Bescheid, wann du kommen wirst

orntlich ordentlich

orrer oder; *s. auch* **odder**

òuch euch

Òuer *w Mz.* **-n** Uhr; **ään Òuer** ein Uhr; **óm Òuerer dräi** etwa um drei Uhr; **gétt òuer Òuer richdich?** geht eure Uhr richtig?; **dat heef äich mer óff fòòr véier Òuern** das hebe ich mir auf für die Kaffeepause (um vier Uhr)

òuer euer

òus aus

Òusbónd *o.Mz.* Ausbund

òusbutschen entweichen, ausreißen

òusdóun ausmachen; ausziehen (Kleidung)

òusdóun, sich sich auszuziehen; **mer sóll sich nét òusdóun, eh mer schloòfe gétt** man soll sich nicht ausziehen, bevor man schlafen geht

òusenanner auseinander

òusgangs ausgangs

òusgefubbert ganz abgearbeitet

Òusgeschdochenes, et Òusgeschdochene eine Art Weihnachtsgebäck

òusklabbuschdern ausdenken; aushecken

òussäänen aussegnen (Wöchnerin nach Geburt des Kindes); **et sóll nét ónnerm Dachtrauf eròus gehn, eef et sich òussääne geloß hat** sie (die Wöchnerin) darf das Haus nach der Geburt eines Kindes erst dann verlassen, wenn sie sich hat aussegnen lassen *(Brauch)*

òusschbodden verspotten

òusschdawwieren ausstaffieren

òuswärts auswärts; **òuswärts esse gehn** aus essen gehen; **ätt hat òuswärts gehäiraat** sie hat in einen andern Ort geheiratet

òuswenzich auswendig

owweh! o weh!

Ówwerkolleraaf *Mz.* ...awen Kohlrabi

Ox *Mz.* Oxen Ochse; **bäi dier kalwen de Oxen ómm Schbäicher** bei dir kalben die Ochsen auf dem Speicher (soll ein Lebacher Pastor zu einem dummen Schüler gesagt haben)

P

Paabscht *Mz.* **Pääbscht** Papst

Paad *Mz.* **Paaed** Pfad

Paaedchen *Mz.* ...er Pfädchen

Paaedchestréppler *Mz.* - ruheloser Mann

Paaedchestrépplersch *Mz.* - ruhelose Frau

paaedeln unruhig hin- und hergehen

Paaeles *m Mz.* -en grober Mensch

paaer paar

Päärd *Mz.* **Paaer** Pferd; **e paaer Paaer** ein paar Pferde; **fòule Paaer schwétze gäär** faule Pferde schwitzen schnell

Päärdsblóum *w Mz.* -en Pfingstrosen

Päärdsknóddel *Mz.* -n Pferdeapfel

Päärdspópp *w Mz.* ...póbben Mistkäfer

Päärdswaan *Mz.* ...wään Pferdewagen

Päärtchen *s Mz.* ...er Törchen

Paasjoon *m o.Mz.* Pension, Rente; **er éß én Paasjoon** er ist im Ruhestand

l'abbéier *o.Mz.* Papier

Pabben *m Mz.* - Papa, Vater; **de Pabbe wòòren all dòò ónn ach de Móddern** die Väter waren alle da und auch die Mütter

Pabbendeggel *Mz.* -n Pappdeckel

Padder *m o Mz.* Schlamm, Lehm; *s. auch* **Parrer**

Päif *Mz.* -en Pfeife; **dat heert geschlaa wie e wäide Päif** man sollte sie klopfen wie eine Pfeife aus Weidenrohr

Päifekopp *m Mz.* ...käpp Nichtsnutz

päifen *Mw.* gepéff pfeifen; **päif dróff!** pfeif drauf!

päilricht pfeilricht; pfeilgerade

Päin *o.Mz.* Pein, Schmerz; **wat hann äich Päin gehaat!** was hatte ich Schmerzen!

päinijen peinigen; jemanden immer wieder Steine in den Weg legen; **däär hat mich mäi Lääwe lang gepäinicht** der hat mich mein Leben lang gequält

Päinijer *m Mz.* - Peiniger, Widersacher

Päitchen *s Mz.* ...er Pickel (Haut)

Paljasch *s o.Mz.* primitives Notlager auf Stroh

Pällem *m o.Mz.* Buchsbaumzweig

Pällemhaas *m o.Mz.* Hase, der am Palmsonntag ein ungefärbtes Ei bringt, das er in die Buchsbaumhecke legt

Pallemschdock *m Mz.* ...schdäck Palme

Pallemsónndaach *o.Mz.* Palmsonntag

Pällemzwaaich *o.Mz.* Buchsbaumzweig (wird am Palmsonntag mit zur Kirche genommen zum Segnen und zu Hause am Kreuz befestigt)

Pann *Mz.* **-en** Pfanne

Panneelbräät *s o.Mz.* Paneel (Holzbrett)

Pännjen *Mz.* **...er** Pfännchen

Pännjesgutzjen *s Mz.* **...r** selbstgemachte Karamellen

Pannkóuchen *Mz.* **-** Pfannkuchen

Pans *m Mz.* **Päns** dicker Bauch

Pans *m Mz.* **Päns** Lausbub

Pansläit *s.* **Mannsläit**

Pansweh *s o.Mz.* Bauchweh

Panzer *Mz.* **-** Panzer

Pardäi *Mz.* **-en** Partei

Parfimm *o.Mz.* Parfum

Parr *w o.Mz.* Pfarrei; **dat éß de dómmscht én der ganz Parr** sie ist die dümmste in der ganzen Pfarrei

parraat parat, bereit; **hall däich parraat, äich kómme gläich** halte dich bereit, ich komme gleich

Parrabblee *m o.Mz.* Schirm

Parrer *m o.Mz.* dünner Kuhfladen; *s. auch* **Padder**

Paschdoor *m Mz.* **-en** Pastor

passen passen

Patreener *m o.Mz.* Patron; **e falscher Patreener** ein falscher Patron

Patt *m o.Mz.* Pate

Pédderseelich *w o.Mz.* Petersilie

Peffer *o.Mz.* Pfeffer; **däär hat bäi mier de Peffer verschótt** mit dem will ich nichts mehr zu tun haben

Péggaard Pickard *(ON)*

péggen *s o.Mz.* picken

Péll *Mz.* **-en** 1. Pille; 2. Junghenne; Küken

pellen pellen (Pellkartoffeln, Erbsen)

Péllenaai *s Mz.* **-er** Ei der Junghenne

Pélljen *s Mz.* **...er** Küken

Pembermäisjen *s o.Mz.* Alptraum (bei Kindern)

pénderlich klein von Gestalt (schwach) (Th)

Pénn *m Mz.* **-en** Pinne, Holzstift

Penning *Mz.* **-en** Pfennig

Penningsdrégger *m o.Mz.* Geizhals

Pénnléffel *m Mz.* **-n** löffelartiges Instrument zum Glätten der Holzpinnen in den Schuhen

Pénselbach Pinselbach *(ON)*

Perch *o.Mz.* Pferch

perree fort, fortgelaufen; **éß der Hónd nommò perree?** ist der Hund wieder fortgelaufen?

Persoon *Mz.* **-en** Person

péschbern flüstern; gesundbeten

pétschnaß patschnaß

Petz *w Mz.* **-en** Haarklammer

Pétz *m o Mz.* Ziehbrunnen

petzen petzen; kneifen

piddeln tüfteln, bosseln

Pieps *w o.Mz.* Unpäßlichkeit; Niednagel; Pips; **haschde schón nommò de Pieps?** bist du schon wieder krank? **äich hammer de Pieps geróppt** ich habe mir einen Niednagel entfernt; **et Huhn kritt de Pieps geróppt** dem Huhn wird der Pips entfernt

piesaggen piesacken

pietschen pietschen, tüchtig trinken

Pingschden *w o.Mz.* Pfingsten

Pingschtox *o.Mz.* Pfingstochse; **dat éß gemóschdert wie e Pingschtox** sie ist gemustert wie ein Pfingstochse

Pink Kinderspiel, wobei ein zugespitztes Holzstäbchen mit einem Stock weggeschlagen wird (Th)

pinkeln pinkeln

pinzen quengelnd weinen (Kind)

Pinzgòòd *w o.Mz.* Ersatzpatin (beim Taufakt)

Pinzgreet quengelnde, nörgelnde Frau

Pinzpatt *m o.Mz.* Ersatzpate

Pirbel *w Mz.* **-n** Impfnarbe; **Pirbele possen** impfen

Pirree *s o.Mz.* Kartoffelpuree

Pischdool *Mz.* **-en** Pistole

Pischduur *(abwertend);* **wat hat dat e Pischduur!** die hat eine schreckliche Figur!

Pisem *m Mz.* -en Flusen, kleiner Faden

Piß *w, m o.Mz.* Pisse

Pißdébben *s Mz.* - Nachttopf

pissen pissen

Pißpottschwenker *m o.Mz.* Krankenpfleger *(derb)*

Pisswaar *o.Mz.* Pissoir

Pitschelchen *s Mz.* ...er kleines Büschel; **en Pitschelche Pédderseelich** ein bißchen Petersilie

plääschderen cremen, salben, verbinden; **an mäim wehe Fénger hann äich lang gepläaschdert, bés er haael wòòr** meinen kranken Finger habe ich lange verbunden, bis er gesund war

Pladdelääer *o.M.* Plattenleger

Pladden *s.* **Platt**

plädden Platten verlegen

Plaggen *m o.Mz.* Fleck; **mach der nuur kää Plaggen ént Hémmed!** rege dich nur nicht so auf!

plaggen hinwerfen, fallen lassen

plaggich bloß, nackt; **plaggich Bään** nackte Beine

Planz *Mz.* -en Pflanze

planzen pflanzen; **Kehlcher planzen** Kohlpflänzchen setzen

plärren plärren

Plaschder *o.Mz.* Pflaster

platschen platschen

Platt *Mz.* **Pladden** Platte; **de Platt bótzen** sich gut sattessen; abhauen

Platt *s o.Mz.* Platt, Dialekt

Plättchen *s Mz.* ...er Fliese; Untertasse

Platz, Plätz *s Mz.* **Plätzer** Platz; **er hat kää Plätz ém Gesicht fòòr et Kräiz se machen** er hat keinen Platz im Gesicht, um sich zu bekreuzigen (hat ein sehr klei-nes, schmales Gesicht)

Plätzjen *s o.Mz.* ...er Plätzchen; Weihnachtsgebäck

pléggen pflücken; ausrauben (Geld)

pléggen, sich sich entkleiden

Pléich *a.* **Plóuch**

Plónner *o.Mz.* Plunder

plòòen plagen

Plòòschder *s Mz.* -n Pflaster

plótzen plotzen, hart stoßen; hart arbeiten; **pass óff, dat Klään dutt sich de Kopp plótzen!** gib acht, das Kind wird sich den Kopf stoßen!; **äich hann hòut schwäär geplótzt** ich habe heute hart gearbeitet

Plóuch *Mz.* **Pléich** Pflug

Plóuchschlieden *m o.Mz.* Pflugschlitten

pludderich pluderig (Kleid u.ä.)

Póbben *s.* **Pópp**

Poddel *w Mz.* -n Hagebutte

Pòhl *m Mz.* -en Pfahl

Pólloower *Mz.* -n Pullover

Pólwer *o.Mz.* Pulver

Poodekräämer *m o.Mz.* schlechter Geschäftsmann

poodekräämich müde in den Füßen; fußwund

poodern stammeln (bei kleinen Kindern)

Poolen Polen *(ON);* **awäi wòòr Poolen óff!** da war Polen offen!

Pòòrt *w Mz.* ...rden Tür; Tor

Pootchen *s. Mz.* ...er Pfuscher; **holl der doch en annere Schräiner, der Pitt éß e Pootchen** nimm dir doch einen anderen Schreiner, der Pitt ist ein Pfuscher

Pópp *Mz.* **Póbben** Puppe; **Pópp ónn Haas** Gebildbrot zu Nikolaus

Poppmusick *o.Mz.* Popmusik

Pordaal *o.Mz.* Portal

Pórretsch *m o.Mz.* Lauch

Portsjoon *Mz.* -en Portion

Poscht *o.Mz.* Post; **ab die Poscht!** los!, auf geht's!

possen veredeln *(Gartenbau);* **de Pirbele possen** impfen

Pottschambert *m o.Mz.* Nachttopf

pòuern warten; lauern; **äich hann óff däich gepòuert** ich habe auf dich gewartet

Pòut *w Mz.* **Pòuden** Hautpickel

pragditlich praktisch veranlagt (Mensch)

Préddicht *o.Mz.* Predigt; *s. auch* **Prérricht**

préddijen predigen

Préimchen *s Mz.* **...er** Priemchen (Kautabak)

Prérricht *o.Mz.* Predigt; *s. auch* **Préddicht**

pressieren pressieren

Preßkammer *w o.Mz.* Sakristei *(scherzhaft)*

Prétsch *m Mz.* **-en** Stummelschwanz (Hase, Ziege)

Prétsch *w Mz.* **-en** Pritsche

prétschen, sich sich zurechtmachen; **kómm, mer prétschen uus e béßjen, mer gehn öfft Paaerdsrennen** kómm, wir machen uns schick, wir gehen zum Pferderennen

Prétschewaan *o.Mz.* Pritschenwagen

Prisong *m o.Mz.* Gefängnis

proffittlich profitgierig

prónken gewittrig (nach Regen) aussehen; **et prónkt ó prónkt ó kémmt nét aan** trotz dunkler Regenwolken fällt kein Tropfen Regen

prónkich schwül (Gewitter)

Proof *Mz.* **Proowen** Probe

proowen proben

Pròum *Mz.* **-en** Pflaume

prowwieren probieren

Puddel *m o.Mz.* Jauche

puddelfaarernaggich pudelnackt; *s. auch* **puudelfaasernaggich**

Puddelfass *s Mz.* **...fässer** Jauchefaß

puddeln im Wasser planschen

puddeln, sich sich gründlich waschen

pudderich pluderig (Th)

puddern, sich sich aufplustern

pussieren poussieren; freien; **uuser Pitt pussiert am Greetchen** unser Peter freit um Gretchen

putschaasen angeben, prahlen

Putscheblóum *w Mz.* **-en** Bartnelke; dicke Frau; dickes Mädchen *(scherzhaft)*

Putschen *m Mz.* **-** Büschel; Strauß; **et móß jo nét gläch e Putschen sénn, e Pitschelchen dutt et aach** es muß ja nicht gleich ein Strauß sein, ein Sträußchen tut es auch

puuben pupen

puubenäidisch sehr neidisch

puudelfaasernaggich pudelnackt; *s auch* **puddelfaarernaggich**

Puuz *m o.Mz.* sich stülpende Stelle in schludrig genähter Naht

puuzen schludrig nähen

Qu... *s.* Kw...

R

Raadjo *o.Mz.* Radio

Raaedchen *Mz.* **...er** Rädchen

raaedeln eng schnüren

Raaef *m Mz.* **-en** Reif, Eisenreif, Faßreif

Raaefjes *in:* **Raaefjes schbillen** mit dem Reifen spielen, ihn mit einem Stock antreiben

raaesen reisen

Raaesender, de Raaesenden Reisender, die Reisenden; Vertreter

raaewen ramschen

Raaewersch *w o.Mz.* Frau, die viel Besitz anhäuft *(abwertend)*

Raaez *m o.Mz.* Rauch; **der Raaez schdétt én der Lóft** der Rauch hängt in der Luft

raaezen nach Rauch riechen (Th)

Raaezkloowen *m Mz.* **-** Tabakspfeife *(abwertend)*

Rään *o.Mz.* Regen

räänen regnen

Raasch *w o.Mz.* Rage, Wut; **Raasch ém Bòuch hann** Wut im Bauch haben

Raauch *o.Mz.* Rauch

raauchen rauchen

raauen reuen; **et hat en geraaut** es hat ihn gereut

raaumen räumen

Raawen *s.* **Ramb**

rabbelkäbbich rappelköpfig

rabbeln rütteln

Rachen *o.Mz.* Rachen; **wäär de Rache vóll hat, kann dääm annern gutt Enthaltsamkaaet préddijen** wer den Rachen voll hat, kann dem andern gut Enthaltsamkeit predigen

Räck *s.* **Rock**

räffen einsammeln, aufheben

Räggel *s o.Mz.* Chorrock *(kirchlich)*

Rahm *o.Mz.* Rahm, Sahne

räiden *Mw.* **geriet** reiten

Räideräi *w o.Mz.* Karussell (Th)

Räih *w Mz.* **-en** Reihe, Linie

räihêm reihum; **bäi uus gétt et räihêm, wie et Baggen én der Huumes** bei uns geht es schön der Reihe nach wie das Backen in der Humes (Ort nahe Eppelborn)

räihen *Mw.* **gerieh** lenken; heften, provisorisch nähen

Räihnéschdel *m Mz.* **-n** Schnürsenkel

Räis *o.Mz.* Reis

räißen *Mw.* **geréß** reißen

Räitchen *s o.Mz.* kleine Glasscheibe

Räiwach *o.Mz.* Reibach; **er hat de Räiwach gemach** er hat den Reibach gemacht

räiwen *Mw.* **gerief** reiben

Räiwer *Mz.* **-n** Räuber

Ramb *m Mz.* **Raawen** Rabe (Stb)

ramschen ramschen

ranksen quietschen

Rann *in:* **ém Rann sénn** in Eile sein

Rapp *w o.Mz.* Reibe

Raps *in:* **Raps Kaader**; **durr wie Raps Kaader** sehr mager; **er hällt sich draan wie Raps Kaader** er ist sehr hartnäckig

Raps *o.Mz.* Raps

Raschbel *Mz.* **-n** Raspel; Klapperinstrumente, mit denen die 'Raschbelbóuwen' in der Karwoche die Glocken ersetzen

raschbeln raspeln

Rascht *o. Mz.* Rast; **kää Rascht ó kää Róuh** ohne Rast und Ruh

ratzen ratzen

rawwuuschen planlos arbeiten

Rébbegeschdell *s o.Mz.* Skelett; **dòu béscht e richdich Rébbegeschdell** du bist sehr mager

Rébben *s.* **Répp**

Rébbeschdrang *m o.Mz.* Wirbelsäule; *s. auch* **Réppschdrang**

rechts rechts; **der rechtse Aarem** der rechte Arm

Rédd *Mz.* **-en** Rede

reddedden reden, bestimmen, anordnen; **dat hat bäi dääm näischt ze reddedden** sie hat bei ihm nichts zu sagen (er bestimmt alles)

ree'eln regeln

ree'eln, sich sich in die Ordnung fügen

reeduur zurück; **hin ónn reeduur** hin und zurück

reescheln leicht frieren Boden u.ä.); **et wòòr hòut mòòrje schwäär gereeschelt** es war heute morgen leichter Bodenfrost

Reeschelscher *o.Einz.* Bratkartoffeln (aus Pellkartoffeln)

Réggen *Mz.* **-** Rücken

réggen rücken

reh roh, ungekocht

Rehläppchen *s Mz.* **...er** Pfifferling

rehpänsich gebläht

réichen *Mw.* **geróch** riechen

Réiel *m Mz.* **-n** Riegel

réif(sch)t *s* **róufen**

réih roh, ungekocht (Stb)

Réimen *Mz.* **-** Riemen, Gürtel; **dier Kénner, schéggen òuch, sónscht micht der Pabben de Réimen ab!** seid brav, ihr Kinder, sonst macht der Vater seinen Gürtel los!

Reljoon *o.Mz.* Religion

Réllesje *s Mz.* **...er** Lockenwickler aus Holz

Rélljen *s Mz.* **...er** Röllchen

rélzen weinen (Th)

rêmfähen herumstochern; **heer óff, ómm Teller rêmsefähen!** hör auf, im Teller herumzustochern!

Rêmmelbach Rümmelbach *(ON)*

Rémmont *m Mz.* **...nden** Remontepferd; flotter Bursch

rén rein, hinein

rendieren rentieren

Réng *Mz.* **-e** Ring

Réngelschbill *Mz.* **-er** Ringelspiel *(Kinderspiel)*

rennen *Mw.* **gerannt** rennen

rénschdéggen hineinstürmen

Répp *Mz.* **Rébben** Rippe; **wat béscht dòu e wiedisch Répp!** was bist du eine unbeherrschte Person!

Réppchen *s. Mz.* **...er** Schweinerippchen

Réppschdrang *m o.Mz.* Wirbelsäule; *s. auch* **Rébbeschdrang**

rétschen rätschen, klatschen

rétzen ritzen

rewwedieren durchsuchen; **ääm de Bóxesack rewwedieren** jemandem die Hosentasche durchsuchen

Ribbes *m o.Mz.* dünner, schlechter Kaffee

Ribbo *in:* **e Ribbo machen** eine Nacht durchzechen

richdich richtig

Richding *m o.Mz.* Zurüstung, aufwendige Vorbereitungen; **wat hat die e Richding gemach!** was hat sie sich mit den Vorbereitungen viel Arbeit gemacht!

richt gerade, senkrecht

Richtriwwer *m o.Mz.* Fliege (als Querschleife gebundene Krawatte)

richtriwwer genau gegenüber

riddiddi plemplem

Riddong *m o.Mz.* Store, Gardine

Rilbes *m o.Mz.* Grobian

riseln schütteln (Baum)

riseln, sich abnehmen (Gewicht); **wat hat däär sich geriselt!** was hat der abgenommen!

Riwwelcher *o.Einz.* kleine Teilchen, die beim Ribbeln entstehen

Riwwelchessópp *w o.Mz.* Suppenart

riwweln ribbeln, reiben

róbben rupfen

róbbich ruppig, zerrupft; **de sischt òus wie e róbbich Hinkel** du siehst aus wie ein gerupftes Hühnchen

Rock *Mz.* **Räck** Rock

róff rauf, herauf; hinauf; **róff ónn rónner** rauf und runter

roh roh; **däär éß mer roh léiwer wie däär anner gebròòt** er ist mir immer noch lieber als der andere, den ich gar nicht leiden kann

Rohrschdeggen *m o.Mz.* Rohrstock

Róll *Mz.* **-en** Rolle

róllen rollen

Róller *o.Mz.* Roller

Rólles *m o.Mz.* Rolltabak; **de ganzen Daach kaauschde de Rólles ónn schbòutscht mer ne én den Eggen** den ganzen Tag kaust du Kautabak und spuckst ihn mir in die Ecke

Róllschóuh *Mz.* **-** Rollschuhe

Rólltuwwack *o.Mz.* Kautabak

Rómbel *w Mz.* **-n** Runzel

Rómbelkammer *Mz.* **-n** Rumpelkammer

Rómmel *w Mz.* **-n** Runkelrübe

Rómmelbòògen *m Mz.* **-** Vogelscheuche

Rómmelbòòz *m Mz.* **-en** ausgehöhlte, von innen beleuchtete Rübe

Rómmelkòul *w Mz.* **-en** Miete für Rüben

Rómmelratz *w o.Mz.* Maschine zum Zerkleinern der Rüben

rómsen rumsen

rónd rund

rónderêm rundherum

rónner hinunter; herunter

Rónzel *Mz.* **-n** Runzel

rónzelich runzelig

Ròòch *in:* **e Ròòch hann** Hunger haben

Ròòches *o.Mz.* Rochus

ròòden raten

Roos *Mz.* **-en** Rose

Roosekranz *o.Mz.* Rosenkranz

ròòsen rasen, wüten

ròòsend rasend

root rot; **root Hòòr ónn Ellernhólz óff kääm gudde Boddem** rotes Haar und

Erlenholz wachsen auf keinem guten Boden; **mach et Kräiz, et kémmt e Rooder!** bekreuzige dich, es kommt ein Rothaariger!; **er éß e Rooder, er hat e Schdään im Sack** er ist rothaarig, und die Rothaarigen sind Raufbolde

Ròòt *o.Mz.* Rat

Rootraamen *o.Einz.* rote Beeten

Rootrómmel *w Mz.* **-n** rote Beete

Rópphinkel *s o.Mz.* struppige Frau *(abwertend)*

Róppsallaat *o.Mz.* Rupfsalat

roschdich rostig

Roscht *o.Mz.* Rost

Róttlaauf *m o.Mz.* Schweinekrankheit

Rótznaas *Mz.* **-en** Rotznase

Ròudi *m Mz.* **-s** Raudi; **wat éß dat e Ròudi!** was ist das ein Raudi!

Ròuen *in:* **Ròuen hann** Reue verspüren

róufen rufen; **äich róufen dòu réifscht, äär réift, mier róufen;** *Mw.* **geróuf**

Róuh *o.Mz.* Ruhe.

Ròuhbòuz *o.Mz.* Rauhbauz

ròuhbòuzich grob

róuhich ruhig

ròuhlich übel

ròuhwergen laut und polternd arbeiten

ròus raus, heraus; hinaus

Ròut *w o.Mz.* Fensterscheibe (Glas); Fensterflügel

rubbelich uneben

Rubbes *m o.Mz.* schwarzer Kaffee

Ruff *m o.Mz.* Wundschorf; **krätz der de Ruff nét ab, los et scheen haaelen!** kratz dir den Schorf nicht ab, laß es schön heilen!

Ruppschwanz *m o.Mz.* Schweine-schwänzchen (Th)

Ruß *Mz.* **Russen** Russe

S

Sää *Mz.* **-en** Säge

saae... *s.* **saan**

saaebeln sabbern

Saaef *o.Mz.* Seife; **kannschde mer mòòl òuer Saaef lehnen, et kémmt ach nix draan** kannst du mir mal eure Seife leihen, es kommt auch nichts dran

Saael *Mz.* **-er** Seil

Saaelchen *Mz.* **...er** Seilchen

Sääen *o.Mz.* Segen

sääen säen

sääen sägen

saaichen seichen

Saaikallef *s o.Mz.* Kälbchen; **e gutt Saaikallef bròuch näischt se fressen** ein Kälbchen, das gut trinkt, braucht nichts zu fressen

säämich sämig

Saamschdaach *Mz.* **-en** Samstag

saamschdes samstags

saan sagen; **äich saan, dòu saaescht, er saaet; mier saan;** *Mw.* **gesaat;** *Bef.* **saae! saaen!**

säänen segnen; **Gott sään der däi Néiderchen** Gott segne dir dein 'Euterchen' (Wunsch an guten Esser); **Gott sään dich!** Gott segne dich! (Wunsch an Niesenden)

Saarbréggen Saarbrücken *(ON);* **Saarbrégger Schóuh ónn Exwéller Féiß!** Saarbrücker Schuhe und Thalexweiler Füße! (schicke Schuhe und plumpe Füße, die hineingepreßt werden) *(scherzhaft)*

Saarlui Saarlouis *(ON)*

sabberlootnochemòòl! sapperlot nochmal!

Sach *Mz.* **-en** Sache

Sack *Mz.* **Säck** Sack; Tasche im Kleidungsstück; **hann dier Säck an den Dieren?** habt ihr Säcke an den Türen?; **däär schafft nuur é säi Sack** der ist nur auf seinen Vorteil bedacht; **én den Sack haauen** in den Sack hauen, kündigen; **dääm hann äi emòòl gutt den Sack vóllgemach** den habe ich tüchtig an der Nase herumgeführt

Sackdóuch *s Mz.* **...déicher** Taschentuch

Sackgeld *s o.Mz.* Taschengeld

Sackòuer *w o.Mz.* Taschenuhr

Sackschérz *w Mz.* **-er** Arbeitsschürze aus Sackleinen

Saddel *Mz.* **Sāddel** Sattel

Saddler *Mz.* **-** Sattler

saefzen nässen

Sāggelchen *Mz.* **...er** Sāckchen; **ätt lacht ónn kräischt én āān Sāggelchen** sie lacht und weint gleichzeitig

saggendónkel stichdunkel

säi! *s.* **sénn**

säich sich; *s. auch* **sich**

Säid *o.Mz.* Seide

Säideflaaesch *s o.Mz.* Dörrfleisch

Säidegewehr *o.Mz.* Seitengewehr

säift *s.* **sòufen**

säihen seihen

Säihschéssel *w Mz.* **-n** Seihe; **mier kammer alles saan - äich bén dicht wie en Säihschéssel** mir kann man alles sagen - ich bin dicht wie ein Sieb

säin sein; **säin Hòus** sein Haus

säint seins

Säit *Mz.* **Säiden** Seite; **nix fòòr óngutt, awwer kwatsch mich nét so vón der Säit aan!** nichts für ungut, aber quatsch mich nicht so dumm an!

sāit seit

Sallammander *Mz.* **-** Salamander

Salz *o.Mz.* Salz; **dāār hat et bäi mier ém Salz läien** mit dem habe ich noch ein Hühnchen zu rupfen

Sank *w Mz.* **Senken** Senke, Talsenke

Sankt Oorann St. Oranna; **Sankt Oorann, schenk mer e Mann, kāā Séffer, kāā Schmésser, kāā Roode wéll äich hann! – et éß nuur noch e Rooder dòò; – dann hāār dermét!** Heilige Oranna, schenke mir einen Mann, keinen Säufer, keinen Raufbold, keinen Rothaarigen will ich haben! – es ist nur noch ein Rothaariger da; – dann her damit!

(Gebet der jungen Mädchen in der Kapelle der Heiligen Oranna in Berus)

Sankt Wendel St. Wendel *(ON)*; **dāär éß jò bekannt wie der Sankt Wendeler Rólltuwwack** der ist bekannt wie ein bunter Hund (in St. Wendel war eine Tabakfabrik, in der Kautabak in Rollen gefertigt wurde)

Sarrech *Mz.* **Sārrech** Sarg

satt satt; **wāār sich nét satt frißt, dāār leckt sich aach nét satt** wer sich nicht satt ißt, der leckt sich auch nicht satt; **wivvill Wurscht móß äich dann essen, fòòr òuch satt Hòut se kréin?** wieviel Wurst muß ich denn noch essen, damit ihr von der Haut satt werdet? (fragt ein Vater seine Kinder)

sattgefreß sattgegessen; **e gutt Sattgefressener waaeß nét, wiet em Hóngrijen éß** der Satte weiß nicht, wie es einem Hungrigen zumute ist

sawweln sabbeln

Schaaden *m o.Mz.* Schaden; **et éß kāā Schaaden so grooß, et éß e Vordel derbäi** es ist kein Schaden so groß, es ist immer auch ein Vorteil dabei

schaaechen scheuchen

Schaaed *Mz.* **-en** Scheide; Behälter

Schaaedel *o. Mz.* Scheitel; **dòu hascht e Schaaedel so krómm wie der Sòubach** dein Scheitel ist ganz krumm

schaaederlich unansehnlich, unangenehm

Schaaet *m o.Mz.* Schatten

Schaaethäisjen *s Mz.* **...er** Gartenlaube

schāāgich scheckig

Schaal *Mz.* **-en** Schale

Schaal *o.Mz.* Schal

schāāl scheel; **schāāl Méllech** Magermilch

Schaales *m o.Mz.* eine Art Kartoffelschmarren

Schäälréppchen *Mz.* **...er** Schweinerippchen (Speise)

Schaamberch Schaumberg *(ON)*

schaamen, sich sich schämen

Schäär *Mz.* -en Schere

schäären scheren

schaaf, schärfer, schärfscht scharf

Schaauf *s o.Mz.* Bahre; **ómm Schaauf läien** aufgebahrt liegen

S c h a b b i d d e r *in:* **noch vóm alde Schabbidder sénn** noch am Althergebrachten festhalten

schachern schachern, feilschen; horten

Schadduddel *w Mz.* -n Scharteke (Frau)

Schaddull *Mz.* -en Schatulle

Schaff *s o.Mz.* Schaft, Regal

schaffen schaffen; arbeiten; **Alder, schaff, däi Bróscht éß doch kabbutt!** arbeite, Alter, deine Gesundheit ist sowieso ruiniert!; **Schaffen éß vill Aaerwet, ó mer kann sich de ganzen Daach dermét versòuen** Arbeiten macht viel Arbeit, man kann sich den ganzen Tag damit verderben *(Wortspiel)*; **de Kénner genn ént Bett geschafft** die Kinder werden zu Bett gebracht

Schaffschóuh *o. Einz.* derbe Arbeitsschuhe; **äich bén so kabbutt wie e paaer Schaffschóuh** ich bin völlig erschöpft

Schäierdier *Mz.* -en Scheuertür

Schäierdoor *w o.Mz.* Scheuertor

Schäierpäärtchen *s o.Mz.* kleine Tür im Scheuertor

Schäierpòòrt *w Mz.* ...rden Scheuertor (zweiflüglig)

Schäim *o.Mz.* Schaum

Schäimléffel *o.Mz.* Schaumlöffel

schäinen *Mw.* **geschien** scheinen

schäißen *Mw.* **geschéß** scheißen

Schallupp *w o.Mz.* eine Art Wagen mit zwei Rädern

Schalwaari *o.Mz.* Charivari; **Schalwaari klobben** Charivari veranstalten (bei der Hochzeit von Verwitweten)

schammant charmant, nett

S c h a m m a n t c h e n *s o.Mz.* charmante Person

Schammaß *m o.Mz.* 1. Lüster, glänzendes Gewebe; 2. Schamott, Krempel

Schandaal *s o.Mz.* Skandal; **wat wòòr dat e Schandaal, wie ätt nommò gehäiraat hat** was war das ein Skandal, als sie wieder heiratete

Schangs *Mz.* -en Chance

schangschieren, sich sich verändern; **er hat sich schwäär schangschiert nòò säiner Krankhaaet** er hat sich nach seiner Krankheit sehr verändert

Schank *Mz.* **Schänk** Schrank

Schänkchen *s Mz.* ...er Schränkchen

Schänkelchen *s Mz.* ...er Schränkchen

Schann *o.Mz.* Schande

s c h ä n n e n schimpfen; **Schännen, Schännen dutt nét weh, ónn wäär mich schännt, kritt Läis ó Fleh** Schimpfen, Schimpfen tut nicht weh, und wer mich beschimpft, kriegt Läuse und Flöhe *(Kindervers)*

schärren scharren

schassen schassen, vertreiben, fortjagen

Schäßjen *s Mz.* ...er Semmel

Schawwernack *o.Mz.* Schabernack

Schbään *s.* **Schbòòn**

schbaaren sparen

schbäät spät

Schbaggel *w Mz.* -n Sommersprosse

schbaggelich sommersprossig; **wie éß dat jò so schbaggelich ém Gesicht!** was hat sie viele Sommersprossen im Gesicht!

Schbäicher *m Mz.* -n Speicher

Schbäicherflaaesch *s o.Mz.* Dörrfleisch; **Schbäicherflaaesch ónn Kellerbohnen** Dörrfleisch und saure Bohnen

schballen spalten

Schbällerche *s Mz.* -r Holzspan (Th)

Schbängchen *s Mz.* ...er Klämmerchen (Haar)

S c h b ä n g e l *w Mz.* - n Stecknadel; Sicherheitsnadel; Anstecknadel

Schbängelchen *w Mz.* ...er Haarklammer

Schbatz *Mz.* -en Spatz

Schbeck *o.Mz.* Speck; **däär hat**

Schbeck ómm Bóggel wie e Feldhinkel am Knéi der hat so viel Speck auf dem Rücken wie ein Feldhuhn am Knie (er ist sehr mager)

Schbéisbitt *w o.Mz.* Wanne, um Speis anzumachen

Schbénn *Mz.* -en Spinne

Schbénnebään *o.Einz.* lange, dünne Beine

schbénnebees sehr böse, wütend, spinnefeind

Schbénnefresser *m o.Mz.* dünner Mensch, der nicht viel ißt

schbénnen *Mw.* **geschbónn** spinnen

Schbérenzjer *o.Einz.*. Spirenzchen

Schbétz *Mz.* -en Spitze

Schbétz *o.Mz.* Spitz (Hund)

Schbétzbóu *m Mz.* -**wen** Spitzbube; Räuber

schbétzfénnich spitzfindig

Schbiddel *m Mz.* -**n** Zwickel (an Kleidungsstücken)

Schbieel Spiegel

Schbill *Mz.* -**er** Spiel **schbillen** spielen; **Mamma, wat sóll äich schbillen? – ai dann dóu dich òus ónn schbill mét de Klaaeder!** Mama, was soll ich spielen? – zieh dich aus und spiele mit deinen Kleidern!

schbillen spielen

schbillich stierig (Kuh)

Schbillkamraad *Mz.* -**en** Spielkamerad

schbinzich schwach, mickrig, klein

Schbòòn *Mz.* **Schbään** Span

Schbòuz *m o.Mz.* Spucke; **er läit ém Schbòuz** er liegt mit Katzenjammer im Bett

schbòuzen spucken; **paß óff, äich schbòuzen der én de Kaffee!** gib acht, ich spucke dir in den Kaffe *(Drohung)*

schbraaeden ausbreiten; **Méscht schbraaeden** Mist auf das Feld breiten

Schbréch *s.* **Schbróch; dòu béscht vóller Schbréch wie en Eesel vóller Férz** du bist so voller Sprüche wie ein Esel voller Fürze

Schbrechabberaat *m o.Mz.* Grammophon

Schbréchklobber *m o.Mz.* Sprücheklopfer

Schbréi *w o.Mz.* Spreu

schbréngen *Mw.* **geschbróng** springen

Schbréngsaael *Mz.* -**er** Springseil

Schbrenkel *w Mz.* -**n** Punkt; Sommersprosse

schbrenzen sprengen, gießen, netzen, naßmachen

Schbrenzpeffert *m o.Mz.* pfiffiger Junge

Schbròòch *w Mz.* -**en** Sprache

schbròòchen sprechen, plaudern; **äich hann em blóumich ó schäägich geschbròòcht** ich habe mir bei ihm den Mund fransig geredet; **hòut hann mier mòòl gutt lang méddenanner geschbròòcht** heute haben wir erfreulich lange miteinander geredet

schbruck spröde (Lippen u.a.) (Th); **mäi Féngernääel sénn so schbruck** meine Fingernägel sind spröde

Schdaadu *Mz.* -**en** Statue

Schdaaefjen *Mz.* ...**er** *s.* Stäubchen

schdaaewich staubig; betrunken

schdaaksen staksen

Schdään *Mz.* - Stein; **e Schdään éß e Schdään; mier éß am léifschden e Manns Bään** ein Stein ist ein Stein; mir ist am liebsten eines Mannes Bein (statt Wärmflasche)

Schdäänguttdébben *s Mz.* - Steinguttopf

Schdäänwies *w* Steinwiese *(ON)*

Schdaat *o.Mz.* Staat

Schdaauf *m o.Mz.* Staub

Schdaaufsiff *s Mz.* -**er** feinmaschiges Sieb

Schdäck *s.* **Schdock**

schdählen *Mw.* **geschdòhl** stehlen

Schdahlhelm *o.Mz.* Stahlhelm

Schdall *Mz.* **Schdäll** Stall

schdamben stampfen

Schdamber *Mz.* -**n** Stampfer

Schdamm *Mz.* **Schdämm** Stamm

schdammen stammen

Schdang *Mz.* -**en** Stange; **er hat noch änt óff der Schdang sétzen** er hat noch eine heiratsfähige Tochter

Schdänner *Mz.* - Ständer

schdärk stark

schdébberléngs überraschend; schnell; **dò hann äich schdébberléngs Besóuch kritt** da bekam ich überraschend Besuch

Schdéch *m o.Mz.* Gelünge

s c h d e c h e n stechen; stecken; **äich schdechen, dòu schdischt, er schdicht, mer schdechen;** *M w.* **geschdoch**

Schdéck *Mz.* **Schdégger** Stück; Ackcr; **dòu alt Schdéck Meewel!** du dummer Kerl; du dumme Gans! *(Schimpfwort);* **Schdégger näin** etwa neun; **Schdégger mindeschdens, wenn nét noch meh** wenigstens, wenn nicht noch mehr *(scherzhaft)*

Schdéckchen *Mz.* **...er** Stückchen

Schdeeßjen *s Mz.* **...er** steifer Herrenhut

Schdeeß *s.* **Schdooß**

Schdéfdekopp *m Mz.* **...käpp** Stiftenkopf

schdéfden stiften

Schdéft *Mz.* **...fden** Stift; Lehrjunge

Schdéggel *m Mz.* **-n** Grobian; Tölpel

Schdeggen *m Mz.* - Stock, Spazierstock; **iwwer de Schdegge schbréngen** über den Stock springen (ein Zugezogener mußte über einen Stock springen und wurde damit zu einem Lebacher)

schdéggen sticken

schdéggern 1. stückeln (beim Nähen); 2. mischen (beim Kartenspiel)

schdehn stehen; **äich schdehn, dòu schdéscht, äär schdétt, mier schdehn;** *Mw.* **geschdann**

schdéiben stützen (durch Gerüst u.ä.); **er schdéipt de Kopp** er stützt den Kopf auf

Schdéihl *s.* **Schdóuhl**

Schdéip *w Mz.* **Schdéiben** Stütze, Stab

schdélben stülpen

Schdell *Mz.* **-en** Stelle

schdellen *Mw.* **geschdallt** stellen

Schdélzen *o.Einz.* Stelzen

Schdémpchen *s Mz.* **...er** Rest (im Bierglas u.ä.)

Schdémpchesséffer *m Mz.* - Restetrinker (Bier u.ä.)

Schdénnchen *Mz.* **...er** Stündchen

Schdenz *o.Mz.* Stenz

Schderwehòus *o.Mz.* Sterbehaus

schderwen sterben; **äich schderwen, dòu schdirfscht, äär schdirft, mier schderwen;** *Mw.* **geschdorf**

schderwenskrank sterbenskrank

schdéscht *s.* **schdehn**

schdétt *s.* **schdehn**

Schdétz *Mz.* **-en** Stütze; **dòu bescht de Schdétz én mäinen alden Daa** du bist mir in meinen alten Tagen eine Stütze

schdibbeln necken, ärgern

Schdibbes *m o.Mz.* Knirps

schdicht *s.* **schdechen**

Schdier *Mz.* **-en** Stier

Schdier *o.Mz.* Stirn

Schdiewen *o.Einz.* Laune; fixe Idee

Schdiewenarr *m o.Mz.* launischer Mensch *(Schimpfwort)*

schdilbern zurechtweisen (Th)

Schdill *Mz.* **-en** Stiel

schdill still

schdinken *Mw.* **geschdónk** stinken

schdirf... *s.* **schderwen**

schdischt *s.* **schdechen**

Schdiwwel *Mz.* **-n** Stiefel

Schdóbbel *Mz.* **-n** Stoppel

Schdóbbelschdéck *s Mz.* **...schdégger** Stoppelfeld

Schdobben *Mz.* - Stopfen, Korken

Schdobbeschieß *o.Mz.* Spielzeugpistole *(Kinder)*

Schdocheléisen *s o.Mz.* Schürhaken

schdocheln stochern

Schdock *Mz.* **Schdäck** Stock

Schdófft *o.Mz.* Stoff

Schdómben *m Mz.* - Stumpen; Stummel; Tonpfeife (Tabak); Rest im Trinkglas, Neige; **irdener Schdómben** weiße Tonpfeife (Tabak)

Schdómbeséffer *m o.Mz.* einer, der die

Reste aus fremden Gläsern trinket (Alkohol)

Schdónn *Mz.* **-en** Stunde

Schdooß *Mz.* **Schdeeß** Stoß

Schdòòt *m o.Mz.* Staat, Luxus; **dat gétt nuur schaffe fòòr de Schdòòt** sie geht nur arbeiten, um sich viel leisten zu können

Schdórren *m Mz.* **-** Baumstumpf; **dääm hann äich de Schdórre gebótzt** dem habe ich die Meinung gesagt

Schdórzen *m .Mz.* **-** Baumstamm; Grobian

Schdóuhl *Mz.* **Schdéihl** Stuhl

Schdräämen *m Mz.* **-** Striemen

Schdraau *o.Mz.* Streu

schdraauen streuen

schdrack strack; betrunken; **schdragger Hónd!** Faulenzer!

Schdrahl *Mz.* **-en** Strahl

Schdrähl *m Mz.* **-en** Kamm; **wo éß der Schdrähl? lóu mòòl, villäicht schdichder ém Bódder!** wo ist der Kamm? schau nach, vielleicht steckt er in der Butter!; **säit et nommòòl Bódder gifft, fénne mier ach nommòòl uuse Schdrähl** seit es wieder Butter zu kaufen gibt, finden wir auch unsern Kamm wieder

schdrahlen strahlen

schdrählen kämmen

schdräichen *Mw.* **geschdréch** streichen; melken

Schdräichschdóuhl *m o.Mz.* Melkschemel

Schdräichschdrähl *m o.Mz.* Haarkamm; **Schdräichschdrähl ónn Schoolersäck** Tante-Emma-Laden *(scherzhaft)*

Schdräiß *s.* **Schdròuß**

Schdräißjen *Mz.* **...er** Sträußchen

schdrämmen zu eng anliegen (Kleidung)

Schdrang in: **e Schdrang hann vòòr émmes** Angst vor jemand haben

Schdrang *m Mz.* **Schdräng** Strang, Strick

schdrébben mopsen, stehlen

schdrébben strippen, streifen; **de Bluus iwwer de Kopp schdrébben** die Bluse über den Kopf streifen

Schdrébber *m Mz.* **-n** kleiner Dieb

Schdréch *Mz.* **-er** Strich

Schdréckliesel *s o.Mz.* Strickliesel (Gerät zum Handarbeiten für Kinder)

schdréggen stricken

Schdréimen *m Mz.* **-** Streifen

Schdrémp *s.* **Schdrómp**

Schdrémpchen *Mz.* **...er** Strümpfchen

Schdroh *o.Mz.* Stroh

Schdrohgòòd *w o.Mz.* geizige Patin; **Schdrohgòòd, werf noch en paaer Zóggerbohnen!** geizige Patin, wirf uns noch ein paar Bonbons hin! (Ruf der Kinder vor der Kirche nach einer Taufe)

Schdrohpatt *m o.Mz.* geiziger Pate (hat nicht genug Bonbons mitgebracht); *s.* **Schdrohgòòd**

Schdrohsack *Mz.* **...säck** Strohsack; **wat hammer schee Kòule gelää ém Schdrohsack!** was haben wir schöne Kuhlen im Strohsack hinterlassen!

Schdrómmbändel *m Mz.* **-n** Strumbändel

Schdrómp *Mz.* **Schdrémp** Strumpf

Schdrónken *m Mz.* **-** Strunk (Kohl u.ä.)

schdrónzen angeben

Schdroom *o.Mz.* Strom

Schdròòß *Mz.* **-en** Straße

Schdróß *w o.Mz.* laute Stimme; Kehle, Hals, Speiseröhre; **äich gehn der an de Schdróß** ich drücke dir den Hals zu; **mier dutt de Schdróß weh** ich habe Halsschmerzen

Schdròuß *Mz.* **Schdräiß** Strauß

Schdruddeler *m Mz.* **-** Schluderer

Schdruddelfähler *m Mz.* **-** Fehler durch Unachtsamkeit; Flüchtigkeitsfehler

schdruddelich schludrig

schdruddeln schludern

Schdrupphinkel *s o.Mz.* ungekämmtes Mädchen *(scherzhaft)*

Schdruwwel *m o.Mz.* Streit

Schdruwwelen *o.Einz.* eine Art Krapfen (Gebäck)

Schdubberden *o.Einz..* eine Art Kartoffelgericht

Schduff *w Mz.* **Schduwwen** Stube, Zimmer; **die gutt Schduff** die gute Stube

Schduusen *m o.Mz.* Launen

Schduusenarr *m o.Mz.* launischer Mensch *(Schimpfwort)*

Schduwwen *s.* **Schduff**

Schébbekapp *w Mz.* **...kabben** Schirmmütze

Schébben *s.* **Schépp**

schébben schippen, schaufeln; auftun (Essen); **schébb der noch Sópp!** nimm dir noch Suppe!

Schébbenaß *o.Mz.* Schippenas *(Kartenspiel)*; **dòu mischt e Gesicht wie e Schébbenaß** du machst ein sehr unglückliches Gesicht

Schebbert *s.* **Butzelui**

Schéddelfroscht *o.Mz.* Schüttelfrost

schéddeln schütteln

Schéddelrutsch *o.Mz.* Schüttelrutsche (am Kellerfenster); **däär héllt ab wie e Schéddelrutsch** der säuft wie ein Loch

schédden *Mw.* **geschótt** schütten

Scheelen *o.Einz.* Schalen (Kartoffelschalen u.ä.)

scheelen schälen

scheen, scheener, schénnscht schön; **mer móß sich vill gefälle lose, wenn mer scheen éß** man muß sich viel gefallen lassen, wenn man schön ist

Schees *w Mz.* **-en** Kutsche; **der läär Schees nòòlaufen** das Nachsehen haben

scheesen flanieren, schlendern, bummeln

Scheesersch *w. o.Mz.* Frau, die gern bummeln geht

Scheesewäänchen *s Mz.* **...er** Kinderwagen

schégggen schicken

Schell *Mz.* **en** Schelle, Klingel; **d e Schell gétt** es klingelt

Schéller *w Mz.* **-n** Schulter

schéllich schuldig; **er éß mier ebbes schéllich** er ist mir etwas schuldig; **wat bén äich schéllich?** was habe ich zu bezahlen?

Schélp *w Mz.* **Schélben** Erdscholle

Schémp *o. Mz.* Schimpf; **Schémp ónn Schann** Schimpf und Schande

Schémt *w o.Mz.* Scham, Schamgefühl; **de Schémt énner de Féiß hollen** das Schamgefühl bezwingen, wenn man um etwas bittet (um Almosen u.ä.)

Schéndkòul *m o.Mz.* Schindanger

schénnant schüchtern

schénnen *Mw.* **geschónn** schinden

schénnérees schüchtern

schénnscht *s.* **scheen**

Schént *s.* **Hénnerwénd**

schepp schepp, schief; **e schepp Schnéss machen** den Mund verziehen

Schépp *Mz.* **Schébben** Schippe, Schaufel; **äänen óff de Schépp hollen** jemanden auf die Schippe nehmen; **er wòòr em Dood vón der Schépp geschbróng** er ist mit knapper Not dem Tod entgangen

Schéppchen *s o.Mz.* unmutig aufgeworfene Unterlippe; Schippchen; **e Schéppche machen** ein Schippchen machen

Schersch *in:* **e Schersch aangehn** eine schwierige Sache in Angriff nehmen

Schérwel *w Mz.* **-n** Scharteke (Frau); **alt Schérwel!** olle Scharteke! *(Schimpfwort)*

Schérwel *w Mz.* **-n** Scherbe

Schérwelchen *s Mz.* **...er** nicht besonders schönes Mädchen

Schérz *w Mz.* **-er** Schürze

Schéß *o.Mz.* Schiß

Schéssel *Mz.* **-n** Schüssel

Schésselbräät *s Mz.* **...brääder** Tellerbord

Schéssellabben *m Mz.* **-** Spültuch

Schéssellómben *s o.Mz.* Spültuch

Schésselwasser *s o.Mz.* Spülwasser

Schésser *m o.Mz.* 1. Durchfall; 2. Regenschauer

Schésserchen *Mz.* **...er** Scheißerchen *(Kosewort)*

Schéßmannsbiewer *m o.Mz.* Flanell

Schéßméck *w Mz.* ...méggen Schmeiß-
fliege

Schéßmóus *s o.Mz.* Melde (eine Art
Unkraut)

Schétz *m o.Mz.* Feldhüter; **der Schétz
gétt mét der Schell durch et Dorref
ónn réift: Dier Fraauen, bréngen
òuer Kénner bäi et Pirbelepossen**
der Feldhüter geht mit der Glocke durchs
Dorf und ruft: Ihr Frauen, bringt eure Kinder
zum Impfen

Schétzeberch, ómm Bergstraße *(ON)*

Schétzegraawen *Mz.* ...graaewen
Schützengraben

Schétzel *s Mz.* -n Kopfbrett beim Kasten-
wagen

Schichdebroot *w o.Mz.* Pausenfrühstück
der Arbeiter und Bergleute

Schichdeschmeer *w Mz.* -en Pausen-
frühstück der Arbeiter und Bergleute

schieren schüren

Schierhòògen *m o.Mz.* Schürhaken

Schieß *w o.Mz.* Schießgewehr

schießen *Mw.* **geschóß** schießen

schilksen heimlich hinschauen; schielen

Schillee *m o.Mz.* Sülze

Schimmischdrémp *w o.Einz.* Seiden-
socken (Herren)

Schimmischóuh *w o.Einz.* spitze Herren-
lackschuhe

Schinniljesdóuch *s o.Mz.* seidenes Hals-
tuch, Schal (für Frauen)

Schinnos *s o.Mz.* raffinierte weibliche
Person

Schlaach *Mz.* **Schlee** Schlag; **d e
krischt däi Schlee** du bekommst Prügel

Schlaach *o.Mz.* Sippe, Familie; **e r
kémmt òus em gudde Schlaach** er
stammt aus einer guten Familie

schlaach *in:* **schlaach sehr** sehr heftig;
et räänt schlaach sehr es regnet sehr
heftig

Schlaaef *w Mz.* -en Öse; Schleife

schlaaefen schleifen, schleppen

Schlaaet *w Mz.* **Schlaaeden** Talsenke

schlääf(sch)t *s.* schlòòfen

Schlabbefligger *m Mz.* - Schuster
(abwertend) ; Nichtsnutz; **dòu alder
Schlabbefligger!** du Nichtsnutz!

Schlabben *Mz.* - Schlappen, Pantoffel

schlabbern schlabbern

schlachden schlachten

Schläich *s.* **Schlòuch**

Schläider *m Mz.* -n Splitter (im Finger
u.ä.)

Schläider *w Mz.* -n Schleuder

Schläimerbahn *w o.Mz.* Schlitterbahn
(ziehen sich die Kinder im Winter auf dem
Eis oder dem gefrorenen Schnee); **e
Schläimerbahn aanräißen** eine Schlit-
terbahn anlegen

schläimern schlittern (auf Eisfläche)

Schlambert *m Mz.* ...rdén schlampiger
Mensch

Schlambes *m o.Mz.* Schlamm; Rahm-
schicht auf gekochter Milch

Schlämp *w Mz.* -e hängende Lippe; **dääm
schäint et nét gutt se sénn, dat lißt
jò de Schlämp hänken** ihr scheint es
nicht gut zu gehen, sie sieht leidend aus

Schlang *Mz.* -en Schlange

Schläpp *s.* **Schlopp**

Schläppchen *s Mz.* ...er kleine Schleife;
Pantöffelchen

Schlappmòul *s o.Mz.* Mund mit Hänge-
lippe; schwatzhafter Mensch

schlärren Zäpfchen-R sprechen

Schlawwittchen *o.Mz.* Schlafittchen

Schleck *w Mz.* **Schleggen** Schnecke

Schlee *s.* **Schlaach**

schlee'en schlagen; **äich schlee'en, dòu
schléscht, er schlétt, mier
schlee'en;** *Mw.* **geschlaa** schlagen; **et
schlétt dräi Òuer** es schlägt drei Uhr

Schleewen *o.Einz.* Schlehen

Schleeweschnaps *m o.Mz.* Schlehen-
schnaps

Schléffjen *s Mz.* ...er Kabuff; kleines
Haus

schlémm schlimm; **et éß esóu**

schlémm, daß et nét schlémmer kómme kann es ist so schlimm, daß es nicht schlimmer werden kann

Schlénk *w Mz.* **-en** Türklinke

Schlénker *o.Mz.* Schlenker; **de Aarem ém Schlénker hann** den Arm in der Schlinge tragen

Schlénkerdéppchen *s Mz.* **...er** Blechdose mit Schnur, in der die Buben Feuer herumwirbelten

Schlénkerfäßjen *s Mz.* **...er** Weihrauchfaß (liturgisches Räuchergefäß)

Schléssel *Mz.* **-n** Schlüssel

Schlieden *m Mz.* **-** Schlitten; **met ääm Schliede fahren** jemandem die Meinung sagen

Schlies *w Mz.* **-en** Schleuse

Schließ *w Mz.* **-e** Pausenbrot, besonders beim Bergmann; die Scheiben waren übers ganze runde Brot geschnitten; sie wurden in Zeitungspapier eingewickelt und in der Hand transportiert (Th)

Schließkorref *o.Mz.* Schließkorb

Schlietschóuh *Mz.* **-** Schlittschuh

schliggen schlucken

Schliwwer *m Mz.* **-n** Holzplitter; kleines Feuerholz

Schlodderfaß *s o.Mz.* Köcher für Wetzstein; *s. auch* **Schlorrerfaß**

schlodderich schlotterig

Schlónz *Mz.* **-en** Schlunze

Schlónzgreet *w o.Mz.* Schlunze

Schlónzgreetchen *s Mz.* **...er** schlampige Frau *(Verkleinerung)*

Schlòòf *o.Mz.* Schlaf

schlòòfen schlafen; **äich schlòòfen, dòu schlääfscht, äär schlääft, mier schlòòfen;** *Mw.* **geschlòòf; kómm, mer gehn schlòòfen, de Läit gehn hääm** komm, wir gehen schlafen, die Gäste gehen nach Hause *(scherzhaft)*

Schlòòfgeld *o.Mz.* Schlafgeld; **lòò gifft geschafft – mier bezahle kää Schlòòfgeld!** hier wird gearbeitet, wir bezahlen nicht fürs Schlafen!

Schlooßen *o.Einz.* Schloßen, Hagelkörner

Schlopp *m Mz.* **Schläpp** Schleife, Krawatte

Schlópp *Mz.* **Schlépp** Masche (beim Stricken); Schleife (Th)

Schlorrerfaß *s o.Mz.* Köcher für Wetzstein; *s. auch* **Schlodderfaß**

schlòu schlau; **dòu béscht so schlòu wie siwwen Dómme** du bist so schlau wie sieben Dumme

Schlòuch *Mz.* **Schläich** Schlauch

Schlòuf *w Mz.* **-en** Schleife

Schluckser *m o.Mz.* Schluckauf

schludderich schludrig

schlurpsen schlürfen (beim Essen)

Schluuri *o.Mz.* Schluri

Schmadder *m o.Mz.* Schmadder; Schlamm

Schmadduddeler Schmeichler

schmadduddeln schmeicheln, sich anbiedern

schmaggen schmecken; **et schmackt mer so gutt, hätt äich nuur uuser Bleß ihr Maan!** es schmeckt mir so gut, hätte ich nur den Magen unserer Kuh! (Bleß = Name einer Kuh); **wenn dier de Sópp nét schmackt, dann machen äich mer gutt Rahm erén ónn essen se selwer** wenn dir die Suppe nicht schmeckt, dann mache ich mir tüchtig Rahm hinein und esse sie selbst

schmäißen *Mw.* **geschméß** werfen

Schmalz *o.Mz.* Schmalz

schmälzen schmälzen

Schmalzfeddern *o.Einz.* Flomen

Schmant *o.Mz.* Schmant

Schmatz *o.Mz.* Schmatz, Kuß

schmatzen schmatzen

schmécksen verdorben schmecken (Fleisch); **dat Flaaesch lòò schméckst schón ganz scheen** dieses Fleisch schmeckt schon sehr verdorben

Schmeer *w Mz.* **-en** Stulle; **béi òuch gefällt et mer, mòòr kómm äich nommò, dò bréng äich mer e Schmeer mét** bei euch gefällt es mir, morgen komme ich wieder, dann bringe ich mir eine Stulle mit (weil ihr mir nichts zu essen angeboten habt)

Schmeer *w o. Mz.* Marmelade; Gelee

schmeeren schmieren

Schmeerlabben *m o.Mz.* Speichellecker

Schmeersaaef *o.Mz.* Schmierseife

Schmésser *m Mz.* - Raufbold

Schmick *in:* **kää Schmick an der Gaaeschel hann** kein Temperament haben

Schmickäis *s o.Mz.* Eisregen; Glatteis

Schmier *w Mz.* -en Butterbrot (Th)

Schmissett *s o.Mz.* Vorhemd

schmuddeln schmuddeln

Schmulles *m o.Mz.* ungepflegter Mann; **wat éß dat en alder Schmulles!** was ist das für ein ungepflegter Kerl

Schmuu *o.Mz.* Schmu

schmuudich schwül

Schmuukass *o.Mz.* heimliche Kasse des Ehemanns oder der Ehefrau

schmuulich schwül (Eid)

schmuurich schwül (Th)

schnaaegen naschen

schnaaegich schnäkig, wählerisch (Essen)

Schnaaes *in:* **der Schnaaes nòòlóuen** das Nachsehen haben

schnaarksen schnarchen

Schnabben *m o.Mz.* Stuhlkante; Abgrundrand; **sich óff de Schnabben setzen** sich auf die Kante eines Sitzmöbels setzen; **sich an de Schnabbe schdellen** sich nahe an den Abgrund stellen

schnäiden *Mw.* **geschniet** schneiden; **schnäid de Wurscht scheen dinn, et kómme Freemen!** schneide die Wurst schön dünn, es kommen Gäste!

schnäizen schneuzen

schnatz schick, elegant

Schnatzen *m Mz.* Narbe, Schnittwunde

Schnébbel *m Mz.* n Schnippel; **äich hann kää Schnébbel Wurscht ém Hòus** ich habe kein Schnippel Wurst im Haus

schnébbeln schnippeln

schnee'en schneien

schneebäicheln kurzatmig sein (beim Vieh)

Schnellaaufer *m Mz.* - Fahrrad (Th)

Schnéppelchesbohnesópp *w o.Mz.* Suppe mit kleingeschnittenen Bohnen

Schnerr *in:* **óff de Schnerr gehn** bummeln gehen; flanieren; Besorgungen machen ohne zwingenden Grund

schnerrelosen schnellenlassen; **ääne schnerrelosen** pupen

Schnéß *w o.Mz.* Maul, Mund; **e schepp Schnéß machen** den Mund verziehen

schnéssen viel reden

Schnéßgäi *w Mz.* -en Mundharmonika

schniepsen weinen, jammern

Schnittlaauf *m o.Mz.* Schnittlauch

Schnóbben *o.Mz.* Schnupfen

Schnòògeschießer *m o.Mz.* langer dünner Mann; **éß dat lòò e Schnòògeschießer!** ist das ein langer dünner Mann!

schnòògich hoch aufgeschossen, zu dünn

Schnópptuwwack *o.Mz.* Schnupftabak

Schnorrand *m Mz.* ...nden Straßenmusikant

Schnórrandeschdóuhl *Mz.* ...schdéihl Stuhl für die Musikkapelle (Th)

Schnórres *m o.Mz.* Schnurrbart

Schnotz *m o.Mz.* Schnitz (*Kosewort für kleinen Jungen*)

Schnóuer *w o.Mz.* Schnur; Schwiegertochter; **e Schnóuer éß e Schnóuer ónn noch lang kää Band** eine Schwiegertochter ist eine Schwiegertochter und noch lange keine Tochter

schnòufen schnaufen

schnòusen schnüffeln (fremde Sachen aus Neugier durchsuchen)

Schnòuwen *in:* **kää Schnòuwen** kein bißchen; **der hat kää Schnòuwen Aanschdand** der hat überhaupt keinen Anstand; **däär hat kää Schnòuwe geß, so krank éß er** der hat gar nichts gegessen, so krank ist er

schnòuzen schnauzen

schnubbe'eegaal schnurzegal (Th)

Schnuddel *m o.Mz.* Nasenschleim

Schnuddelnaas *w Mz.* **-en** Rotznase; **bótz der mòòl de Schnuddelnaas!** putze dir mal die Nase!; **de hascht e Schnuddelnaas wie e Gaaeschelréimen** du hast eine Rotznase wie eine Peitschenschnur

Schnuggesje *s Mz.* **-r** Schnuckelchen *(Kosewort)* (Th)

schnullesich ungepflegt

Schnurr *in:* **óff de Schnurrc gehn** flanieren, bummeln gehn

Schóbben *Mz.* **-** Schoppen; **e Schóbbe Méllech** ein halber Liter Milch

schoggelisch wacklig; hinfällig; **wie éß der Jääb so schoggelisch word!** wie ist der Jakob so hinfällig geworden

schoggeln wackeln; schaukeln

Schogglaad *o.Mz.* Schokolade

schóld schuld

Schóldebóggel *m o.Mz.* jemand, der Schulden macht

Scholli *in:* **mäi léiwer Scholli!** mein lieber Scholli

schón schon; **schón dégger wie äämòòl** mehr als einmal

Schòòf *Mz.* **-** Schaf; **gedéllijer Schòòf gehner vill én ääne Schdall** es gehen viel geduldige Schafe in einen Stall

schoofel schofel

Schòòges *m o.Mz.* unfreundlicher Mensch

School *w Mz.* **-en** Schule

Schoolches *in:* **Schoolches schbillen** Schule spielen (Kinderspiel)

Schooler *Mz.* **-** Schüler

Schoolerbóu *m Mz.* **-wen** Schüler

schoolerfräi schulfrei

Schoolerkénd *s Mz.* **...kénner** Schulkind

Schoolermaaedchen *w Mz.* **...er** Schülerin

Schoolerranzen *m Mz.* **-** Schulranzen

Schoolersack *m Mz.* **...säck** Schulranzen

Schoolerwääch *o.Mz.* Schulweg

Schoollehrer *Mz.* **-** Schullehrer

Schòòrdóuch *s o.Mz.* Schürze (Th)

Schòòri *m o.Mz.* Schote, Einfaltspinsel

Schooßee *w o.Mz.* Chaussee, Straße

Schooßeegraawen *m o.Mz.* Straßengraben

Schopp *m o.Mz.* Schuppen

Schorschdebótzer *m o.Mz.* Schornsteinfeger

Schorschdefee'er *o.Mz.* Schornsteinfeger

Schorschden *m o.Mz.* Schornstein

Schóssel *Mz.* **-** Schussel

Schósselwasser *s o.Mz* Spülwasser

schótzen flott von der Hand gehen (Arbeit); **et schótzt gutt** es geht gut voran

Schòuden *m o.Mz.* Schote, Narr, Einfaltspinsel

Schòuer *o.Mz.* Schauer; **e schòurijer Schòuer éß néddergang** es hat tüchtig geregnet

Schòuerlómben *m Mz.* **-** Putzlappen

Schòugelbremser *m o.Mz.* Schiffschaukelbremser

Schóuh *Mz.* **-** Schuh; **dat Minsch elòò éß so gutt, dat kémmt mét Schóuh ónn Schdrémp én de Himmel** diese Frau ist so gut, die kommt mit Schuhen und Strümpfen in den Himmel

Schóuhmacher *o.Mz.* Schuhmacher

Schóuhschaff *o.Mz.* Schuhschaft, Schuhregal

Schóuhwix *o.Mz.* Schuhwichse

schòurich schaurig

schraaien schreien

schräiwen *Mw.* **geschrief** schreiben

Schräiwes *s o.Mz.* Schreiben, Schriftstück (amtliches)

schrankelich gebrechlich, hinfällig; **däär Ooba éß aaerich schrankelich word** Opa ist sehr gebrechlich geworden

schrankeln taumeln

schròh häßlich

schrómbelich schrumplig; runzelig

schrooden schroten; tüchtig essen

Schrootmill *o.Mz.* Schrotmühle

Schròuf *Mz.* **Schròuwen** Schraube;

Bremsvorrichtung am Bauernwagen; **dat huckt émmer óff der Schròuf** s i e kommt immer zu spät

Schròuwejóch *s o.Mz.* Bremsvorrichtung am Bauernwagen

Schubblaad *Mz.* **-en** Schublade

Schubblaadebóx *w Mz.* **-en** Hose mit aufknöpfbarem Hinterteil

schubsen schubsen

Schuddern *in:* **de Schuddern gehn ääm òus** es schaudert einen

schummeln schummeln

Schutzpatroon *o.Mz.* Schutzpatron

schuwweln schieben (Kugel)

Schuwwelraaedchen *s Mz.* **...er** Reifen (Kinderspielzeug)

Schuwwer *m Mz.* **-n** Boden aus Sandsteinfelsplatten

schuwweratzich armselig (Th)

Schwääerin *Mz.* **-nen** Schwägerin

Schwaaeß *m o.Mz.* Schweiß

schwaaeßen schweißen

Schwaaeßméchel *in:* **de kémmscht getappt wie de Schwaaeßméchel** d u kommst angelatscht wie der Schweißmichel (Gresaubacher Original mit großen Füßen und schleppendem Gang)

schwäär schwer; sehr; **mer wòòre schwäär ém Träiwen** da war allerhand los; **se móschde schwäär schbaaren** sie mußten sehr sparen; **er éß schwäär schdärk** er ist sehr stark

Schwaardemaan *m Mz.* **-** Schwartenmagen

schwaarden schwarten, prügeln

Schwaart *w Mz.* **...rden** Schwarte

schwaarz, schwärzer, schwärtscht schwarz

Schwäin *Mz.* **-en** Schwein

Schwäinsdébben *m Mz.* **-** großer Topf, in dem Futter für die Schweine gekocht wurde

Schwäinsgrómbern *o.Einz.* kleine oder zerhackte Kartoffeln

Schwäinskómp *m o.Mz.* Schweinefuttertrog

Schwäinssòuf *s o.Mz.* Schweinefutter (gekochtes)

schwäinzich schweinisch; **schwäinziche Witze** schweinische Witze; **schwäinzich aangedòòn sénn** Kleidung mit zu tiefem Decolleté u.ä.tragen

Schwallef *Mz.* **Schwalwen** Schwalbe

Schwalwenschwanz *o.Mz.* Schwalbenschwanz, Frack

Schwanz *Mz.* **Schwänz** Schwanz

schwätzen sprechen

schwéllen *Mw.* **geschwóll** schwellen

Schwelles *m o.Mz.* Kopf *(salopp)* **dò éß mer doch de Schwelles geschwóll** das ist mir der Kamm geschwollen

schwémmen *Mw.* **geschwómm** schwimmen

Schwengel *o.Mz.* Schwengel

Schweschder *Mz.* **-n** Schwester

Schweschdernhòus *o.Mz.* Schwesternhaus

Schwieerläit *o.Einz..* Schwiegereltern

Schwieermódder *Mz.* **-n** Schwiegermutter

Schwieervadder *Mz.* **-n** Schwiegervater

Schwippschwääerin *o.Mz.* Schwippschwägerin (Schwägerin des Ehepartners oder des Bruders bzw. der Schwester)

Schwippschwòòer *o.Mz.* Schwippschwager (Schwager des Ehepartners oder des Bruders bzw. der Schwester)

Schwólles *m Mz.* **-e** großer Kopf *(abwertend);* **wat hat däär en dicke Schwólles!** was hat der einen dicken Kopf!

Schwòòer *Mz.* **-n** Schwager

schwummerich schwummerig, schwindlig

se sie *(unbetont);* **se lóut** sie schaut; **se lóuen** sie schauen; *s. auch* **sie**

se zu; **dat éß vill se gutt** das ist viel zu gut; **mer wòòren se zwaett** wir waren zu zweit; *s. auch* **ze, zóu**

Séchel *Mz.* **-n** Sichel

sechzehn sechszehn

sechzich sechzig

Seelebreetchen *s o.Mz.* sensibles Kind

Séffer *Mz.* **-** Säufer

se**gu**tts gut, sehr gut; **mach däin Òuf-gaawen segutts!** mache deine Aufgaben ordentlich!

se**gu**tts kaum; **äich wòòr noch nét segutts derhääm, do hat ét Telle-foon gerabbelt** ich war kaum zu Hause, da läutete das Telefon

se**haa**uf zuhauf; **se kómmen sehaauf** sie kommen in Scharen

se**h a a u**flòuden z u s a m m e n l ä u t e n (Glockenläuten kurz vor Beginn des Gottesdienstes)

sehr schnell, flink; **laauf e béßjen sehr, der Zuuch fährt ab!** lauf schnell, der Zug fährt ab!

séiden in: **nét fòòr se séiden ónn nét fòòr se bròòden s é n n** zu nichts zu gebrauchen sein (Mensch)

séihn sehen; **äich séihn, dòu sischt, äär sitt, mier séihn;** Mw. **geséihn;** s. auch **gesinn**

S é i l o o w e n m Mz. **. . . e e w e n** Kanonenöfchen (Th)

Séiß w o.Mz. Marmelade; Gelee

séiß süß

Séißschmeer w o.Mz. Marmelade(nstulle); **am léifschden essen äich òòwens noch en Séißschmeer** am liebsten esse ich abends noch eine Marmeladenstulle

sel**aa**eds jzum Trotz; **graad selaaeds!** jetzt gerade zum Trotz!; **wäi selaaeds!** nun gerade!

Sélleren o.Einz. Speichelfluß; **m i e r kómmen de Sélleren** mir wässert der Mund; **er hat de Séllere fälle geloß** ihm läuft das Wasser im Mund zusammen

sellmòòls damals

selwer selbst

Sélwer o.Mz. Silber

sémmelieren überlegen, nachdenken

sénder seit (veraltet); **sénder dräi Jòhr** seit drei Jahren; **sénder wannee?** seit wann?; **sänt sénder?** seit wann?

Senft m o.Mz. Senf; **móscht dòu aach noch däi Senft dazóugenn!** mußt du auch noch deinen Senf dazugeben!

Seng o.Einz.. Senge, Haue

séngen Mw. **gesóng** singen

Senkel o.Mz. Senkel; **däänen hann äich mòòl én den Senkel geschdallt** d e n habe ich mal in den Senkel gestellt

Senken s. Sank

sénn sein; Gw. **äich sénn (bén), dòu béscht, äär éß, mer sénn;** Vg. **äich wòòr, dò wòòrscht, äär wòòr, mier wòòr(e)n;** Mögl. **äich wäär, dòu wüürscht, üür wäär, micr wäär(e)n;** Bef. **säi!, sénn!;** Mw. **geween**

Sens w Mz. -en Sense

s e s a mmebròuen, s i c h s i c h zusammenbrauen; **et bròut sich ebbes sesammen** es ziehen dunkle Wolken auf

sesammen zusammen

sesammenhallen zusammenhalten

Sétzebläiwer m Mz. - Sitzenbleiber; **de hohen Hääre wòòren dix Sétze-bläiwer** die hohen Herren waren oft Sitzenbleiber

setzen setzen; pflanzen; **Kehlcher setzen** Pflänzchen setzen

sétzen Mw. **geseß** sitzen

sex sechs

sexenzwanzich sechsundzwanzig

Sexpinder m o.Mz. Sechspfünder (Brotlaib)

sext sechst

sibt s i e b t; **se sénn se sibt** sie sind zu siebt

sibzehn siebzehn

sibzich siebzig

sich sich; s. auch **säich**

Siff Mz. -en Sieb; s. auch **Sipp**

siffen sieben, seihen

Silschaaet Mz. ...schaaeder Ortscheit

Silweschder o.Mz. Silvester

Sind Mz. -en Sünde

sindijen sündigen

Sipp s o.Mz. Sieb; s. auch **Siff**

Sippchen s Mz. ....er Siebchen

Sippschaft o.Mz. Sippschaft, Verwandt-schaft

sischt *s.* **séihn**

sitt *s.* **séihn**

siwwen sieben (Zahl)

siwwenezwanzich siebenundzwanzig

so so; *s. auch* **esóu, sóu**

Sóbbegréin(es) *s o.Mz.* Suppengrün

Sóbbekròut *s o.Mz.* Suppengrün

sofórt sofort

sogaar sogar

sóggeln suckeln

Sohnes *in:* **ääner bés óff den Sohnes séihn kénnen** einer weiblichen Person tief ins Decolleté sehen können (bis an die Stelle, wo die sich Bekreuzigenden bei den Worten: '... im Namen des Vaters und des Sohnes und des Heiligen Geistes' bei dem Wort 'Sohnes' die Hand an der tiefsten Stelle hatten)

Sólber *m o.Mz.* Salzlake; **er läit schón nommò ém Sólber** er liegt schon wieder mit Katzenjammer im Bett

Sólberflaaesch *s o.Mz.* eingepökeltes Fleisch

Sóldaat *Mz.* **Sóldaaden** Soldat

Sóldaatches *in:* **Sóldaatches schbillen** eine Art Kinderspiel

sóllen sollen; **äich sóll, dòu sóllscht, äär sóll, mier sóllen;** *Vg.; Mögl.* **äich sóllt, dòu sólltscht, äär sóllt, mier sóllden;** *Mw.* **gesóllt**

Sónn *o.Mz.* Sonne

Sónndaach *m Mz.* **...daa** Sonntag

Sónndaachsbóx *w Mz.* **-en** Sonntagshose; **dò kénnschde doch graad én de bescht Sónndaachsbóx erénmachen!** da könnte man vor Wut platzen!; **jetzt kénnt äich graad lòut ó hart én de bescht Sónndaachsbóx machen** jetzt könnte ich aus der Haut fahren

sónndes sonntags

Sonndesgedéich *o.Mz.* Sonntagsstaat

sónnern sondern

sónscht sonst

sónschtwo sonstwo

Sòòmen *Mz.* - Samen; **der Sòòmen éß**

óffgang wie Hòòr óff der Gaiß (óffem Hónd) der Samen ist aufgegangen wie Haare auf der Ziege (auf dem Hund)

Sòòß *w Mz.* **-en** Soße

Sópp *Mz.* **Sóbben** Suppe; **én die lòò Sópp lóue meh Aauen erén wie eròus** in diese Suppe schauen mehr Augen hinein als heraus (es fehlen die Fettaugen auf der Suppe)

Sòu *Mz.* **Säi** Sau; **e blénn Sòu kann aach mò en Äichel fénnen** ein blindes Huhn findet auch ein Korn; **et fénnt de Sòu de Naael nét** hier findet man gar nichts mehr

sóu so; **sóu émmes wie däär lòò hann äich noch nét geséihn** so einen wie den habe ich noch nicht gesehen; *s. auch* **esóu, so**

Sòuaaeßem *s Mz.* - Furunkel

Sòubach Saubach *(ON)*; Niedersaubach *(ON)*

Sòubohnen *o.Einz.* Puffbohnen

Sòubohneschdroh *in:* **dómm wie Sòubohneschdroh** dumm wie Bohnenstroh

sóuchen suchen

sòuer sauer; **nét sòuer ó nét séiß** nicht Fisch und nicht Fleisch

Sòuerambert *m Mz.* **...rden** Sauerampfer

Sòuerbròòden *m Mz.* Sauerbraten

Sòuf *s o.Mz.* gekochtes Schweinefutter

Sòufdébben *s Mz.* - Topf, in dem das Fressen für die Schweine gekocht wird

sòufen saufen; **äich sòufen, dòu säifscht, äär säift, mier sòufen;** *Mw.* **gesóff; däär säift ohne Lupp** er säuft viel (Alkohol); **säifschde, schdirfschde – säifschde nét, schdirfschde aach** säufst du, dann stirbst du – säufst du nicht, dann stirbst du auch

Sòuläddersch *w o.Mz.* Luder *(Schimpfwort)*

sòuwer sauber

Sòuzant *m Mz.* **Sòuzänn** einzinkige Harke; irdene Pfeife; Schusterahle (Th)

Ssandemeeder *m Mz.* **-** Zentimeter

sträichen *in:* **geschdréch** streichen;
 melken

Suddelbier *s o.Mz.* abgestandenes Bier

suddeln sudeln

Suhl *o.Mz.* Suhle

suhlen, sich sich suhlen

Sulch *w o.Mz.* Pfütze; (schmutzige) Brühe;
 wat haschde en Sulch gekocht! w a s
 hast du da für eine Brühe gekocht!

sulchen, sich sich schmutzig machen

Summer *Mz.* **-n** Sommer

Surr *in:* **öff de Surre gehn** flanieren,
 bummeln gehen.

Suu *m o.Mz.* Wasserablauf

T

t es; sie (weibliche Person; *betont); s. auch*
 ätt, et

Taafel *Mz.* **-n** Tafel

Taafellabben *Mz.* **-** Tafellappen

Taart *w Mz.* **Taarden** Obstkuchen

Taaß *Mz.* **-en** Tasse

tabben tappen

Tabbes *m Mz.* **-en** Tolpatsch; Tölpel

Tanden, Tant *Mz.* **Tanden** Tante; **dat éß
 mäi Tanden** das ist meine Tante; **dat éß
 mäi Tant** das ist meine Tante

Tasch *Mz.* **-en** Tasche

Täsch *w Mz.* **-en** dumme Frau
 (Schimpfwort); **e frech Täsch** ein freches
 Mädchen; eine freche Frau

Tatsch *w Mz.* **-en** Fußspur

Tatsch *w Mz.* **-en** Klaps, leichte Ohrfeige,
 Tatsche

tebbern mit den Füßen stampfen

Teel Theel *(ON)*

téimern antreiben; **se hann aan mer
 getéimert** sie haben mir keine Ruhe
 gelassen

Telbel *o.Mz.* Tölpel

Télbes *m Mz.* **-en** Tölpel

Tellefoon *o.Mz.* Telefon

Teller *Mz.* **-n** Teller

Témbel *Mz.* **-n** Tümpel

Témmel *m o.Mz.* kleiner Erntewagen für
 Grünfutter und Gemüse

tibbi-tibbi verrückt, beschränkt

Tierdesbóx *w Mz.* **-en** Hose aus
 strapazierfähigemStoff (Tirtei) (Th)

Till Mathilde *(VN; Verkleinerung)*

Tilla *m o.Mz.* dünner Schal

Tirk *Mz.* **Tirgen** Türke

tóddeln stottern

Tónk *w Mz.* **Tónken** Tunke

tónken tunken (Brot u.ä.); **ään getónkt
 kréin** eine Ohrfeige bekommen

Tónkes *w o.Mz.* Tunke

tòòben tasten

Tòòbert *m Mz.* **...rden** Tollpatsch, Tölpel

tòòbisch ungeschickt, tolpatschig

Tòòtsch *w Mz.* **-en** Tatze; Hand

torgeln torkeln

trääden treten

Trään *Mz.* **-en** Träne

Traanfunsel *o.Mz.* Tranfunsel; Transuse

traanfunselig langsam (Mensch)

traatschen tratschen, klatschen

Trabb *o.Mz.* Trab; **dään hann äi emòòl
 öff Trabb braat!** den habe ich auf Trab
 gebracht!

Träibesópp *w o.Mz.* Wurstsuppe

Träibewurscht *w Mz.* **...wirscht** Wurst
 aus übereinandergezogenen Därmen

Träip *w Mz.* **...ben** Darm; Wursthaut; **e
 lang Träip** großer dünner Mensch
 (scherzhaft)

träiwen *Mw.* **getrief** treiben; **wat hann
 mier en Träiwen!** was haben wir für ein
 Leben und Treiben!

Traljer *o.Einz.* Traljen, Fenstergitter

trändeln trödeln

Trapp *w o.Mz.* offener Speicher (diente
 früher auch als Schlafraum); **uuser Jéng-
 schder schlääft öff der Trapp** unser
 Jüngster schläft auf dem Speicher

Trarraatsch *w Mz.* **-e** Pfeife aus Weiden-
 rinde

Tratsch *w Mz.* **-en** Fußspur *(schmutzig)*

Trawwanden *o.Einz.* Kinder

trébbeln trippeln

Trebben *s.* **Trepp**

Trebbenhòus *o.Mz.* Treppenhaus

Trebbeschdään *m Mz.* **-** Treppenstufe (aus Stein)

tree'en tragen; **äich tree'en, dòu tréscht, äär trétt, mier tree'en;** *Mw.* **getraa**

treeschden trösten

Tréier Trier *(ON)*

tréif, tréiwer, tréifscht trübe

Trélles *m Mz.* **-en** Kreisel (Spielzeug); Knopf, in dessen Mitte ein Streichholz gesteckt wurde und der dann auf einer glatten Fläche wie ein Kreisel gedreht wurde

Trémmer *o.Einz.* Trümmer

Trémmerfraau *Mz.* **-en** Trümmerfrau

Trémp *s.* **Trómp**

trénken *Mw.* **getrónk** trinken

Trepp *Mz.* **Trebben** Treppe

Tréppchen *Mz.* **...er** Tröpfchen

Tréppcheslegger *m o.Mz.* Geizhals

tréppcheswäis tröpfchenweise

Trépps *m Mz.* **-en** Tropfen; **der Ooba hat e Trépps am Baart** der Opa hat einen Tropfen am Bart; **äich hann keen Trépps Wurscht meh derhääm** ich habe kein Schnippel Wurst mehr daheim

tréppsen tropfen, tröpfeln

Tréppstréljen *s o.Mz.* Eins (Zahl beim Lotto); einfältiges Kind; Dummerchen

tréscht *s.* **tree'en**

Trétt *Mz.* **Trédden** Tritt; **dat éß noch besser wie en Trétt vómm lahmen Eesel** das ist immer noch besser als ein Tritt von einem lahmen Esel

trétt *s.* **tree'en**

triwwelieren bedrängen

Trobben *Mz.* **-** Tropfen

troddeln trödeln, langsam etwas tun

tróggen trocken

Trómmel *Mz.* **-n** Trommeln

Trómp *Mz.* **Trémp** Trumpf; **äich hann**

de Trómp én der Hand ich habe den Trumpf in der Hand

trónken schwindlig; **er schwätzt mäich trónken ónn dérmelich** von seinem Geschwätz schwirrt mir der Kopf

Trooscht *o.Mz.* Trost

tròuen trauen; **tròu, schòu, wääm!** trau, schau wem!

Tròuer *o.Mz.* Trauer

Tròuerklooß *m o.Mz.* Trauerkloß (Mann)

Tròuerwäid *w o.Mz.* Trauerweide; wehleidige Frau

Tròufel *Mz.* **-n** Maurerkelle

Tròut Trude *(VN)*

Tròutchen Trudchen *(VN)*

Truddel *m o.Mz.* abgestandenes Getränk

tuddeln stottern

tuschdern flüstern

Tuttlabbuddick *w o.Mz.* Gerümpel, Plunder

tuuden tuten; hupen

Tuur *w Mz.* **-en** Tour; **mer gehn hòut óff Tuur** wir machen heute einen Ausflug; **hòut hann äich der de Tuur vermasselt** heute habe ich deine Pläne durchkreuzt; **die Tuur** diesmal

Tuut *w Mz.* **Tuuden** Signalhorn

Tuut *w Mz.* **Tuuden** Tüte; **dómm Tuut!** dumme Gans!

Tuwwack *o.Mz.* Tabak

U

unn *s.* **Kommeedeemann**

Urwes *m Mz.* **-en** Überrest

utsch! au! (Schmerzenslaut)

Uukaß *m o.Mz.* Erlaß einer Behörde

uus unser(e); **uus Hòus** unser Haus; **uus Módder** unsere Mutter; **uus Kénner** unsere Kinder

uusem unserm; **uusem Pabben** unserm Papa

uusen unsern; **giff et uuse Kénnern!** gib es unsern Kindern!

uuser unser(e); **uuser Vadder** unser Vater

uuser unserer; **giff et uuser Módder!** gib es unserer Mutter!

uuserääner unsereiner; **oh dòu aarmer Uuserääner, ojjee, wat hott mer schón alles métgemach – se Fóuß nòò Sankt Wendel, ónnt hat geräänt** oh, du armer Unsereiner, o je, was hat man nicht schon alles mitgemacht – zu Fuß nach St. Wendel, und es hat geregnet *(scherzhaftes Gebet der Wallfahrer);* **oh, dòu aarmer Uuserääner, schón nommò Naat ónn nommò kääner, oh, wie éß dat Bett so braaet, wemmer so allään drén läit! Herr erbaarm däich mäiner!** oh, du armer Unsereiner, schon wieder Nacht und wieder keiner, oh, wie ist das Bett so breit, wenn man so allein darin liegt! Herr, erbarme dich meiner!

Uusus *m o.Mz.* Brauch, Sitte

uuzen uzen

Uwwerasch *m o.Mz.* Unordnung; **nää, wat hann de Kénner mier lòò en Uwwerasch gemach!** was haben die Kinder mir da eine Unordnung gemacht!

V

vaan von *(örtlich; Bewegung)*

Vadder *Mz.* **-n** Vater

Vaddersches *in:* **Vaddersches-ónn-Móddersches schbillen** Vater-und-Mutter spielen *(Kinderspiel)*

Vedder *Mz.* **-n** Vetter

véier vier; **se véiert** zu viert; **véier Òuern machen** Kaffeepause machen (um vier Uhr nachmittags)

véiereggich viereckig

véierezwanzich vierundzwanzig

Véih *o.Mz.* Vieh; **mémm Véih fährt mer, ó mét de Läit schwätzt mer** mit dem Vieh fährt man, und mit den Leuten redet man

veläicht vielleicht; *s. auch* **villäicht**

véllich völlig; zu groß (Kleidungsstücke)

veraaebern, sich sich ereifern; **äich hott mich vòòr lòuder Fraaed veraaebert** ich war außer mir vor Freude

veräbbeln veräppeln

verbaaesen einschüchtern; verscheuchen; **er wòòr ganz verbaaest** er war ganz ver-stört (eingeschüchtert)

verbäägen vergraulen

verbellen zerren (Muskel); **bäim Graawen hann äich mer de Hand verbellt** beim Graben habe ich die Hand überanstrengt

verbieden *Mw.* **verboot** verbieten

verbimsen bimsen, prügeln

verbimsen, sich sich überessen

verbobbeln verhätscheln

verbobbelt kindisch, albern

verbòòken verkleiden, maskieren

verboosen zerren (Muskel)

verbòòzen maskieren (Fastnacht)

verbótzen verputzen (Haus u.ä.); verputzen (essen)

verbréihen verbrühen; überhitzen (durch zu warme Kleidung); **dier verbréihen dat Kénd, der hann et vill se waarem aangedòòn** ihr zieht das Kind viel zu warm an, ihr verweichlicht es; **äich bén noch ganz verbréiht vóm waarmen Zémmer** ich bin noch sehr empfindlich gegen die Kälte, weil ich im warmen Zimmer war

verbréllern heftig weinen; **wie wòòr dat so verbréllert!** wie oft hat sie geweint!

verbretzeln Denkzettel verpassen

verbruddeln durch zu langes Kochen verderben (Wäsche)

verbrutscheln verbrutzeln

verdaaelen verteilen

verdaddert verdattert

verdäiweln verderben (Freude); **móschde mer dann alles verdäiweln?** mußt du mir denn an allem die Freude verderben?

verdéinen verdienen

verdómmbäideln verdummen

verdóun vertun; aufbrauchen; **äich hann de ganzen Zógger schón verdòòn** ich habe schon den ganzen Zucker aufgebraucht

verdóun, sich sich vertun, sich irren

verdrähen verdrehen; **verdräht wie Galjenhólz** schlecht gelaunt

verduggeln vertuschen

verdurschden verdursten

vergaaeschdern verängstigen

vergälschdert gierig; geizig

vergatschen auslatschen; ausleiern; **vergatsch de Schóuh nét soo!** latsch die Schuhe nicht so aus!; **dat Gummiband éß vergatscht** das Gummiband ist ausgeleiert

verhahnebiebeln, verhohnebiebeln verhohnepipeln

verhammeln beschmutzen, beschädigen

verhellich gescheit, hell (Kopf); **e verhel-lije Maan** ein unempfindlicher Magen

verhónzen verhunzen

verhubbassen verpatzen, versieben; **die Sach die hann äich verhubbaßt** diese Sache habe ich verpatzt

verhutzelt verhutzelt

verjaggern, sich sich abrackern

verjuxen verjubeln

verkaaefen verkaufen

verkaasemadduggeln verkasematuckeln

verkallen, sich sich erkälten

verkallt durchfroren; **verkallt sénn** durchfroren sein

verkatzbaljen, sich sich streiten, zanken

verkémmeln verkümmern

verkléggern verklickern; **dier móß äich graad noch ebbes verkléggern** ich muß dir eben noch etwas erzählen

verknoddeln verwirren (Wolle u.ä.)

verknòutschen verknautschen

verknuusen in: **verknuuse kénnen** gut leiden können

verkóbbeln eintauschen (Tauschhandel); verkuppeln

verkonsermieren konsumieren

verkraaeschen bei andern schlecht über jemanden reden

verkrémmeln, sich sich verkrümeln

verkrómbeln zerknittern; **verkrómbelt sénn** schlechter Laune sein

verlangern Heimweh haben

verlänkerich verlockend, Verlangen erweckend; **der Kòuche schdétt so verlänkerich óffem Désch** der Kuchen steht so appetitanregend auf dem Tisch; **äich wóllt mer dat Klaaed nét kaaefen, awwer et wòòr esóu verlänkerich** ich wollte mir das Kleid nicht kaufen, aber es hat mir zu gut gefallen

verlehnen verleihen

verlieren Mw. **verlòòr** verlieren

vermeeweln vermöbeln

vernaddert in: **vernaddert sénn én äänen** vernarrt sein in jemanden

vernebben, sich sich verrechnen, sich täuschen

verplótzen plotzen (Obst)

verpólwern verpulvern

verpuuzen schlecht nähen; **dat Klaaed éß ganz verpuuzt** das Kleid ist ganz verpfuscht

verratzt verratzt

verréckt verrückt

verreggen verrecken

verróbben zerreißen; **dääne kénnt äich én der Lóft verróbben!** den möchte ich am liebsten in der Luft zerreißen

verròòden verraten

verròuen, sich sich heftige Vorwürfe machen; **äich hätt mich kénne verròuen, daß äich dat nét gemach hann** ich habe mir heftige Vorwürfe gemacht, weil ich das nicht getan habe

versaaebeln beklecken, beschmutzen

Versammling o.Mz. Versammlung

verschaffen, sich sich abrackern

verschammerieren beschädigen; verschrammen

verschdaaiern versteigern (bei Auktion)

verschdobben verstecken

Verschdoppches *in:* **Verschdoppches schbillen** Verstecken spielen (Kinder)

verschénnen beschimpfen

verschlaaefen verschleppen; **de Katz hat ihr Jónge verschlaaeft** die Katze hat ihre Jungen weggeschleppt und versteckt

verschlónzen verkommen lassen

verschreggen *Mw.* **verschróck** erschrecken

Verséihdésch *o.Mz.* Versehtisch (Tisch mit Kerzen u.a. im Zimmer eines Kranken, dem die Sterbesakramente gespendet werden)

Verséihgang *o.Mz.* Versehgang

verséihn versehen (Sterbesakramente spenden)

versòòrjen versorgen

versòubäideln versaubeuteln

versòuen versauen

versòufen ertrinken

verträiwen vertreiben

vertuwwaggen vertobaken, heftig verprügeln

Verwahrschool *w o.Mz.* Kindergarten *(alt)*

verwamschen verhauen, durchprügeln

verwehnen verwöhnen

verwétschen erwischen

verzäihen verzeihen; **äich verzäihen der schneller, wie dòu sindischt** ich verzeihe dir schneller, als du sündigst

verzänken, sich sich zanken,

verzehlen erzählen; **sóll ich der wat verzehle? de Grómbiere kann mer scheele; sóll ich der ebbes saan? de Kóuh éß greeßer wie der Hahn** soll ich dir was erzählen? Kartoffeln kann man schälen; soll ich dir etwas sagen? die Kuh ist größer als der Hahn (Th)

verzoddeln verschlampen

verzòusen zerzausen

verzwaddern verzweifeln, verzwatzeln; **äich bén ball verzwaddert** ich bin fast verzweifelt

Vieel *s.* **Vuuel**

Vieelchen *Mz.* ...**er** Vögelchen

Viez *o.Mz.* Viez

vill viel; **mét vill Geld** mit viel Geld; **et wòòre vill Maaede kómm** es waren viele Mädchen gekommen

villäicht vielleicht *s. auch* **veläicht**

virt viert

virzehn vierzehn

virzich vierzig

Vissaasch *Mz.* -**en** Visage, Gesicht; **äich haauen der én de Vissaasch** ich haue dir in deine Visage

vóll voll; **e vóll Flasch** eine volle Flasch

vóllhänken vollhängen; **de Bääm hänken so vóll wie mét Schébben draangeworf** die Bäume hängen so voller Früchte, als habe sie jemand mit Schaufeln drangeworfen

vóm vom

vómm von dem; von einem; *s. auch* **vónnem**

vón von

vónne von ihnen

vónnem von dem; von einem; *s. auch* **vómm**

vónner von der; von einer

vòòr vor

vòòren vorn

vòòrenaan davor; **Eldern, Grooßeldern ónn vòòrenaan die** Eltern, Großeltern und die davor

vòòrgischder vorgestern

vòòrhäär vorher

vòòrich vorig

vòòrméddes vormittags

vòòrsichdich vorsichtig

Vòòrsicht *o.Mz.* Vorsicht

Vòòrwitz *o.Mz.* Vorwitz

vòòrwitzich vorwitzig

Vordel *o.Mz.* Vorteil

vorranmachen voranmachen, sich beeilen

Vorranmacher *m o.Mz.* Antreiber (bei der Arbeit)

Vorrerplòuch *m o.Mz.* Vorderpflug

Vuuel *m Mz.* **Vieel** Vogel; **der sétzt dòò wie e Vuuel énner er Häärd**

Äilen er ist ein friedlicher Bürger zwischen feindlichen Nachbarn

Vuuelsnéschderdénger *o.Einz.* Unsinn; **Vuuelsnéschderdénger ém Kopp hann** dummes Zeug im Kopf haben

W

Wääch *Mz.* **Wää** Weg

Waad *Mz.* **-en** Wade

Waaed *Mz.* **-en** Weide (Vieh)

Waaes *m o.Mz.* Weizen

waaescht *s.* **wéssen**

Waaesersch *w Mz.* **-en** Wepse

waaeß *s.* **wéssen**

waaich weich

wääleblòò heidelbeerfarben; dunkelblau; **däär schraait sich wääleblòò** e r schreit so, daß er im Gesicht schon ganz blau ist (vor Atemnot)

Wääleflabbes *m o.Mz.* flegelhafter Junge *(scherzhaft)*

Wäälen *o.Einz.* Heidelbeeren

Wääleschmeer *w o.Mz.* Heidelbeermarmelade

wääm wem

Waan *m Mz.* **Wään** Wagen

Wäänchen *s Mz.* **...er** Wägelchen; Handwagen

Wääner *m Mz.* **-** Wagner *(Beruf)*

wäär *s.* **sénn**

wäär wer

wäärdes werktags

waarem, wärmer, wärmscht warm

wäären *s.* **sénn**

Wäärmt *w o.Mz.* Wärme

wäärscht *s.* **sénn**

Wäärt *o.Mz.* Wert; **et éß nét der Wäärt** es lohnt sich nicht

wäärt wert

Waas *w o.Mz.* alte Frau

Wääschdäier *in:* **de Wääschdäier némmeh paggen** sich nicht mehr auf den Beinen halten können

Wääschésser *m o.Mz.* Gerstenkorn (am Lid)

Waasem *m o.Mz.* Rasen, Grasnarbe; **e wuschder Waasem** ein häßlicher Mensch; **en hóngrijer Waasem** eine geizige Frau

Wääsjen *s Mz.* **...er** alte Frau, Mütterchen

waaßen *Mw.* **gewaaß** wachsen (größer werden)

Waaßschdock *o.Mz.* Wachsstock

Waaßwedder *s o.Mz.* wachstumförderndes Wetter; **bäi dääm Wedder, dò waaßen de Schdórren am Waan ónn de Kénner ém Módderläif** bei diesem Wetter wachsen die Holzbretter am Wagen und die Kinder im Mutterleib

Waatgraawen *m o.Mz.* Grenze zwischen Grundstücken

wackrich wach

Waffel *Mz.* **-n** Waffel; **horren dier hòut Waffeln, daß dòu so lachscht?** gab es bei euch heute Waffeln zu essen, daß du so fröhlich bist?

Waffeläisen *o.Mz.* Waffeleisen

Waggen *m Mz.* **-** Wackerstein

Waggo *Mz.* **-n** Waggon

wahnen wohnen (Eid)

wäi jetzt; *s. auch* **awwäi(l), ewäi**

Wäibsläit *o.Einz.* Frauen, Weiber

Wäibsminsch *s o.Mz.* Weibsbild

Wäid *Mz.* **-en** Weide (Baum)

Wäidekorref *o.Mz.* Weidekorb

wäider weiter

wäidewaan sperrangelweit; **et Fénschder schdétt wäidewaan óff** das Fenster steht sperrangelweit auf

Wäihermill Weihermühle *(ON)*

Wäihnachtsbaam *Mz.* **...bääm** Weihnachtsbaum; **se sétzen énnerm geklòude Wäihnachtsbaam ónn séngen haaelije Lidder** sie sitzen untern geklauten Weihnachtsbaum und singen fromme Lieder

Wäihnachtsdaach *Mz.* **...daa** Weihnachtstag

Wäihnachtsgutzjer *o.Einz.* Weihnachtsgebäck

Wäihnachtskréppchen *o.Mz.* Weihnachtskrippchen

Wäihwasser *o.Mz.* Weihwasser

Wäihwasserkesselchen *s Mz. ...er* Weihwasserkessel

Wäihwasserwésch *m o.Mz.* Weihwasserwedel; **ätt hat e Kopp wie e Wäihwasserwésch** sie hat einen Strubbelkopf, eine schlechte Frisur *(scherzhaft)*

wäil weil

Wäin *o.Mz.* Wein

Wäinsòòß *o.Mz.* Weinsoße

wäisen *Mw.* **gewies** zeigen; **kómm, äich wäisen dier dat** komm, ich zeige es dir

wäiß weiß

wäißen weißen, weiß tünchen

wäit weit

walch welk

Wald *Mz.* **Wäller** Wald; **die hann noch nét esóu vill Wald fòòr sich e Gugguck se hallen** die haben nicht mal genügend Wald, um sich einen Kuckuck zu halten; **so wòòr noch näisch, médden ém Wald e Bäämchen!** das ist ja großartig, mitten im Wald ein Bäumchen!

Waljerhólz *s o.Mz.* Nudelholz

waljern walgen

Wälljen *Mz. ...er* Wäldchen

wammelt *s.* **wimmeln**

Wamsch *o.Mz.* Joppe, Herrenjacke

wamschen tüchtig essen; verhauen

wann wann

wannee *s* **sénder**

wannern umziehen (Wohnung wechseln)

Wannmill *w o.Mz.* Windfege (landwirtschaftliche Reinigungsmaschine für das Getreide)

Wäsch *o.Mz.* Wäsche

Waschdésch *o.Mz.* Waschtisch, Toilettentisch

Wäschdésch *o.Mz.* Tisch, auf dem die Wäsche gebürstet wurde

wäschen waschen

Waschkróuch *m o.Mz.* Wasserkrug für die Körperreinigung

Waschlawwòòr *s o.Mz.* Waschschüssel für die Körperreinigung

Wäschmaschinn *Mz.* **-en** Waschmaschine

Wäschschdään *m o.Mz.* Wasserstein; Waschplatz; Spülbecken (in der Küche)

Wasser *Mz.* **-n** Wasser; **der hat et Wasser én der Sópp nét verdéint** der hat nicht einmal das Wasser in der Suppe verdient; **däär éß mét all Wassern gewäscht, nuur mét kääm gesäänden** er ist mit allen Wassern gewaschen, nur nicht mit Weihwasser; **schétt Wasser bäi de Sópp, et kómme Freemen!** gieße Wasser zur Suppe, es kommen Gäste!

wat was; **wat dòu dómm béscht, éß nét nennenswäärt** du bist gar nicht so dumm; **wat de nét saaescht!** was du nicht sagst!

watscheln watscheln

Watz *m o.Mz.* Eber

wawweln *in:* **wiwweln ónn wawweln** wimmeln und zappeln

waxen wachsen (mit Wachs einreiben)

wech weg; *s. auch* **weck**

wechlòuden wegläuten (einen Toten); die Glocke läuten, wenn jemand gestorben ist

Weck *Mz.* **-** Weck

weck weg; *s. auch* **wech**

Weckmähl *s o.Mz.* **-** Paniermehl

Wedder *o.Mz.* Wetter

Wedderhex *w o.Mz.* raffiniertes Mädchen

weddern wettern, schimpfen

Wéggel *o.Mz.* Wickel; **äich hott dat klää Kénd am Wéggel** ich mußte das kleine Kind hüten

Wéggelkranz *m o.Mz.* gefüllter Kranzkuchen

wéggeln wickeln

Weh *s o.Mz.* Weh, Schmerz

weh weh

Wéi *w Mz.* **-en** Wiege

wéien *Mw.* **gewòò** wiegen (Gewicht)

wéien wiegen (Kind)

wéll wild

wéll(en) *s.* **wóllen**

Wellflaaesch *o.Mz.* Wellfleisch

wéllscht *s.* **wóllen**

Wénd *o.Mz.* Wind

Wéndbäidel *m Mz.* **-n** Windbeutel; **Leebacher Wéndbäidel** Lebacher Windbeutel *(Neckname für die Lebacher)*

Wénder *Mz.* **-n** Winter

Wéndermóus *s o.Mz.* Grünkohl

wénken *Mw.* **gewénkt, gewónk** winken

wenn wenn; **wenn äich die Bréih lòò trénken, dann gehn äich dräi Daa hénnerrécks** das ist ein fürchterliches Gebräu; **wenn all die Bóuwen, wo dòu schón pussiert hascht, én ääner Räih schdehn gäängen, dann kénnschde Luxeburch de Kréich erkläären** wenn alle die Burschen, mit denen du schon poussiert hast, in einer Reihe stünden, dann könntest du Luxemburg den Krieg erklären; **wenn dat lòò e Gaaeschel wäär, wat gäng dat knallen**! wenn sie eine Peitsche wäre, was würde sie knallen! (von lebenslustiger Frau gesagt); **wenn de Männer émmer Fréier wää-ren!** wenn doch die Männer nur immer Freier wären!; **wenn die wéßden, wat lòò rénkémmt, dann kääme mier nimmeh ròus** wenn die wüßten, was (in die Wurst) hier hineinkommt, dann kämen wir nicht mehr (aus dem Gefängnis) heraus (sagte der Metzger); **wennt Kénd ersóff éß, deckt mer de Bórren zóu** wenn das Kind hin-eingefallen ist, wird der Brunnen zugedeckt

wennen wenden

Wénsch *s.* **Wónsch**

wénsch windschief; hinterlistig

Wénschberch Wünschberg *(ON)*

wénschen wünschen

Wenzelgraawen *m Mz.* **-** Straßenrinne

w e n z e l n wenden; **d e Faasentkiechelcher én Zógger**

wenzeln die Berliner Pfann-kuchen in Zucker wenden

wenzeln, sich sich wälzen

wérd *s.* **wérren**

Wêrder *s.* **Wort**

Werdiggo *Mz.* Vertiko; **die lòò, die gifft esóu alt, die kannschde fòòr Muumje ófft Werdiggo schdellen** die wird so alt, daß man sie als Mumie aufs Vertiko stellen kann

werfen *Mw.* **geworf** werfen

wérren werden; *Gw.* **äich wérren, dòu wérscht, er wérd, mier wérren;** *Mw.* **word**

Werrer *o.Mz.* Wetter; *s. auch* **Wedder**

Werrerhex *w o.Mz.* raffiniertes Mädchen

Wért *o.Mz.* Wirt

Wértschaft *Mz.* **...fden** Wirtschaft; Gastwirtschaft

Wésch *m Mz.* **-** Kräuterstrauß

wéschbelich unruhig (Mensch)

widder wieder; wider, gegen

wie wie

Wiedeo *o.Mz.* Video

wiedich wütend, böse

Wies *Mz.* **-en** Wiese

Wieschen *m Mz.* **-** Docht (in Öllampe)

Wiesebäilchen *s Mz.* **...er** Gerät zum Ausheben von Wiesengräben

Wildknabbert *m o.Mz.* Wilddieb

wimmeln wimmeln; **et wimmelt ónn wammelt** es wimmelt und zappelt

Winkes *m Mz.* **-en** kleiner Finger

Winkoff *m o.Mz.* Umtrunk nach abge-schlossenem Handel

Wippróller *o.Mz.* eine Art Roller

Wirsching *o.Mz.* Wirsing

Wirscht *s.* **Wurscht**

Wirschtjen *Mz.* **...er** Würstchen

wiselich wuselig, sich unruhig bewegend

Wißbaam *m Mz.* **...bääm** Wiesbaum

wissedieren visitieren, durchsuchen

wéssen wissen; *Gw.* **äich waaeß, dòu waaescht, äär waaeß, mier wéssen;** *Vg.* **äich wóscht, dòu wóscht, äär**

wóscht, mier wóschden; *Mögl.* **äich wéscht (wéßt), dòu wéscht, äär wéscht (wéßt), mier wéßden;** *Mw.* **gewóscht**

Wittfraau *w Mz.* **-en** Witwe

Wittmann *m Mz.* **...männer** Witwer

wivvill wieviel**wiwweln** wimmeln; **et wiwwelt ónn wawwelt vón Wirrem** es wimmelt und zappelt von Würmern

wixen wichsen

wo wo; **wo dòu béscht, dò éß näischt, ónn iwwerall kannschde nét sénn** wo du bist, da ist nichts, und überall kannst du nicht sein; **dat Kénd, dat wo kómm éß** das Kind, welches kam

woannerscht anderswo, sonstwo; **er wohnt woannerscht** er wohnt anderswo

Wóch *Mz.* **-en** Woche

wóchendaas wochentags; **wóchendaas gifft et nét jeeden Daach Flaaesch, nuur dónnerschdes** während der Woche gibt es nicht jeden Tag Fleisch, nur donnerstags

wohnen wohnen

wòhr wahr

Wòhrhaaet *o.Mz.* Wahrheit

Wóll *o.Mz.* Wolle

Wóllang *Mz.* **-s** Volant

Wóllef *Mz.* **Wéllef** Wolf; **et frißt ääne besser e Wólf, wie äänen e Schòòf dootleckt** lieber ein Ende mit Schrecken, als ein Schrecken ohne Ende; **der Wóllef frißt ach gezäichde Schòòf** der Wolf frißt auch gezeichnete Schafe

wóllen wollen (aus Wolle); **wólle Schdrémp** wollene Strümpfe

wóllen wollen; **äich wéll, dòu wéllscht, äär wéll, mier wéllen;** *Vg., Mögl.* **äich wóllt, dòu wólltscht, äär wóllt, mier wóllden;** *Mw.* **gewóllt**

Wollett *s Mz.* **Wolledder** Untersatz für Kuchen, wenn er aus dem Backofen kommt (Draht- oder Weidengeflecht)

Wóllzéich *s o.Mz.* wollene Kleidungs-stücke (Strümpfe, Pullover u.a.)

Wónn *Mz.* **-en** Wunde; **de siwwe Wónnen** die sieben Wunden *(Gebet)*

Wónner *Mz.* **-** Wunder

wónnern, sich sich wundern

wónnerscht wunders

Wónsch *Mz.* **Wénsch** Wunsch

Wòò *w Mz.* **-en** Waage

Wòòkmänn *o.Mz.* Walkman

wòòlich lauwarm

wòòr *s.* **sénn**

word *s.* **wérren**

wórksen würgen (bei Brechreiz u.ä.)

wórres verwirrt, durcheinander

Wort *Mz.* **Wêrder** Wort

wóschden *s.* **wéssen**

wóscht *s.* **wéssen**

wuhlen wühlen

Wuhlmòus *Mz.* **...mäis** Wühlmaus; **besser de Wuhlmòus ém Gaarden wie de Béschoff zwaai Schdónnen ém Hòus** besser eine Wühlmaus im Garten als den Bischof zwei Stunden im Haus

wurmatzisch wurmig; **wie éß der Abbel lòò so wurmatzisch!** wie ist der Apfel so wurmig!

Wurrem *Mz.* **Wirrem** Wurm; **dier wérren äich de Wirrem zéihen** ich werde es schon noch aus dir herausbekommen (herausfragen); **los der nét de Wirrem òus der Naas zéihen!** laß dich nicht ausfragen! **äich genn der fòòr de Wirrem!** ich werde es dir heimzahlen!

wurschdeln wursteln

Wurscht *Mz.* **Wirscht** Wurst

Wurschtsópp *o.Mz.* Wurstsuppe

wuscht häßlich; grob; **wuschder Waasem** häßliche Person; **de hascht dich wuscht geschéddelt** du siehst elend aus

wuselich wuselig, sich unruhig bewegend

Wutz *w, s Mz.* **-en** Ferkel

Z

Zaaier *Mz.* **-n** Zeiger

Zääp *w Mz.* **Zääben** Transuse

zaart zart

Zabbebräät *s o.Mz.* Holzleiste mit mehreren Haken (Garderobehaken)

Zabben *Mz.* **-** Zapfen

zabbend<u>uu</u>schder! zappenduster; **wäi éß et zabbenduuschder** jetzt ist Schluß!

zaggern pflügen; sich abmühen, um etwas zu erreichen; **wat hann mier gezaggert, wie mer jóng wòòren!** was haben wir gearbeitet und gespart, als wir jung waren!

Zahl *Mz.* **-en** Zahl

Zahldaach *o.Mz.;* **am Zahldaach schlòòft der Kaarer óff em Schwaardemaa** am Zahltag wird gepraßt (Th)

zahlen zahlen

zählen zählen

Zäiden *s.* **Zäit**

zäidich pünktlich; reif (Obst u.ä.)

Zäiding, Zäidóng, Zäiróng *Mz.* **-en** Zeitung; **äich lääse kää Zäiding, äich gehn é kää Versammling ónn esse kään Hääring** ich lese keine Zeitung, gehe in keine Versammlung und esse keinen Hering *(Wortspiel)*

Zäit *Mz.* **Zäiden** Zeit

Zang *Mz.* **-en** Zange

zänken zanken

Zännerling *m o.Mz.* Kieferbacke (vom Schwein)

Zännróbber *m o.Mz.* Zahnarzt

Zant *m Mz.* **Zänn** Zahn; **en hónnert Jòhren dutt mier kään Zant meh weh** in hundert Jahren tut mir kein Zahn mehr weh; **ääm de Zänn langmachen** jemandem die Nase langmachen

Zäpp *s.* **Zopp**

zawweln zappeln

ze zu *(unbetont); s. auch* **se, zóu**

zédden Gras auseinander streuen

Zéddersch *w o.Mz.* trockener Ausschlag

Zeef *w Mz.* **Zeewen** Zehe

Zeewenaael *Mz.* **...nääel** Zehennagel; **mäi Zeewenaael éß blòò, der Geldbäidel éß mer dróffgefall** mein Zehennagel ist blau, der Geldbeutel ist mir draufgefallen

zehn zehn; **der zehnt** der zehnte

Zéich *s o.Mz.* Bezug (Bettwäsche)

Zéich *s o.Mz.* Zeug; **der schwätzt en Zéich, dat kannschde kääm Kénd én de Hand genn** der spricht unsinniges Zeug

zéihen *Mw.* **gez<u>òò</u>** ziehen

Zéihóng *o.Mz.* Ziehung; Musterung

zem zum; *s. auch* **zóum**

Zémmer *Mz.* **-n** Zimmer

Zéndblaaetchen *Mz.* **...er** Zündblättchen

Zénkwann *o.Mz.* Zinkwanne (wurde samstags als Badewanne für die ganze Familie in der Küche aufgestellt)

Zépp *w o.Mz.* Dreieckstuch für Frauen

zeréck zurück; *s. auch* **zréck**

zeréckmòulen maulend widersprechen

Zibbel *Mz.* **-n** Zipfel

Zibbelkapp *w Mz.* **...kabben** Zipfelmütze; **fréiher hann se mét der Zibbelkapp ém Bett gelää** früher ging man mit der Zipfelmütze zu Bett

Zieel *Mz.* **-n** Ziegel

Ziggel *s Mz.* **-n** Zickel; **et wòòr Uusus, wenn zwaai Ziggel wòòren, dann hann se äänt émmer geschlacht ónn dat anner éß gezòò word** wenn eine Ziege zwei Junge bekam, wurde stets eines geschlachtet und das andere aufgezogen

zillen zielen

Ziwwel *w Mz.* **-en** Zwiebel; *s. auch* **Zwiwwel**

Zóddel *Mz.* **-n** Zottel

Zóddel *w o.Mz.* Schlunze

zóddelich unordentlich

zóddeln bummeln; **dat zóddelt ganz scheen erêm** sie geht viel aus

zoggeln zockeln

Zógger *o.Mz.* Zucker; **äich kann der doch nét noch Zógger hénnenén-**

blòòsen! ich kann dir doch nicht noch Zucker in den Hintern blasen!

Zóggerbohnen *o.Einz.* Bonbons (verteilten die Paten bei der Taufe)

Zóggerschdään *m Mz.* - Bonbon

Zóggertuut *Mz.* **...tuuden** Zuckertüte, Schultüte (bei der Einschulung)

Zóggerzäich *s o.Mz.* Bonbons

Zóll *o.Mz.* Zoll (Maß); **er éß ään Zóll héiher wie e Schdalldier** er ist ein Zoll höher als eine Stalltür (sehr klein)

Zóllschdock Zollstock *(ON)*

Zóng *Mz.* **-en** Zunge

Zòòres *o.Mz.* Zores

Zopp *Mz.* **Zäpp** Zopf

zóu zu *(betont); s. auch* **se, ze**

zóum zum; *s. auch* **zem**

Zòum *o.Mz.* Zaum

zréck zurück; *s. auch* **zeréck**

zwaai zwei

Zwaaich *Mz.* - Zweig

zwaaienzwanzich zweiundzwanzig

zwaett, zwaedden zweit, zweiten

zwanzich zwanzig

Zweeder *m o.Mz.* Pullover, Sweater

zwêlef zwölf

zwêleft zwölft

Zwélling *Mz.* **-en** Zwilling

zwéngen *Mw.* **gezwóng** zwingen

zwerrech quer; **der kémmt zwerrech iwwer et Feld** er kommt quer übers Feld

zwéschen zwischen

zwitschern zwitschern; **äänen zwitschern** einen zwitschern

Zwiwwel *w Mz.* **-en** Zwiebel; *s. auch* **Ziwwel**

Zwiwwelsópp *o.Mz.* Zwiebelsuppe

Literaturverzeichnis

Braun, Edith/Max Mangold: Saarbrücker Wörterbuch (Beiträge zur Sprache im Saarland 5). Saarbrücken 1984.

Braun, Edith/Ewald Britz: Hostenbach-Saarland, Wörterbuch und Geschichten. Saarbrücken 1994.

Duden: Deutsches Universalwörterbuch. Mannheim/Wien/Zürich 1984.

Groß, Markus: Das Moselfränkische von Hüttersdorf (Beiträge zur Sprache im Saarland 10). Saarbrücken 1990.

Müller, Friedrich: Die Mundart von Lebach (Saar) und seiner weiteren Umgebung. Diss. Freiburg i.Br. 1939.

Peetz, Anna: Die Mundart von Beuren. (Mainzer Studien zur Sprach- und Volksforschung 17). Stuttgart 1989.

Pfälzisches Wörterbuch. Wiesbaden 1965 - .

Pützer, Manfred: Die Mundart von Großrosseln (Beiträge zur Sprache im Saarland 8). Saarbrücken 1989.

Pützer, Manfred: Wörterbuch der Großrosseler Mundart. (Phonetica Saraviensia 12). Saarbrücken 1993.

Rheinisches Wörterbuch. Bonn/Berlin 1928 - 1971.

Steitz, Lothar: Grammatik der Saarbrücker Mundart (Beiträge zur Sprache im Saarland 2). Saarbrücken 1981.

Verzeichnis der Abbildungen

Inhaltsverzeichnis